我爱科学书系

青少年小百科

QINGSHAONIAN XIAOBAIKE

主编◎徐井才

天津出版传媒集团

天津科技翻译出版有限公司

图书在版编目（CIP）数据

青少年小百科 / 徐井才主编. —天津：天津科技翻译出版有限公司，2010.6（2021.6 重印）

（我爱科学书系）

ISBN 978-7-5433-2722-1

Ⅰ. ①青… Ⅱ. ①徐… Ⅲ. ①科学知识—青少年读物 Ⅳ. ① Z228.2

中国版本图书馆 CIP 数据核字（2010）第 090558 号

我爱科学书系：青少年小百科

出　　版： 天津科技翻译出版有限公司
出 版 人： 刘子媛
地　　址： 天津市南开区白堤路 244 号
邮　　编： 300192
电　　话：（022）87894896
传　　真：（022）87895650
网　　址： www.tsttpc.com
印　　刷： 永清县晔盛亚胶印有限公司
发　　行： 全国新华书店
版本记录： 787 × 1092mm　16 开本　15 印张　180 千字
2010 年 6 月第 1 版　2021 年 6 月第 3 次印刷
定价：45. 00 元

前　言

光阴荏苒，时光的转轮已奔入21世纪，未来属于青少年这一代。在百科知识的汪洋里，渴望攀登科学巅峰的小学生、中学生，会有许许多多的“为什么”需要回答。

人类的世界，是一幅鸟语花香、五彩斑斓的山水画。面对着那些光怪陆离的“为什么”，青少年往往感到束手无策，甚至困惑不解。《青少年小百科》紧贴“新课标”和新教材，包括宇宙星空、地球大观、动物世界、植物王国、科技发明、军事航天、文化艺术等。本书在语言叙述的过程中，力求简洁、通俗、易懂；在内容的选排上，力求趣味性强、知识性强、与日常生活接近；在版式的安排上，力求版面活泼、大方。图文并茂，内容丰富，选材广泛，语言流畅，雅俗共赏，能够满足青少年朋友成长过程中增长知识、获得信息、开发潜能的愿望和需求，同时又有助于他们知识素质的提高和生活能力的培养，是青少年朋友最佳的课外知识读物。

《青少年小百科》是一部立足世界、广收博采各门类奥秘知识的百科图书，它将数百则令人费解的神秘现象汇辑成册,从科学角度出发,以深入浅出的语言、神奇生动的画面将其中奥妙娓娓道来,让读者在惊奇与感叹中完成一次次趣味无穷的旅程。

目录
CONTENTS

宇宙星空

地球大观

动物世界

了解鸟类 92

了解哺乳动物 106

植物王国

科技发明

军事航天

文化艺术

有趣的民俗风情 206

有趣的建筑、手工艺 215

宇宙星空

神秘的宇宙空间

宇宙大爆炸

研究宇宙的产生和演化的学说，就是宇宙学说。关于宇宙、太阳、地球等天体的形成，科学家们提出了许多种说法。宇宙大爆炸学说，是现代宇宙学中最有影响力的学说。宇宙大爆炸学说认为，我们所观察到的宇宙，在其孕育的初期，集中于一个体积很小、温度极高、密度极大的原始火球中。在150亿～200亿年前，原始火球发生大爆炸，从此开始了我们所在的宇宙的诞生史。 宇宙原始大爆炸后0.01秒，宇宙的温度大约为1000亿℃。物质存在的主要形式是电子、光子、中微子。以后，物质迅速扩散，温度迅速降低。大爆炸后1秒钟，下降到100亿℃。大爆炸后14秒，温度约30亿℃。35秒后，为3亿℃，此时化学元素开始形成。以后，温度不断下降，原子不断形成，宇宙间弥漫着气体云。它们在引力的作用下，形成恒星系统，恒星系统又经过漫长的演化，成为今天的宇宙。 这种学说有什么根据呢?这种学说认为，宇宙从原始大爆炸到现在，还在不停地扩散。这与天文学观察的宇宙膨胀相一致。它还预言，宇宙大爆炸后在宇宙中留下一点余热。但是，这种学说只是说明150亿～200亿年我们所在的宇宙

6.150 亿年后，形成今天我们所见到的一直在膨胀着的宇宙。

5.10 亿年后，引力把物质拉到一起形成了星系。

4.30 万年后，电子开始绕核旋转形成原子。宇宙充满了光。

1. 大爆炸的发生。

2.不足一秒之后，温度开始下降。质子和中子形成了。

3.3 分钟后，质子和中子结合在一起形成了氢核和氦核。

产生的过程。在此之前，我们所在的宇宙是怎样的？我们这个“宇宙”之外的“宇宙”又是怎样的？它并没有作出科学的说明。人们正在努力寻求着更加完善的宇宙理论。

宇宙的尽头

每当人们翘首仰望茫茫天空，神驰遐想之时，总是有人要提出这样的疑问：宇宙究竟有多大?有没有尽头呢?

在太阳的周围，有地球、金星、火星、木星等大小不同的九个行星在不停地运转，这就是太阳系。那么在太阳系以外又是一个怎样的世界呢?那是一个聚集着约2亿颗像太阳一样的恒星的银河系。银河系像一块铁饼，直径为100 000光年，中心部分厚度为15 000光年。如果飞出银河系，又会到什么地方呢?在那里，有无数像银河系一样的世界，叫做星云。与银河系邻近的是仙女座流星群。这个流星群和银河系大小、形态大致相同，大约聚集着2000亿颗恒星。

1929年，美国的哈佛尔发现：所有星云正离我们远去。比如离我们约2.5亿光年的星座星云以每秒6700千米的速度，5.7亿光年外的狮子座星云以每秒19 500千米的速度，12.4亿光年外的牵牛座星云以每秒39 400千米的惊人速度，纷纷离我们远去。

照这样持续下去，星云到达100亿光年处其运行速度将达每秒300 000千米，这和光的速度相等。这样，所有星云的光就永远照射不到我们地球上来了。因此，100亿光年的地方将是我们所能见到的宇宙的尽头。再远处还有星云，但是由于光无法到达，我们也就无法观测了。当然这是一家之言，还有其他不同的解释。有人认为，宇宙呈气球形，它像气球一样不断膨胀，其中有些星云随之

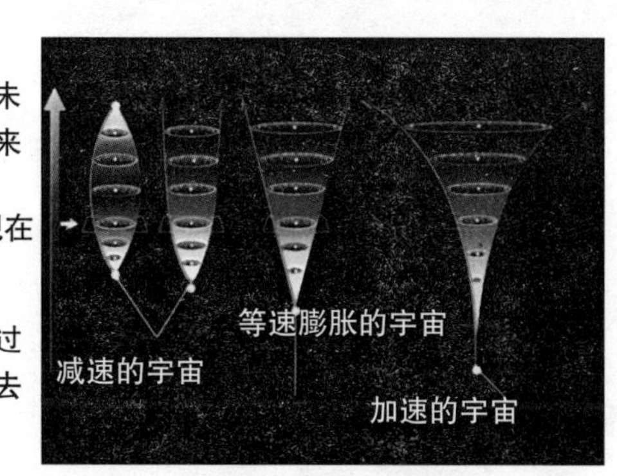

宇宙的膨胀与加速

椭圆形星系

螺旋星系

离我们远去。但到一定的时候，气球又会缩小，星云也会随之接近我们。还有人提出，宇宙是马鞍形，它如同马鞍，不断地朝着鞍的四个边缘方向扩展。按这一解释，在遥远的将来，星星将逐渐远离，夜空会变得单调寂寥。不过，有人对此持不同意见，认为宇宙是永恒的。虽然它会无限地扩展，但在扩展了的空间还会产生新的星球，宇宙再怎样膨胀，还会增加新的星家族。因此，宇宙空间不会荒寂。究竟宇宙的尽头在哪里，人类目前还只能进行一些推测。

有趣的太阳家族

太阳的结构

太阳是太阳系的中心天体，是距离地球最近的一颗恒星。太阳的质量为地球的33万倍，体积为地球的130万倍，直径为地球的109倍（约为139万千米）。但是，在浩瀚无垠的恒星世界里，太阳只是普通的一员。

太阳是一个炽热的气体球，表面温度达6000℃，内部温度高达1700万℃。太阳的主要成分是氢和氦。按质量计，氢约占71%，氦约占27%，还有少量氧、碳、氮、铁、硅、镁、硫等。

太阳内部从里向外，由产能核心区、辐射区和对流区三个层次组成。光热的能源——氢聚变为氦的热核反应，就在产能核心区中进行，能量通过辐射、对流等方式传到太阳表层，最后主要表现为从太阳表层发出的太阳辐射。太阳表层习惯称谓为“太阳大气”，由里向外，它又分为光球、色球和日冕三层。

光球只是太阳表面极薄的一层，厚度只有500千米，太阳的直径就是

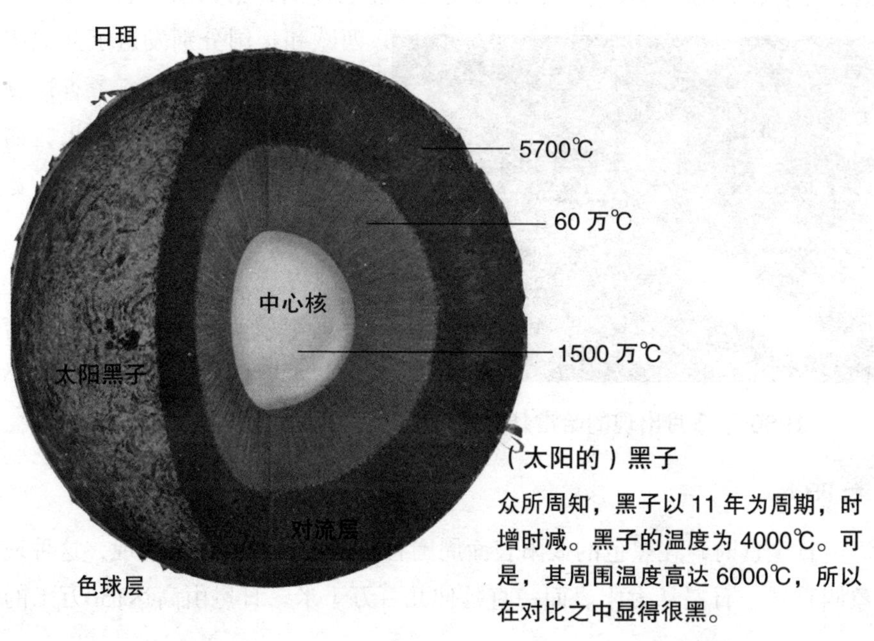

（太阳的）黑子

众所周知，黑子以 11 年为周期，时增时减。黑子的温度为 4000℃。可是，其周围温度高达 6000℃，所以在对比之中显得很黑。

根据这个圆面算出来的。光球的平均温度约为6000℃，太阳的光辉基本上是从这里发射出来的。正是这层很薄的气层，挡住了人们的视线，使人们难以看清太阳内部的奥秘。

色球是太阳大气的中间层，平均厚度为2000千米，它的密度比光球还要稀薄，几乎是完全透明的，色球的温度高达几千至几万度，但色球发出的光只有光球层的几千分之一，平时我们无法直接看到它，只有在日全食时或用色球望远镜观测才能看到。当发生日全食，即太阳光球被月球完全遮掩时，在暗黑的月轮边缘可以看到一钩纤细如眉的红光，这就是太阳色球的光辉。

太阳也在自转，它的自转周期在日面赤道带约为25天，愈近两极愈长，在两极区为35天。

哈雷彗星的奥秘

哈雷彗星是一颗著名的周期彗星。英国天文学家哈雷于1705年首先确定它的轨道是一个很扁长的椭圆，并准确地预言了它以约76年的周期绕太阳运行。哈雷彗星最近一次回归于1986年2月9日过近日点，近日距为0.59天文单位(8800万千米)。为了确切查明彗星物质的详情，前苏联、日本、西欧和美国分别发送了几颗宇宙飞船前往，近距离考查这颗彗星，并取得了一些成果，如哈雷彗星的彗核长15千米，宽8千米，比原先估计的要大。同时发现彗核表面呈灰黑色，反射率仅为4%。水和冰是彗星的主要成分，彗星以非常小的尘埃粒子存在着。

1986年2月出现的哈雷彗星

太阳风

日全食时，在黑色的太阳表面周围有一圈淡黄色的光芒出现，这种现象叫日冕。日冕从太阳表面一直延伸几百万千米。日冕由高达150万℃的气体组成。

形成日冕的带电粒子在地球周围以每秒500千米的速度流动着，人们称它为太阳风。太阳风在地球周围也有20万℃～30万℃，又因为它是带电的粒子流，所以十分可怕。万幸的是地球的磁场起到了屏障的作用，使地球免受了太阳风的影响。

因地球是个磁场，所以太阳风的电粒子的环形围绕地球，这样就形成了强烈的放射能带，这个放射能带就是范艾伦辐射带。

表面凹凸不平的水星

水星是距太阳最近的行星，它距离太阳为0.38个天文单位，按88天的周期绕太阳一周。由于它比地球距太阳近得多，所以，在水星上看到的太阳大小，是地球上看到的太阳大小的2～3倍，光线也增强10倍左右。白天，水星表面温度可达430℃。由于水星引力小，表面温度高，很难保持住大气，所以表面仅存有少量大气。缺乏大气，致使夜间很快变冷，温度可下降至零下160℃。除温差变化大以外，它还常与接近太阳附近的陨星及来自太阳的微粒相撞，所以表面粗糙不堪。水星距离太阳最近，比其他行星运行速度快，大约用3个月时间绕太阳一周。水星只能在傍晚或黎明在稍有亮度的低空才能看到，所以在大城市很难看见。

知识链接

水星的自转

长期以来，人们曾一直认为水星就像月亮面对着地球那样，总是以同一侧面面对太阳。20世纪60年代，通过雷达观测得知，水星表面凹凸不平并有自转，最终查明水星的自转周期为59天，且赤道面与公转轨道面一致。

天文单位

是测量宇宙天体间距离的重要标准之一，1天文单位等于地球与太阳的平均距离，即14 960万千米。

“一年”只有“两天”的金星

天亮前后，东方有些发白的天空中，有时会出现一颗相当明亮的“晨星”，人们叫它“启明星”；黄昏，西方那灰白色的天幕上，有时会出现一颗相当明亮的“昏星”，人们称它为“长庚星”。这两颗星，实际上是同一颗星，它就是金星。金星是天空中除太阳和月亮以外最亮的星，所以人们又叫它“太白星”或“太白金星”。

金星绕太阳公转一周相当于地球上的225天，自转一周为243天。由于它的自转方向与公转方向相反，是逆向自转，所以在金星上看到的太阳是西升东落的。金星的逆向自转，使得金星上的一昼夜比它自转一周的时间要短得多。据计算，金星上的一昼夜为117天，白昼和黑夜各为59天左右。金星上的“一年”大约只有“两天”。

金星的体积、质量都和地球相近。它也有大气层，靠反射太阳光发亮。以前，人们一直认为金星是地球的“孪生姐妹”，可能有生命存在。自1961年以来，前苏联先后向金星发射了14个行星探测器，证明金星的大气中有一层又热又浓又厚的硫酸雨滴和硫酸雾云层。大气的主要成分是二氧化碳，占97%，氩和氖的含量也比地球上多得多；金星表面有90个大气压，相当于地球上海洋900米深处所受的压力。金星大气层形成了全球性的“大温室”效应，地面温度在480℃以上。显然，在这样的环境中，生命是难以存在的。

天空中的地球——火星

在太阳系的八大行星中，除地球外，最吸引人们注意的要数火星了。一个多世纪以来，关于火星上有没有“火星人”的争论持续了好长时间。

火星是地球的近邻。如果说金星是我们左邻，火星就是右舍了。它在地球的外侧、比地球大半倍的轨道上绕太阳运转。用肉眼观察，它的外表呈火红色。由于它荧荧如火，亮度常有变化，位置又不固定，而且充满神秘色彩，令人迷惑，所以我国古代人称它为“荧惑星”，以为是不吉利的星。

火星与地球相比，有许多相似的地方。火星上既有春夏秋冬四季的变化，也有白天和黑夜的交替；它的自转周期与地球相近，为24小时37分；火星上看到的太阳也是东升西落。但是，火星比地球小得多，它的直径相当于地球的半径，体积只有地球的15%，质量也只有地球的11%。因此，天文学家常把火星称为“天空中的小地球”。

火星的四季与地球的四季大不一样。火星的一年（即火星公转一周）相当于地球上的687天，每个季节约为172天，差不多相当于地球上的6个月。火星的四季温差比昼夜温差小得多，白天最高温度可达28℃，而夜间即可降到零下132℃左右。

自1962年以来，苏联和美国相继发射了15个火星探测器。1971年11月13日美国发射的“水手9号”探测器，进入围绕火星运行的轨道，成为火星的第一个人造卫星，并发回了许多珍贵的观测资料。在随后的几年中，苏联和美国先后有3艘飞船成功地登上了火星。

通过一系列的实地观测，人们终于窥见了火星的真面目。原来火星上并没有什么“火星人”，甚至没有找到任何生命的踪迹。火星表面只不过是干燥、荒凉、寂寞、寒冷的旷野，分布着沙丘、岩石和火山口。原来曾引起天文学家高度重视的火星“运河”，只是些排列成行、间隔很近的火山口。那个曾引起人们幻想的“极冠”，只不过是二氧化碳冷凝的干冰。火星上既像撒哈拉大沙漠那样干燥，又像南极洲那样寒冷。它的峡谷比地球上最大的峡谷要大得多、深得多，它的最高山峰有珠穆朗玛峰的3倍高。火星上也有大气，但极为稀薄，其中95%是二氧化碳，还有少量的氮气和氩气等。到现在为止，科学家们普遍确认，火星上没有任何生命形式存在。

太阳系中称“老大”——木星

木星是太阳系八大行星中最大的一个，它那圆圆的大肚子里能装下1300多个地球，质量是地球的318倍。太阳系里所有的行星、卫星、小行星等大大小小的天体加在一起，还没有木星的分量重。天文学上把木星这类巨大的行星称为“巨行星”，西方人把它称为天神“宙斯”。

木星虽然个头大，但距地球较远，所以看上去还不及金星明亮。木星绕太阳公转一周约需12年时间，因此，几乎每年地球都有一次机会位于太阳和木星之间。在这些日子里，太阳落下时，木星正好升起，人们整夜都可见到它。木星轨道外的其他行星也有这一特征。

木星大约12年在星空中运行一周，每年经过一个星座。我国古代将木星在星空中的运行路线分为“十二次”，木星每行经“一次”，就是一年，所以木星在我国又有“岁星”之称，用以纪年。据说这种岁星纪年是十二地支的前身。

木星自转一周为9小时50分，是八大行星中自转最快的。它呈明显的扁球状，赤道直径与两极直径之比为100∶93。从望远镜里观察，木星赤道附近有一条条明暗相间的条纹，呈黄绿色和红褐色，那就是木星的大气中的云带。木星大气主要由氢和氦组成，有1000多千米厚，它们把木星紧紧地裹住，使我们无法直接看到它的表面。在木星赤道的南侧，有一个引人注目的大红斑，它自1665年被发现以来，还从未消失过。

1979年2月，由“旅行者1号”探测器传送回来的木星照片。照片中可以清晰地看到大红斑和木星表面云层的状况。

木星上最为壮丽的奇景，大概要数众多的卫星了。地球只有一颗天然卫星——月亮，而木星的卫星有10多颗。它们有的比月亮大，有的比月亮小。其中最大的4颗是1610年伽利略用手制望远镜发现的，因此被命名为伽利略卫星。这个卫星系统有不少类似于太阳系行星系统的特征，因此，它们与木星的结合，很像一个小小的太阳系“复制品”。

自1973年以来，美国发射的“先驱者10号”、“旅行者1号”等宇宙探测器曾相继飞近木星，拍摄了几千张木星的彩色照片。观测资料表明，木星是一个流体行星，它的表面是一个高温高压的液态氢海洋。木星有很强的磁场和辐射带，它的磁极方向正好与地球相反，地球的N极在北极附近，而木星的N极在南极附近。

月亮的样子

月亮到底是什么样子的呢?月亮离地球有384 404千米之远，它的直径只有地球的1/4，过去我们只能从望远镜中观察它的表面，虽然看到不少现象，总是不太清楚。后来，人类发明了宇宙飞船，可以载着人到太空中遨游，这样，人类亲自登上月亮的愿望实现了。1969年7月20日，美国制造的宇宙飞船“阿波罗11号”，载着3名宇航员奔向月球，38岁的驾驶长阿姆斯特朗第一个踏上了月亮的土地，接着另一个宇航员奥尔德林也登上了月亮，他们两个人在寸草不长、乱石散布的月亮上面漫游了2小时21分钟，拍摄了月亮上的景色。在月亮上行走、跳跃、乘月球车采集标本，收集了岩石和土壤标本，放置了科学测量仪器，然后乘飞船回到了地球上。这只飞船从离开地球到登上月亮，再回到地球，共用了8天3小时多一点，比在地球上乘轮船横渡太平洋所需的时间还短得多。通过实地考察，现在我们准确地知道，月亮上没有空气，没有水，没有动物和植物。月亮表面是土壤，还有山，一片荒凉寂寞。但它内部的温度很高，月震、山崩、火山喷发也常发生，说明月亮也在活动着。有趣的是，月亮对月面物体的吸引力只有地球对地面物体吸引力的1/6，人到了月亮上，体重也只有地球上的1/6了，走起路来轻飘飘的。由于没有空气，声音没法传播，人在月亮上就是面对面说话也是听不见的。月亮上太阳照射面的最高温度是116℃；照不到的背面，最低温度零下168℃，昼夜相差284℃。所以，人到月亮上必须穿特制的宇宙服。

知识链接

太阳与人类

有了太阳能，植物赖以生长的光合作用才能进行；也正是这种太阳能储存在已经变成矿物燃料的古生物中，为我们提供了煤和石油。阳光给地球送来了热量，促使大气循环，海水蒸发，形成云和雨。在大气层中，太阳能撞击由2个氧原子组成的氧分子，使它们变成由3个氧原子组成的臭氧分子。臭氧层挡住了来自太阳的大部分紫外线，那一小部分透过臭氧层的紫外线，能使爱健美的人晒得黝黑，但若照射的时间过长，就会诱发皮肤癌。

阳光是地球最可靠的热源，45亿年以来，它使地球温度的变化范围很小。这对维持生命的存在是十分必要的，来自太阳的能量无论变多变少，都会对我们的行星产生影响。

人类对于太阳的观测已有几千年的历史，然而至今太阳的许多秘密仍未被揭开。人类将借助于未来的宇宙探测器去解开一些太阳之谜。

天文探索大揭秘

射电望远镜

射电望远镜种类很多，其形状与用反射镜作为物镜的光学反射望远镜大致相同。常用的有抛物面型射电望远镜，它可以集中电波而不集中光。光和电波二者同样都是波，光的波长是1/30000～1/20000厘米。与此相比，光学反射望远镜的反射镜面需要更加光滑闪亮。天文学中的电波范围在毫米级到数十米级波长之间。假如是波长很长的天体，那么，烤年糕用的铁丝网也能派上用场了。

拉丁美洲的波多黎各有一架射电望远镜，利用山谷地形张开一张直径约300米的凹形金属网，在网的正中央的高处，吊着一个信号接收装置。

使用射电望远镜受宇宙空间尘埃的影响较小，因此既可观测到用光学望远镜所观测不到的天体情况，又可观测到用光学望远镜观测不到的银河系的中心和更遥远的天体变化。利用射电望远镜还可以接收发自空间探测器上的电波，以此来分析靠近水星表面的变化。

美丽的北极光

极光形态多变，有的如光幕，有的像光冕，有的如光斑、光带、光弧，有的似光束、光柱；结构或成片状，或为线状，或为斑状，色彩鲜艳夺目。极光为什么会五彩缤纷呢?这是因为空气是由氧、氮、氢、氖、氦等气体组成的，在带电微粒流的作用下，各种不同的气体所发出的光也不相同，因此就有各种不同形状和颜色的极光。

极光的形成

当夜幕降临时，在极地上空常常燃烧着游动的彩色光带——极光。

极光是一种高层大气的发光现象，通常只出现在南北半球的高纬度地区，但中、低纬度地区偶尔也可见到。1957年3月2日晚上7点钟左右，我国黑龙江省漠河一带就出现过几十年少见的极光；同年9月29日到30日夜晚，我国北纬40°以上的广大地区，也曾出现了一次少见的瑰丽的极光。在自然界里，再也没有比极光更绚丽、更迷人的景观了。

极光的形成和太阳活动、地球磁场和高空大气都有关系。由于太阳的激烈活动，放射出无数的带电微粒。当带电微粒流射向地球，进入地球磁场的作用范围时，受后者影响，便沿着地球磁力线高速突入到南北磁极附近的高层大气中，激起空气电离而发光，这就是极光。我们知道，指南针总是指着南北方向，这是因为受地磁场的影响。由于地球的磁极在南北极附近，从太阳射来的带电微粒流，也要受到地磁场的影响，而且总是偏向于地磁的南北两极，所以极光大多出现在南北两极附近。

臭氧层——地球的“保护伞”

我们居住的地球周围，围绕着一层厚达2000～3000千米的大气，人们称之为大气圈。大气圈的结构与楼层相似，共分为5层。由地面向上至8～18千米高度称为对流层，对流层顶往上至55千米左右为平流层，平流层顶到85千米左右为中间层，中间层顶至800千米的高度为暖层，暖层顶往上称为散逸层。

我们人类生活在大气中，一刻也离不开大气。大家知道，人类离不开大气的主要原因是人类要靠呼吸吸收大气中的氧气以维持生命。可是，大家可能还不知道，大气除了把氧气供给我们呼吸之外，大气中的臭氧还在保护着我们不受紫外线的伤害。

臭氧是一种气体，它与氧气一样都是由氧原子组成的，不同之处在于臭氧分子中比氧气多了一个氧原子，即分子式是O_3。臭氧的一大特性是能大量吸收来自太阳辐射中的紫外线。臭氧集中分布在平流层中，形成一个厚达30～40千米的围绕地球的臭氧层，臭氧层中的臭氧以地表往上25～30千米处最为密集。

空间大厦中的臭氧层，虽然臭氧浓度不超过0.001%，把它压缩一下只有比鞋底还薄的一层，但却身手不凡，身负重任，太阳辐射到地球的紫外线99%由它在平流层吸收。只有少量的紫外线能够通过臭氧层到达我们集中居住的地球表面，而这极少量的紫外线不但不会伤害我们人类和其他生物，而且对人类的健康和生物的生长是有利的。由于臭氧层对人类和地球生物具有保护作用，因而被人们称之为地球的“保护伞”。

用望远镜能否观测到宇宙的尽头

要弄清楚这个问题，先让我们了解一下宇宙有多大吧。

我们生活在地球上，会以为地球是很大的，可比起太阳来，它的体积仅是太阳的一百三十万分之一。而太阳也只不过是银河系中的一颗普通的恒星，像太阳这样的恒星，还有1000多亿颗呢。

宇宙是一个包括地球及一切天体在内的无限空间。我们已经知道银河系是很大的，可是像银河系这样的恒星系，已经发现有10亿多个，而且还有我们尚未发现的其他星系。因此，再大的望远镜也无法看到宇宙的尽头。

世界上最大的反射望远镜

美国帕洛玛山天文台反射望远镜，主径直径为5.08米，聚光度是人眼的50万倍，可以观测到距离为100亿光年的遥远星云。

20世纪70年代，我们能观测到的最远天体离我们大约100亿光年。我们现在无论用光学望远镜，还是用射电望远镜，都只能看到几百亿光年范围内的天体。当然，随着人类科学技术的发展，我们还可以看到宇宙更远的地方。但由于宇宙是在不断变化的，所以我们无法制造出那么大的望远镜，也不能观测到宇宙的尽头。

地球大气中的第二窗口

地球周围被一层大气包围着，这层大气约有3000千米厚。它就像是一个屏障，把来自天体的许多辐射都拒之门外。既然如此，我们怎么还能看见光芒四射的太阳、美丽的月亮和闪烁的星星呢？这是因为地球大气存在一个“光学窗口”，也就是说对于光波它是透明的。

那么，地球大气除“光学窗口”之外还有第二个窗口吗？有，那就是“射电窗口”。波长从几毫米到若干米的电磁波，可以穿透地球大气到达地面，这就是最近几十年人们才认识到的地球大气第二窗口。这个“射电窗口”的发现完全出于偶然。1932年，一个名叫卡尔·杨斯基的人，用贝尔电话实验室的非常原始的射电天线，接收到来自地球外的射电噪声。后来证明这种噪声是银河系中心的射电发射。由于这个偶然的发现，最近几十年来射电天文得以飞速发展，并且可以和光学天文相匹敌。随后发现了木星射电，从而揭示了行星的强磁场。通过对太阳射电爆发的检测，丰富了我们关于太阳耀斑的知识，绘制了银河系21厘米氢原子图。

地球的公转

地球公转的速度平均每天约260万千米，即每小时108 000千米或每秒钟30千米，以这样快的速度，它绕太阳一周还需要365天5小时48分46秒，这个时间就是平常所说的一年，或称为“回归年”。

地球公转的轨道是一个椭圆，这个椭圆的长径是299 200 000千米，短径是299 160 000千米。太阳的位置也就在这个椭圆的一个焦点上，这样地球和太阳的距离随着地球在轨道上位置的不同而有远近之分。在1月初，地球运行到离太阳最近的一点，称为“近日点”；到了7月初，地球运行到离太阳最远的一点，称为“远日点”。这样看来，1月太阳总是离地球较近，7月总是离地球较远，对于这一点曾使许多人难以理解，因为在人们的直观感觉上，似乎7月的太阳比1月的太阳更接近头顶。对于这个疑问，我们可以用摄影的方法来证实它。从这两个月所拍摄的太阳照片来比较，1月照片上的太阳直径比7月照片上的太阳直径大1／30。由于同一物体在近处看总比在远处看大一些，这就证实了1月太阳离地球要近些。

知识链接

“世纪”“年代”的由来

“世纪”这个词源自拉丁文“Centuria”，即一百年。公元第一世纪是公元第一个一百年，即公元1～100年。公元第2世纪是公元第二个一百年，即公元101～200年。依此类推，公元第20世纪是公元第20个一百年，即公元1901～2000年。

“年代”是在每个世纪中，以10年为一阶段的称呼，如“50年代”、“80年代”等等。20世纪50年代是指1950～1959年。20世纪70年代是指1970～1979年。一般称某世纪的10～19年的10年的时候，不称“一十年代”，而称为某世纪的第二个10年；某个世纪的最初10年，也不用年代来称呼，而称为“最初10年”。

地球上会发生四季变化的主要原因在于地轴对地球公转轨道面的倾斜。当地球绕太阳公转时，如果地球一直是端正地转着，也就是地轴对地球公转轨道面一直是垂直的，那么，一年到头，太阳光就永远直射在赤道上，地球上同一地点所受的热，任何时期都应该一样，将不会发生任何季节的变化。但实际上，地球绕太阳公转时，地球是歪着身子的，它好像陀螺在斜着转的时候一样，所以地轴在地球公转的轨道面上就不是垂直的，而是成66° 30′ 的倾斜角，严格地讲起来，地轴和轨道倾斜角是66° 34′ 。由于地轴对轨道面的倾斜，所以地球赤道和轨道面也是倾斜的，倾斜的角度为23° 26′ 。正是由于这个原因，使地球绕太阳公转时，太阳光线直射地球表面上的位置，便在地球赤道的南北移动，它有时大部分落在北半球地面上，有时大部分落在南半球地面上。

知识链接

日环食与日全食

在地球上看太阳与月亮似乎大小相同，但实际上，太阳、月亮离地球都是时而近，时而远的。因此，发生日食的时候，从月亮与太阳间距离的变化关系来看，时而太阳显得比月亮大，时而月亮也会显得比太阳大。 前一种情况即为黑色月亮的周围露出太阳的圆环，这是“日环食”。后一种情况是月亮完全掩盖太阳，形成“日全食”，此时能看到美丽的日冕。

日食与月食

日食、月食发生在太阳、月亮和地球处于同一直线上时。当月亮位于太阳和地球之间时，月亮就会遮住太阳，太阳看上去就像缺了一部分，从而形成日食。当地球行至太阳与月亮之间时，月亮则进入地球的阴影之中，月亮黯然失色，就出现了月食。

所以，日食只发生在新月之时，而月食只出现于满月之日。

新月、满月都是每月一次，但日食、月食并非月月都会发生。因为绕地球旋转的月球轨道与绕日旋转的地球轨道的相互倾斜，成5° 倾斜角，太阳、月亮和地球就仿佛排列在光盘般的平面上。平日的新月，都处于太阳与地球连线的上侧或下侧。当月球全部进入地球的本影区中，称为月全食；如果只有一部分进入本影区，则称为月偏食。一年之中，大约会发生两次月食，每一次都必定是在满月的时候，时间上，则可维持2小时左右。

地球大观

了解地球万象

地球的圈层结构

地球由表面向内依次分为地壳、地幔、地核。地球内部构造恰似一个桃子，外表的地壳是岩石层，相当于桃子皮，人类以及生物都生活在这里；地幔相当于桃子的果肉部分，是灼热的可塑性固体；地核相当于桃核，由铁、镍等金属物质或岩石构成。地核的外侧是液体，而内核具有固体的性质。

地壳分为上下两部分，各部分的物质结构不同。地壳平均厚度约 33 千米，其体积占地球总体积的 0.5%，是一种固态土层和岩石，称为岩石圈层。岩石圈层蕴藏着极丰富的矿藏资源，已探明的矿物达 2000 多种。

地幔分为上地幔层和下地幔层。地幔厚度从地面 33 ~ 2900 千米，占地球总体积的 83.3%，温度高达 1000 ~ 2000℃，内部压力 9000 ~ 382 000 个大气压。上地幔层呈半熔融岩浆状态。下地幔层呈固体状态。地壳和地幔主要由硅酸盐岩石物质组成。

地核又分为外核和内核。外核厚度为 2900 ~ 5149 千米，呈液态；再往下便是呈固态的内核。地核主要由铁、镍物质组成，温度为 5000℃左右，压力达 350 万个大气压以上。

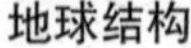

地球结构

“大陆漂移”学说的提出

如果你注意一下世界地图，就会发现南美洲的东海岸与非洲的西海岸是彼此吻合的，好像是一块大陆分裂后，南美洲漂出去后形成的。

20 世纪初的一天，德国 30 岁的气象学家、探险家魏格纳在看世界地图时也发现了这个现象。

他马上就被这个奇妙的现象吸引住了。南美洲的巴西的一块突出部分和非洲的喀麦隆海岸凹进去的部分，形状十分相似。如果移动这两个大陆，使它们靠拢，不正好吻合了吗？

“莫非是太古的时候，这两个大陆本就是一个？”这确实是一个前无古人的设想。因为人们从来就认为大陆是不动而又不变的。大陆会裂开，又会漂移，岂不成了奇谈怪论？

魏格纳是个百折不挠的人，他为了证实自己的想法，开始大量收集证据，埋头钻研。事实不断地告诉他：各大陆边沿不但地形相似，而且动物相似，这种情况不但存在于南美洲和非洲之间，而且存在于亚洲和欧洲、澳大利亚、南极之间。经过两年的潜心研究，魏格纳确信，地球的大陆原先是一个整块，大约距今 3 亿年以前开始分裂，向东西南北移动，后来才成为现在这个模样。于是，他正式提出了“大陆漂移说”。

1915 年，魏格纳发表了《大陆及海洋的起源》，充分论述了大陆漂移的证据。他认为，全世界实际上只有一块大陆，泛称大陆。构成地壳的硅铝层比它下面的硅镁层轻，就像大冰山浮在水面上一样，又因为地球由西向东自转，南、北美洲相对非洲大陆是后退的，而印度和澳大利亚则向东漂移了。泛大陆的解体始自石炭纪，经二叠纪、侏罗纪、白垩纪和第三纪的多次分裂漂移，形成现在的七大洲四大洋。

在当时，魏格纳的学说当然不能被正统派接受。然而，在他死后几十年的科学新发现中，却进一步证明了他那个大胆的学说是有科学根据的可靠理论。

变为泥土的石头

形容一个人的感情、意志坚贞不渝，常用“海枯石烂”这个词；形容一个物件坚实牢固，常说是“坚如磐石”。在人们的印象里，石头是十分坚硬不会变化的。

其实石头和其他东西一样，也是会烂的，不过石头烂掉要用很长很长的时间。我们看到的土、沙子、小石子，都是石头烂了以后变成的。

石头是怎么烂的呢？首先是温度的变化。太阳白天把石头晒得发烫，使其受热膨胀；一到晚上，气温下降，石头变冷收缩。由于石头表面和内部受热程度不同，因而岩石中各种矿物胀缩程度也不一样，

风化作用

时间一长，石头表层和内层就慢慢分离，一片片剥落下来；还会出现裂隙，而且裂缝越来越大。

其次是水对石头的破坏。雨水的浇淋、流水的冲蚀可以破坏石头，但更重要的是水变成冰的时候所产生的力量，能把石头劈裂。水变成冰的时候体积要膨胀，存在于石缝中的水结成冰以后，就像斧子一样能把石头慢慢劈开。水还能把石头里的许多矿物溶解，分化瓦解坚硬的石头。

再就是动植物也参与了对石头的破坏。植物的根不但像楔子一样使岩缝扩大，而且还吸收岩石里的矿物，使石头内部变得疏松。动植物遗体在腐烂过程中会腐蚀石头，细菌能“制造”硝酸、碳酸来毁坏岩石。

石头烂掉的过程叫做“风化”。经过漫长岁月的风化，坚硬的石头就慢慢变成了沙子和土。

河流侵蚀作用

大雨之后，本来平整的地面上出现了许多细小的水沟。这些细小的水沟，经过天长日久的、一次又一次的雨水冲刷，不断地扩大加深，逐渐成为大沟。而后，大沟又逐渐演变为小溪和河流。这也就是水的侵蚀作用。如果上述现象发生在坡度较大的山区，那么侵蚀作用的过程将会更加显著和迅速。

随着水流的扩大，它所具有的冲刷侵蚀能力也将不断地扩大。有人曾经估计过，在全世界，由于河流的侵蚀，陆地上每年要失去400亿吨的泥沙。

传说远古的时候，黄河在流向中原地区时，途经华山。由于华山的阻挡，不得不曲折绕道而行。河神巨灵大为恼火，便运用神力，拳打脚踢，硬是把华山一劈为二，使河水可以一直从华山通过。据说，巨灵劈山的掌足痕迹，至今还可能看到。

地球上的山共有几种

如果我们坐飞机环绕地球飞行，就会发现大陆表面起伏不平，一座座山脉拔地而起，直插云霄。我国也是个多山的国家，许多大山千姿百态，雄伟壮丽。有些山地，森林茂密，满目苍翠；有些山峰，冰雪覆盖，一片银白。既有像喜马拉雅山脉、天山山脉那样的高大山脉，也有众多的高度仅有二三百米的丘陵地带。

地球上众多的山脉，各种各样，人们为了便于区分，就根据其形成原因把地球上的山分成三大类，即火山、褶皱山和断层山。

火山是由地下喷出地表的熔岩形成的。地壳中的岩浆在强大的内压力下，会冲破覆盖在它上面的岩石，喷出地表，这就是我们所说的火山喷发。在火山爆发时，大量的熔岩喷出地表，在火山口周围堆积起来，形成了高大的山脉，这就是我们所说的火山。例如日本的富士山，就是由火山喷发而形成的。世界上最高的火山是位于南美洲阿根廷境内的阿空加瓜火山，高度为6964米。我国也有许多火山，例如长白山脉的白头山、台湾大屯山群的七星山，都是我国著名的火山。

褶皱山是由于大面积的岩层被挤压弯曲，向上拱起而形成的。如果我们轻轻地把一张书页往书的中缝推，它就会形成一个向上翘的“斜坡”。同样道理，如果岩层受到挤压，也会上翘隆起而形成山脉。我们知道，地壳不是静止不动的，而是处于运动状态当中。随着地壳的移动，一块大陆的板块便会与另一块板块相遇并发生碰撞挤压，从而形成一系列高大的山脉。例如我国西南边境上的喜

知识链接

山的标高是怎样测出来的

标高是指地面或建筑物上的一点和作为基准的水平面之间的垂直距离。

可以称为高度起点的叫标准基点。日本的高度基点是从东京湾海面到24.4140米这一高度。

怎样用标准测量的方法测出两点的高度之差呢?其方法是：用安在两点正中间的水准仪(安成水平形的望远镜)测出标在两点上的标尺刻度，这样就知道了两点的刻度之差即高度之差了。

为了便于测量，人们设立的标石如星罗棋布。标石是以标准基点为准标出准确的高度。我们用标准的测量方法测出标石到山顶的高度就可以了。

但最近，人们多用航空摄影的办法进行测量，这样既省时省力，又准确无误。

马拉雅山脉，就是一个典型的褶皱山，它是由亚欧板块和印度洋板块相互挤压而形成的。另外，美洲大陆西海岸的安第斯山脉，也是一个典型的褶皱山，它是由太平洋板块与美洲板块相互挤压碰撞而形成的。

断层山是因为大面积的岩层发生断裂，断层面两侧的岩层相对下降，中间岩层相对上升而形成的。断层主要是由于地壳在运动过程中，所产生的强大压力和张力，超过了岩石的承受能力，从而使岩层发生断裂而形成的。我国的庐山、泰山就是典型的断层山。

地震与海啸

因地震而上下浮动的海水形成巨浪涌入陆地，这就是人们所说的海啸。涌入陆地的波浪高度可因海湾的形状而发生变化。像三面陆地一面海的“V”字形海湾入口处的浪高一般为海湾里面的 3 ~ 4 倍。

1933 年日本三陆发生地震时就出现了海啸，当时的海浪最高达 25 米。而像东京湾那种蜂腰状的湾内，浪高只有其他海湾的 1/2。相比之下，这种海湾还是比较安全的。

海 啸

不仅地震能引起海啸，而且海底的火山喷发也能引起海啸。另外，在进行核试验的海域里，也会因爆炸所引起的振动(气压变化)而形成海啸。

地球上矿物的形成

我们在日常生活中，总离不开各种矿物资源，我们所用的电，是用煤炭、石油、铀等矿物燃料生产的，而我们所使用的各种铁器用品、钢材等金属产品更是离不开矿藏。

据统计，目前地球上已经发现的矿物有两千多种，而在世界上广泛使用的矿产资源也有八十多种。

那么，地球上的矿物是怎样形成的呢？

地壳中的化学元素并不是孤立的和静止不动的，它们在特定的条件下会形成各种不同的化合物或单元素物质。这种天然形成的而不是人工合成的物质，就是矿物。矿物形成的途径主要有3个。

一个是通过岩浆作用而形成的矿物，这是矿物产生的最主要途径。我们知道地球内部的岩浆是由各种化学元素组成的，当在高温高压条件下，它们是混合熔通在一起的。但是在岩浆上升冷却过程中，不同矿物就有规律地逐渐结晶出来。熔点高的先结晶，熔点低的后结晶；密度大的下沉，密度小的上浮，形成各种矿物。世界上许多金属矿，特别是有色金属和稀有金属，就是这样形成的。矿物除了由岩浆作用形成以外，还可通过岩浆中形成的气体来形成。如硫磺、雄黄就是由火山喷发的气体结晶而成的。

一个是通过外力作用而形成的矿物。通过岩浆作用已经形成的矿物，在空气、水、阳光及生物等外力作用下发生化学变化，重新形成新的矿物。例如在内陆湖泊或浅海中，由于水分蒸发而形成钾、石膏、芒硝等矿物。另外生物遗体通过堆积作用而被埋在地下，经过复杂的化学作用而形成煤、石油等矿物。

形成矿物的第三个途径是变质作用。地壳中已经生成的矿物，由于地壳运动和岩浆活动的影响，在高温、高压作用下可能发生变质，形成新的矿物。例如煤在高温高压作用下，含碳量增加，变成一种矿物——石墨。

东非大裂谷

在东非高原上，自南而北贯穿着一条又长又深的裂谷，这就是世界上最长的大地裂谷带——东非大裂谷。

东非大裂谷南起赞比西河口，向北穿过东非高原、埃塞俄比亚高原，经红海、亚喀巴湾，伸入约旦河河谷。长度大约6000千米。在马拉维湖附近分出一支，经坦噶尼喀湖、基伍湖、阿明湖、蒙博比湖，伸向尼罗河河谷。裂谷宽度虽只有35 ~ 55千米，两侧陡峭的谷壁却可以高出谷底达1000 ~ 2000米。

在断裂谷地低洼处往往积水成湖，裂谷带的湖泊大多是构造湖，狭长

东非大裂谷

幽深，与裂谷延伸方向一致，呈串珠状分布。世界第二深湖就是这个裂谷带的坦噶尼喀湖，水深将近 1435 米。东北部的阿萨尔湖，是非洲大陆的最低点，海拔仅有 150 米。

是什么力量造就了这一蔚为壮观的巨大裂谷呢？

非洲大陆原是南方冈瓦纳古陆的一部分，在侏罗纪后逐渐分裂出来，成为一块独立而稳定的古陆。从第三纪开始并延续到第四纪的造山运动，在非洲引起了强烈的抬升与断裂活动，东非大裂谷就形成于这个时期。至于具体成因，现在在地质学中存在着多种认识和理解。板块学说认为，地壳以下的地幔中上升流强烈上升，致使地壳隆起，形成了东非高原；上升流向两侧扩散，巨大的拉张力致使地壳发生断裂，形成东非大裂谷。这一说法认为断裂的产生是大陆开始分裂，海洋正在孕育的反映。裂谷继续扩张，就会演变成海洋。地壳发生断裂的过程中必然伴随着火山和地震的活动。裂谷带附近地壳运动极为活跃，岩浆活动剧烈，火山林立成群，地震时有发生，显示着极强的生命力。这里有一系列高达 5 千米的大山，著名的有乞力马扎罗山、肯尼亚山等。

不幸之地——沙漠

沙漠，是大自然留给人类的不幸之地。全世界有十分之一的陆地是沙漠。世界上的沙漠大多分布在南北纬度 15° ～ 35° 之间的信风带。这些地方气压高，天气稳定，风总是从陆地吹向海洋，海上的潮湿空气却进不到陆地上，因此雨量极少，非常干旱，地面上的岩石经风化后形成细小的沙粒，沙粒随风飘扬，堆积起来，就形成了沙丘，沙丘广布，就变成了浩瀚的沙漠。有些地方岩石风化的速度较慢，形成大片砾石，这就是荒漠。

沙漠地区的年降水量一般都在 400 毫米以下。我国塔克拉玛干沙漠中降水最少的地方，年降水量不足 10 毫米，个别地方几乎滴雨不降。沙漠地区温差大，平均年温差可达 30℃ ~ 50℃，日温差更大，夏天午间地面温度可达 60℃以上。若在沙滩里埋一个鸡蛋，不久便烧熟了。夜间的温度又降到 10℃以下。由于昼夜温差大，有利于植物贮存糖分，所以沙漠绿洲中的瓜果都特别甜。

位于非洲西南部的纳米布沙漠

沙漠地区风沙大，风力强，最大风力可达 10 ~ 12 级。强大的风力卷起大量浮沙，形成凶猛的风沙流，不断吹蚀地面，使地貌发生急剧变化。

沙漠的形成

根据德国气候学家柯本的气候分类法，把年降水量不足 254 毫米的气候称为沙漠气候。

撒哈拉沙漠是世界上最大的沙漠，年降水量不足 25 毫米（仅相当于日本 1 天的降水量），而且，那里的昼夜温差超过 30℃。这种恶劣的自然环境不仅不利于植物的生长，而且还造成了沙土地的龟裂和土质的沙化。这种干燥的气候是形成沙漠的主要原因。这一点，只要看一下地球上的沙漠分布情况就一目了然了。在地球南北纬度 30° 附近，有两条鲜明的沙漠带。一条是北半球的撒哈拉、阿拉伯和印度大沙漠，另一条是南半球的卡拉哈里和澳大利亚大沙漠。这些地区都处在“亚热带高压带”的控制下，所以由于下降气流的影响而久旱无雨。

除此之外，海上的潮湿空气吹不到的内陆地区以及大山脉的下风处，也容易形成沙漠。有的海岸气温较高，即使有因寒流影响而变冷变湿的空气登陆也不能形成云，像这样的海岸也容易变成沙漠。

“沙漠绿洲”和“海市蜃楼”

烈日炎炎，炙烤着戈壁大地，浩瀚的沙漠上，蒸腾着滚滚热浪。天空没有一丝云彩，也没有一点风。一支干渴的骆驼队艰难地行进着。突然，在远处的地平线上，奇迹般地出现了一片绿洲，绿洲内翠柳成阴，倒映在一个微波荡漾的湖面上。这是一幅多么迷人的景色呀！它驱散了游人的疲劳，给人们带来了希望。正当人们满怀喜悦的心情向着绿洲奔去的时候，它又消失了。

这种神秘的幻景也常常出现在海面上。在天气晴朗、平静无风的时候，有时会在海面上空浮现出一座城市，亭台楼阁完整地显现在空中，来往的行人、车马清晰可见，城市景色变化多端，然后逐渐模糊消失。这种神秘的模糊的幻景，人们称之为“海市蜃楼”。这种奇妙的幻影究竟是怎样产生的呢？

我们知道，空气的密度随温度的变化而变化，而空气密度的变化又使它对光的折射率发生影响。在炎热的夏天，沙漠上空的温度逐渐降低，密度逐渐增大，而空气的折射率也逐渐增大。在无风的时候，由于空气的导热性差，这种折射分布不均匀的状态能持续一段时间。为了说明沙漠绿洲的形成原因，设想将空气从地平面算起分成若干个平行的折射率层，从下往上每层的折射率递增。当日光照到一棵树上，树上反射的一条光线从上层（折射率高）射向下层（折射率低），根据光的折射定律，这条光线向折射率大的方向偏折。如果光线射到某一层，入射角大于临界角时，它将产生全反射，再度向上偏折，最后射入人们的眼睛，就会感到它好像从一面“镜子”上反射出来的一样，这面镜子就是最后反射光线的那层空气。远远看去，就像是地平线上泛起的一湾湖水，地面上的景物倒映在湖水之中。当被太阳晒热的大气微微地颤动时，便使人感到湖面上水波荡漾。这就是“沙漠绿洲”的形成原因。

我国甘肃敦煌地区的月牙泉

海面上出现海市蜃楼的理由与此

相似。因为靠近海面的温度比较低，而上方的空气温度较高，与沙漠上空的温度分布刚好相反，因此从实际景物反射出来的光线将向下弯曲，出现的幻景比实际景物高，看起来就像浮现在空中一样。

地球之上水多少

如果将地球的陆地全部填入海中，使地球成为表面光滑的球体，那么地球的表面将被 2500 米深的海水淹没。因为地球面积的 71% 覆盖着水，达 31 620 万平方千米。

如果把地球最高峰——8844.43 米的珠穆朗玛峰放到海洋中最深的地方，它的顶峰还差 2000 米才能露出水面。

在地球的总水量中，海水占了 97%，淡水只占 3%，而其中冰占总淡水量的 2/3。

如果南极的冰都化为水，这时海水表面将上升 60 米，许多沿海城镇都将被淹没在大海之中。

如果地球的全年降水量都汇集在地面而不流失，我们就得在 1 米深的水中行走。

如果不下雨的话，地球上的淡水只够人类、动植物使用 4 年多一点。

除了地表水以外，在大气圈里，也都充满了水。在离地面3.5千米的大气层里，所含水分占整个大气层水分的70%，而在离地面5千米的大气层中，所含水分占全部的90%。在1立方千米的云层里，共有水分2000吨，1立方千米的冰雹层里，所含的水量达6000吨。所以，我们头顶上变幻莫测的云层实际上是一座座空中“悬浮水库”，它随时都会把大量的储水无情地倾泻到地球表面。如果没有大气水和地球水之间的不息循环，人类是很难生存的。

知识链接

地球上的动植物物种灭绝

地球上的生物物种，最早约有2500万种，而现在已减到约300万种左右了。在未来20年内，现在的动植物将有60万～100万种会遭灭绝的命运。

近200多年来，地球上的动物已经灭绝了1000多种，其中鸟类有130种，兽类110多种，还有2400多种野生动物濒于灭绝的边缘。

植物的破坏情况也很严重，现有3万多种野生植物濒临灭绝。仅高等植物每年约灭绝200多种，还有10%～20%的物种濒于灭绝。许多生物学家担心，如果继续下去，后果不堪设想。

生命之泉——河流

纵横交错地分布于世界各地的大小河流，自古以来就是人类生息繁衍的主要活动场所。尼罗河、黄河、幼发拉底河、恒河等大河，曾经孕育了灿烂的古代文明，产生了埃及、中国、巴比伦和印度等文明古国。河流，被人们看作是生命的源泉，人类文明的摇篮。

地上本来没有河，是雨水、地下水和高山冰雪融水经常沿着线形伸展的凹地向低处流动，才形成了河流。一条河流的形成必须有流动着的水，有储水的槽，两者缺一不可。山间易涨易退的山溪，不能算河流。一条新河形成时，河水并不是向下流动，而是掉过头来，向源头伸展，河谷一天天向上游延伸。凡是天然形成的河流，都是这样“成长”起来的。

世界上天然大河有很多，南美的亚马逊河是世界上流量最大、流域面积最广的河流。纵贯非洲东北部的尼罗河，长 6670 千米，是世界上流程最长的河流。我国的长江是世界第三大河，亚洲第一大河，全长 6300 千米。它穿越崇山峻岭，浩浩荡荡，蜿蜒东去，平均每年将约 1 万亿立方米的水量输送入大海。世界上著名的大河还有多瑙河、密西西比河、恒河、莱茵河、刚果河等等。

除天然河流外，还有人工开掘的河流——运河。世界上著名的运河有横贯中国的京杭大运河、连接地中海和红海的埃及苏伊士运河、沟通大西洋和太平洋的巴拿马运河。河流有外流河和内流河之分。直接或间接流入海洋的河流叫外流河，如我国的长江、黄河等。中途消失或注入内陆湖泊的河流叫内流河，如我国的塔里木河、柴达木河等。河流一般分为上、中、下游三段。上游坡陡水急，流量小；中游流速减慢，流量加大；下游平坦，流量最大，流速更慢。河流不仅是水分循环的主要路径之一，而且是塑造地表

河流——人类文明的摇篮

各种地貌地形的重要因素。

作为一种自然资源，河流在水利灌溉、航运、发电、养殖及城市供水等方面发挥着巨大的作用，但同时也会给人们带来洪水灾害。

瀑布的形成

在世界上的名山大川中，瀑布很多，它们沿着各种不同形状的悬崖峭壁奔流倾泻。由于地势起伏不同，水量多少不等，瀑布流泻时千姿百态，变幻奇丽，各有其说不完的美景。

伊瓜苏瀑布是世界上著名的宽瀑布，位于巴西和阿根廷两国交界的巴拉那河流域。它的支流伊瓜苏河长不过 700 千米，水量却很丰富。大量河水呼啸着奔腾而下，形成了一个宽大的瀑布。瀑布平均高度 40 多米，最高的“鬼吼瀑”高达 72 米。在它的 120 多米高空上还飞悬着一条绚丽的长虹，浮现在水雾里，形成一幅人间奇景。

如果从流量来说，巴拉那河上的塞特凯达斯大瀑布是世界上流量最大的瀑布。在汛期时，它以每秒 3 万立方米的流量直泻而下。从远处看，瀑布犹如条条银链从天而降，飞溅的水珠在阳光的照射下，映出一条美丽的彩虹，像五彩缤纷的蝴蝶随风飞舞。

我国的瀑布也很多，著名的有贵州白水河上的黄果树瀑布、黑龙江镜泊湖上的吊水楼瀑布，以及江西庐山的开先瀑布、三叠泉瀑布、黄龙潭瀑布、乌龙潭瀑布等。众多的瀑布装点着祖国的河山，使景色更加壮丽。

世界上的瀑布千姿百态，形形色色，形成的原因也是多种多样的：在同一条河流上，由于构成河床的岩石

知识链接

从前的土和现在的土有什么不同

现在的土，比如东北平原地区的黑土，它在1万年以前就生成了。因此，现在的土也包含着从前的演变历史。

黑土的表面是一层腐殖土的混合土，再往下才是真正的腐殖土，是动植物残体经微生物和碳、氮分解后又重新合成的复杂的有机土壤。在腐殖层中，植物的细根像穿珍珠项链一样把一颗颗豆粒般松散的土壤颗粒穿在一起。

另外，在火山灰和沙丘的沙子表面，还可见到适合地衣生长的现代土。有些地方黑土下面的老红土，还是由几万年前的火山灰形成的呢。在显微镜下观察湿红土时，还可见到土里含有石英、长石、黑云母等沙粒。至于发黏的黏土，其实那是黏土矿。黏土矿还可像老土壤那样变成结晶，而且种类也会各不相同。

不同，有硬有软，软的地方容易被冲蚀，硬的地方冲蚀得慢，在软硬岩石交界处，河床高低相差很大，于是就出现了瀑布。再有，由于地壳运动，地壳断裂引起升降，造成陡岩，河流流经这里，形成瀑布。火山喷发后，火山口积水成湖，湖水从缺口溢出，也会形成瀑布；火山喷出的岩浆，阻塞河道，造成湖泊、湖水壅高泻出，同样会形成瀑布。古代冰川刨蚀成的U形谷，石灰岩地区的暗河从山崖间涌出，海浪拍击海岸，迫使河流后退而产生崖壁，这样，也会形成瀑布……总之，瀑布是地球内营力和外营力综合作用的结果。

最大的淡水湖群——五大湖

在北美大陆的美国和加拿大之间，有五个大湖，它们像亲兄弟一般手拉手连在一起，构成五大湖区。按面积排列：老大，苏必利尔湖；老二，休伦湖；老三，密歇根湖；老四，伊利湖；最小的弟弟，安大略湖。其中除密歇根湖为美国独有外，其他都是美国、加拿大两国共有。

五大湖是世界上最大的淡水湖群，因此人们用“淡水的海洋”“北美大陆的地中海”来形容它们水量之大。五大湖总面积达24.2万平方千米，约相当于一个英国。湖水平均深度99米，最深处有406米。平均深度超过了波罗的海（55米）和北海（94米）。五大湖的总蓄水量为24 458立方千米，相当于波斯湾水量的2. 5倍。老大“苏必利尔”的意思就是“较大的”，它占五大湖总蓄水量的一半以上，最深处达406米，是世界上最大的淡水湖。

五大湖边的美国芝加哥市

五大湖“水平”不一，苏必利尔湖比休伦湖高7米，因此，苏必利尔湖的水通过苏圣马里河滚滚流向休伦湖。而伊利湖的湖面比安大略湖高了将近100米，因此，在连接这两个湖的尼亚加拉河上形成了世界著名的瀑布。安大略湖的湖水最后经圣劳伦斯河流入大西洋。

五大湖区气候温和，航运便利，矿藏丰富，是北美的经济发达地区之一。沿岸有芝加哥、克里夫兰、多伦多、布法罗等重要的工业城市。美国和加拿大在沿湖地区开辟了许多国家公园，每年有大量游客来此游览、度假。

南北半球的分界线——赤道

赤道，是赤日炎炎、骄阳似火的地方。在赤道地区，太阳终年直射，气温高，天气热，是有名的热带。

赤道是通过地球中心垂直于地轴的平面和地球表面相交的大圆圈，它像一条金色的腰带，把地球拦腰缚住，并把地球平分为南北两个半球。赤道是南北纬度的起点（即零度纬线），也是地球上最长的纬线圈，全长40075.24 千米（相当于 8 万多华里），所以住在赤道上的人能够“坐地日行八万里”。一架时速为 800 千米的喷气式飞机，要用 50 小时才能飞完这段距离。

赤道穿过地球上的许多国家。加蓬、刚果、扎伊尔、乌干达、肯尼亚、索马里、马尔代夫以及印度尼西亚、厄瓜多尔、哥伦比亚和巴西等国家都有赤道线通过。在这些国家里，人们用不同的标志来表示赤道线。例如在刚果，人们用许多沿直线排列的小石柱表示赤道线，这些小石柱叫赤道桩。赤道桩高不足一米，可以很容易地跨过它，所以人们可以一会儿在北半球，一会儿又在南半球。据说在七百多年前，厄瓜多尔首都基多城的市民就知道，基多城附近是太阳一年两次来往于南、北半球所经过的地方，他们称这里为“太阳之路”。后来，科学家证实了这一说法，市民们就在基多市郊外修建了一座赤道纪念碑。纪念碑高10米，碑身四面刻有表示东南西北四个方向的字样。碑顶放着一个石刻地球仪，地球仪腰部，有一条标志赤道方位的白线，一直延伸到碑底的石阶上，这就是地面的赤道线。

地球上的网——经线和纬线

观察地球仪，我们可以看到一条条纵横交错的线条组成的网，将地球严严实实地罩了起来。这个“网”就是经纬线，其中横的叫纬线，纵的叫经线。它是人们为了确定地球表面上某一地点的地理位置而画上去的人为标志，也称为地理坐标。有了经纬线，人们就可以像在影剧院找座位一样在地图上找到地球表面上的任意一点。

经纬线的确定是非常有趣的。人们像切西瓜那样将地球分成均匀的360 等份，其中每等份的切线都经过地轴与两极，并把地球分成基本相等的两个半圆。这样，地球表面就出现了许多等大的大圆圈，这就是经线或经圈，也叫子午线或子午圈。经线呈南北走向，因此又称“南北线”。1884 年在美国华盛顿召开的国际子午线会议上规定，把通过英国格林尼治天文台的那条经线作为第一条线，称为“本初子午线”，即经度零度线。本初子午线以东是东经 1° ～ 180° 线，以西是西经 1° ～ 180° 线，东经和西经 180° 是同一条线，它与本初子午线正好是一个大圆圈上的两个半圆。在英国格林尼治天文台旧址的子午馆，有一条宽十几厘米、长十几米，镶嵌在大理石中间的铜制本初子午线，这是地球上唯一的一根经线标志。在这根铜光闪闪的子午线两旁，分别刻有“东经”和“西经”字样，表明东

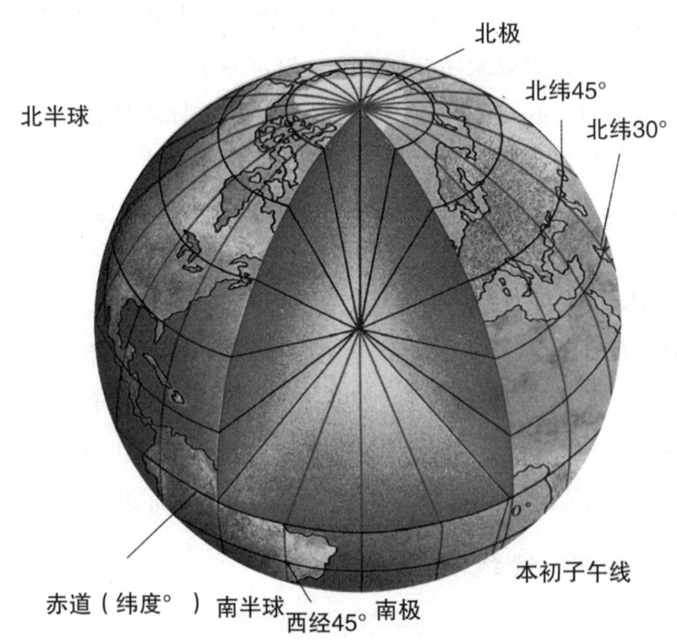

地球的经线和纬线

西半球就是从这里分开的。由于地球表面海陆分布不均匀，为方便起见，实际上人们通常是以东经 160° 和西经 20° 为界分为东西两半球的。

纬线是根据垂直于地轴的平面和地球表面相交的圆圈画出来的。纬线圈之间互相平行，在地球表面上经线与纬线都互相垂直，纬线指示东西方向。赤道是南北纬线的起点，定为零度。赤道以北至北极为北纬 1° ~ 90° 线，赤道以南至南极为南纬 1° ~ 90° 线。南北纬 90° 就是地理南北极。显然，纬线与经线不同，它在不同的地理位置，长度是不同的。赤道上的纬线最长，然后向南北两极逐渐减小，到了两极，纬线圈即缩成一点。

有了经纬线这个网络，人们不仅可以根据经纬度数据很方便地找到地球上任何一个地点的地理位置，而且还可以根据该地点的经纬度，测算出该地点与我们的距离。

热温带的分界线——南北回归线

回归线，是太阳每年在地球上直射来回移动的分界线。

地球在围绕太阳公转时，地轴（地球自转轴）与黄道面（公转轨道平面）永远保持 66° 33′ 的交角。也就是说，地球总是斜着身子在绕着太阳旋转。这样，地球有时是北半球倾向太阳，有时又是南半球倾向太阳，因而太阳光直射地球的位置会随时间而发生南北的移动。到夏至这一天，太阳光直射北纬 23° 30′ 的纬线上。过了夏至，太阳光逐渐南移，北半球受太阳照射的时间逐渐减少。北纬 23° 30′ 的纬线是太阳光在北半球上直射点的最北界限，因此把这条纬线称为北回归线。冬至时太阳光直射在南纬 23° 30′ 的纬线上，冬至过后，太阳光又开始逐渐北移，到夏至时，再次直射北回归线。南纬 23° 30′ 的纬线则是太阳光在南半球上直射点的最南界限，因此

地球仪楔形块：先将图片印刷在上面，然后再包到球体外边。

把这条纬线称为南回归线。

南北回归线是热带和南北温带间的分界线。北回归线和南回归线之间的地区为热带，这里太阳终年直射，获得的热量最多；北回归线和北极圈（北纬 66° 30′）之间的地区为北温带，南回归线和南极圈（南纬 66° 30′）之间的地区为南温带。温带地区太阳终年斜射，获得的热量适中。我国大部分地区位于北温带内，属于温带气候。

1985年以前，地球表面的回归线的唯一标志是我国台湾省嘉义县的"北回归线标"石碑，它表明北回归线从那里经过。1985年7月15日，我国在广东省从化县又建立了一座高达27. 55米的北回归线标志塔。塔身呈火箭形，东、西、南、北各有拱门。塔底正中铺有大理石，以红色玛瑙嵌入中圆点，以示太阳直射位置。顶部是直径为120厘米的铜球，球中间通有圆孔，供太阳直射校验之用。

温寒带的分界线——南北极圈

地球上南、北纬 66° 33′ 的两条纬线圈，在南半球的称南极圈，在北半球的称北极圈。南、北极圈是地球上五个气候带中温带和寒带之间的分界线。

夏季，在北极圈上和北极圈内，全地区都有日数不等的极昼；冬季，则有日数不等的极夜。在南半球正好相反，夏季，在南极圈上和南极圈内，全地区都有日数不等的极夜；冬季，则有日数不等的极昼。南、北极圈内气温低，因此分别称为南寒带和北寒带。

北极极昼

极昼和极夜是只有在南、北极圈内才能看到的一种奇特的自然现象。当出现极昼时，在一天24小时内，太阳总是挂在天空；而当出现极夜时，则在一天24小时内见不到太阳的踪迹，四周一片漆黑。产生这种现象的原因是：地球环绕太阳旋转（公转）的轨道是一个椭圆，太阳位于这个椭圆的焦点上。由于地球总是侧着身子环绕太阳旋转，即地球自转轴与公转平面之间有一个66° 33′ 的夹角，而且这个夹角在地球运行过程中是不变的。这样就造成了地球上的阳光直射点并不是固定不动，而是南北移动的。在一年中的春分和秋分，太阳光直射在赤道上，这时地球上各地昼夜长短都相等。春分以后，阳光直射点逐渐向北移动，这时，极昼和极夜分别在北极和南极同时出现。直到夏至日时，太阳光直射在北回归线上，整个北极圈内都能看到极昼现象，而整个南极圈内都能看到极夜现象。到冬至日时，太阳光直射在南回归线上，这时整个南极圈内都能看到极昼现象，而整个北极圈内都能看到极夜现象。

地球之端——两极

北极和南极是地球上的两个端点，它们是假想的地球自转轴与地球表面的两个交点。在北半球的叫北极，在南半球的叫南极。

由于地球是绕着自转轴旋转的，所以两极是地球表面上唯一的两个不动点。它又是地球上所有经线辐合汇集的地方。从北极或南极到赤道间的经线距离都是相等的。人们通过长期的观测发现，地球上真正的两个极点并不是一直不动的，而是在不断缓慢地移动着。这种地极的移动，称为“极移”。极移的范围很小，虽则只有篮球场那么大，但它对地球经纬度的精度却有着不小的影响。因为地极是地理坐标的基本点，不弄清它的准确位置，要准确地测出任何一个地点的经纬度是不可能的。此外，科学家还发现，极移与大地震可能有联系，因为极移会引起地球内部大规模的物质迁移，从而诱发大地震。

在两极地区，经常出现“极昼”和“极夜”现象。

虽然两极地区有半年时间为白昼，但真正能到达两极地区增加热量的光线却少得可怜，因此两极地区仍然是终年冰天雪地，寒冷异常。在南极地区，甚至有 -94.5℃的低温。在如此酷冷的自然条件下，没有一棵树一株草能天然生存。甚至像金属、橡胶之类的东西也会被冻得像玻璃那样易脆易碎。但奇怪的是，大批企鹅却能在南极这块“世界寒极”上安居乐业。

地球大观

时涨时落的海水

据说第一个研究这个问题的是古希腊的航海家彼费。后来，英国物理学家牛顿发现了万有引力现象，为揭穿潮汐的秘密提供了科学依据。现在知道，引起潮汐的原因主要是由于受月球的“引潮力”引起的。这个引潮力是月球对地面的引力，加上地球、月球转动时的惯性离心力所形成的合力。

地球每天自转1周。一天之内，地球上任何一个地方总有1次向着月球，1次背着月球，所以地球上绝大部分的海水，每天总有2次涨潮和2次落潮，这种潮称为半日潮。而有一些地方，由于一些局部地区性的原因，在一天之内只出现1次高潮和1次低潮，这种潮称为全日潮。

不但月球能对地球产生引潮力，太阳也能产生引潮力，虽然比月球的要小一些，只有月球引潮力的5/11，但当它和月球的引潮力叠加在一起的时候，就能推波助澜，使潮水涨得更高。每月在朔(农历初一)和望(一般是农历十五，有时候是十六，甚至是十七)的日子里，月球、地球和太阳在一条直线上，那时月球和太阳的引潮力加在一起，力量就特别大，出现大潮；在上弦月(农历初七、初八)和下弦月(农历廿二、廿三)的时候，月球、地球和太阳不在一条直线上，而成了一个90°的角，太阳的引潮力抵消了一部分月球的引潮力，所以出现小潮。

海水的涨落与盐业、渔业、航行都有紧密的联系。现在人们已经掌握了海水涨落的规律，任何地方、任何日子的潮水情况，都能精确地预报出来。海水的涨落，蕴藏着巨大的能量，现在，人们还建立了潮汐发电站，用潮水来发电哩!

海水退潮

海陆分界线——海岸线

海水面与陆地面的分界线，称为海岸线。实际上，海水和陆地是以海岸为界的，海岸的沿长就是海岸线。由于海水的涨落以及风引起的海水的运动，海岸线会经常移动。通常人们把多年平均高涨时海水到达的界线作为海岸线。

在地质史上，由于地壳运动及大范围的气候变迁，海岸线有过大范围的变化。据科学家研究，在距今约7万年到2万年这段时期，海水一直处于下降趋势，当时的海平面要比现在低100多米。因此那时的海陆分布和海岸线位置和现在完全不同。那时中国东部的黄海海底大部分是陆地，当时我国大陆和朝鲜、日本之间是连接在一起的。我国大陆和台湾、海南岛也都是一块完整的大陆。

海岸线

珊瑚堆起的西沙群岛

珊瑚的颜色丰富多彩，有的洁白如玉，有的翠绿欲滴，有的黄里透红……珊瑚枝枝杈杈，招人喜爱。其中，较大的被陈列在故宫、人民大会堂里，较小的常用精巧的盘子盛着，放起来供人欣赏。

珊瑚这么珍贵，西沙群岛能是珊瑚堆起来的吗？是的，西沙群岛的大部分岛屿的确是珊瑚堆积起来的。可是，岛上的珊瑚长期遭到风风雨雨的破坏，已失去它的本来面目，只剩下些残片、渣粒了。人们要想得到珊瑚，就得到岛屿的周围和附近的海底去采集。西沙群岛附近的海底，简直是珊瑚的世界！

珊瑚是一种小动物，它的个体很小，成群地“定居”在岛屿周围及浅海的岩石上。它们用自己分泌的石灰质，为自己营造小房子。珊瑚虫死了，它们的骨骼也是石灰质的，这些尸体黏结在一起，使珊瑚礁变得

知识链接

海底有淡水吗

大家都知道海水是咸的。可你知道海洋中也有淡水吗?回答是肯定的。在我国闽南的漳浦县古雷半岛东面，有一个盛产紫菜的小岛叫菜屿，距该岛约500米处的海面上有一处奇异的淡水区，叫做“玉带泉”，这一带渔民和来往船只都在此补充淡水。美国佛罗里达州和古巴东北部之间的海区，周围海水含盐量很高，但中间有一片直径为30米的海域，水却是淡的，这里水的颜色、温度、波浪同周围的海水不同，人们称它为“淡水井”。

为什么海洋中会出现“淡水井”?经过科学考察后发现，这些“淡水井”的海底都有一口喷泉，能够源源不断地喷出一股强大的淡水流，当喷出的淡水顶开海水占据了一定的位置以后，就形成了一个同周围海水完全不同的淡水区。

海底为什么会有淡水呢?这是因为在几十万年前有些海底还是一片陆地，陆地上众多的河流和星罗棋布的湖泊为形成地下含水层创造了有利条件，尽管后来经历了多次海陆变迁，但其中的水分被原封不动地保存了下来。

更加结实。下一代幼小的珊瑚虫在上面继续营造小房子，一代又一代，珊瑚礁越长越大。但是，无论珊瑚礁长多么大，也不能长出海面，因为它们是海生动物，离开海水就活不成。那怎么会形成岛屿呢？那是因为地壳发生变化，珊瑚礁被抬出海面，于是形成了岛屿。它们成群地分布在大海、大洋中。

海洋里有很多珊瑚礁形成的岛屿。可见小小的珊瑚虫，能耐可不小!但这种小动物也有三怕：怕冷、怕暗、怕水浑。因此，珊瑚虫对生活环境的要求很高：水温要在25℃～30℃之间，深度不能超过60米，海水又要比较明净。而我国的南海正好具备了这些条件，所以，在那里形成了美丽的西沙群岛。

天然海洋生物博物馆——大堡礁

澳大利亚东北沿海，有一处世界上最大的珊瑚礁群，这就是闻名世界的大堡礁。

大堡礁绵延 2000 余千米，北部窄，南部宽，最窄处不到 20 千米，最宽处达 240 千米；大部分是暗礁，也有不少露出水面的礁岩，有 500 多个

大堡礁

岛屿。总共占据的海域面积约25.9万平方千米。大堡礁的暗礁上面，布满了海藻和软体动物，退潮时礁岩露出水面，在阳光照射下，五彩斑斓，十分好看。已露出海面的礁岩上，有的已经有了厚厚的土层，上面生长着椰子、香蕉、木瓜等树木，葱茏茂密，一片翠绿。如果从小岛岸边向水中望去，可以看到随潮水涌来的五彩缤纷的各种贝类、小鱼、小虾，有时还可以看到大龙虾、海参、金枪鱼、鲱鱼等，让人目不暇接。五彩斑驳的珊瑚岛礁，清澈碧透的海水，畅游水中的鱼虾……这一切使大堡礁简直成了一座生机盎然的海中花园，又像一座巨大的天然海洋生物博物馆。

不过，由于大堡礁大部分是暗礁，这一带就成了海上交通的严重阻碍。船只一般都绕道航行，如要穿行大堡礁，就必须在弯弯曲曲的水道中小心谨慎地前进。

大堡礁以珊瑚最为著名，尽管它只占大堡礁生物的十分之一。珊瑚是名叫珊瑚虫的海洋生物死亡的骨骼。在大堡礁上至少有350种不同类的珊瑚，它们形状各异，大小不一，颜色绚丽多彩。海生珊瑚虫对生活环境非常挑剔：海水必须是温暖的（至少22℃）；海水应湍动，使其带有气泡；海水要洁净，因为污泥会阻塞珊瑚的消化系统。另外，它们还需要盐分才能生存。在地球上几乎没有比大堡礁水域中的海洋生物更为绚丽多彩或变化多端的景象了。

在20世纪60年代到70年代大堡礁受到以珊瑚虫为食物的棘冠海星大量生长的威胁， 礁体遭到破坏。现在自然保护学家已把这个问题置于人类的控制之下，但大堡礁的恢复还需要时间。1979年澳大利亚政府建立了占地34.87万平方千米的海洋公园，以保护大堡礁免受游客的破坏。

大西洋的命名

大西洋这一名称最早见于明朝记载。利玛窦来华在晋谒明神宗时，自称是“大西洋人”，他把印度洋海域称之为“小西洋”，把欧洲以西的海域称之为“大西洋”。我国明朝年间，东西洋分界，大体以雷州半岛至加里曼丹一线为界，它的西面叫“西洋”，而把日本人称之为“东洋人”。随着人们对欧洲地理概况的了解，于是，改称印度洋为“小西洋”，而把欧洲以西的海域称“大西洋”。西方世界地理学和地图作品传入我国后，对于Atlantic Ocean，我国翻译家感到颇难译成汉语，于是便以“大西洋”命名，并一直沿用至今。

海底的沉宝

古往今来，不知有多少满载黄金、白金、白银、珍珠、宝石等稀世之宝的遇难船只，默默地沉睡在深邃辽阔的大海中。海洋就像一座座神秘而诱人的金库，吸引着许许多多敢于冒险的人。

据有关人员统计，有史以来世界上大约沉没了100万条海船。尤其以在海战中沉没海底的船舰为多。如发生在公元前480年的古代最大的海战萨拉米斯海战，有1173艘船只参加了战斗。近代最大的海战是1916年的日德兰海战，有252艘战舰参战。经过这样的大海战，损失掉不计其数的舰船。甚至在和平时期每年也要沉没100条海船。只有沉没在近岸浅水区的某些船只被打捞起来了，而从深水海域打捞沉船仅用现代的设备是不可能的。因此无数的珍宝也

海底沉船

同沉船一起沉落于海底。

海底有价值数以亿美元计的黄金宝库。其中浅水区的珍宝已经被打捞得差不多了。但在更深的水域中，如水深超过60米，潜水用的水肺会失去效用，因此进行潜水工作是很危险的，且气候恶劣，水流湍急，若是军舰，舰上的弹药随时可能会引起爆炸。再加上沉没已久的残骸几乎总是长满了珊瑚虫和塞满了淤泥沙土，致使能见度极差，因此水下作业十分困难和危险，至今大量珍宝仍然沉于海底。

冰山

冰山就是漂浮在海面上的冰块吗？并不完全正确。一般说来，由海水直接冻结而成，冬生夏融的块状冰，不是冰山，这种块冰厚度只有 1 米左右，年龄也在 2 年左右，与冰山的差距简直是天壤之别。那么冰山到底是什么？我们先从南极大陆谈起。

南极大陆是地球上最冷的大陆，气候寒冷，常年飘雪。由于受到太阳光的照射很少，这些轻飘飘的雪花不会融化，而是越积越厚，越积越沉。几千年、几万年过去了，雪花之间不断地挤压，由雪变成了冰。这些冰也越积越厚、越积越沉，开始从南极陆地上下滑，这一阶段我们称之为冰川，待到冰川完全脱离南极大陆时，于是冰山就产生了。所以说冰山不是普通的冰块，而是从南极大陆上脱离出来，由雪变成的冰形成的。每年在海面上漂移的冰山大约有 33 万座，体积不等，大的直径可达到 1 千米以上，而小的只有几十米。目前发现的最大冰山是“拉松 185”，长约 95 千米，宽约 80 千米，厚约 200 米，重有 15 亿吨，它自 1986 年从南极大陆滑落以后，以每小时 3 千米的速度向南美大陆漂去。

北极冰山融化

由于水比冰的密度大些，所以在海面漂浮的冰山是 2/3 在水下、1/3 露在水面的，顺着海流、风向漂流。但大部分冰山都在南极圈以内漂游，只有少数能漂到南纬 35° 附近，个别的漂到赤道热带地区，然后就融化了。

在航海上，尤其是远洋航海，最忌讳的就是碰上冰山。上面提到冰山只有 1/3 露在水面，夜间航海不易发现，这给航海家带来许多困难。著名的“泰坦尼克号”海难，就是冰山导致的。1912 年，英国豪华客轮泰坦尼克号乘载 2200 多名乘客和海员入海，但在航海过程中碰上了冰山，并被撞漏，该客轮沉入冰海。这次海难死亡者多达 1503 名，仅 704 人获救，构成了 20 世纪航海史上最悲惨的一幕。所以有人称冰川是妨碍海上航行的恶魔。

但在另一方面，冰山也为我们人类带来了福音。在地球上淡水资源日益匮乏的时候，科学家发现在冰山内蕴藏着丰富的淡水资源，并且可以直接供人类使用。对于沙漠干旱地区的居民来说，冰山又变成了日夜渴望的饮用水，对于浩瀚无垠的沙漠来说，冰山又是变沙漠为绿洲的法宝。所以目前科学家正在研究冰山的运行规律，试图把这珍贵的自然资源用于造福人类的事业。

海洋环境污染

海洋是一个受各种物理、化学和生物过程制约的复杂系统。在近代工业革命出现的大规模资源开发活动到来之前，人类活动对海洋的影响很小，海洋可被看作是一盆能保持自身物质与能量动态平衡的“净水”。随着近代人类资源开发水平的不断提高和全球人口的不断增加，生产和生活过程中产生的废弃物和多余能量源源不断地排放到自然环境之中。上述物质与能量的绝大部分最终直接或经江河及大气间接进入海洋。这些额外物质与能量的输入，使得海洋（尤其是那些靠近陆地的沿岸水域）水体中往日的物质组成和能量分布的平衡关系受到影响或遭到破坏，不仅海水的表面（如色、味等）出现变化，生活在海洋中的生物更是深受其害。由此，我们说海洋环境受到了污染。那么，如何科学地定义海洋环境污染呢？根据联合国教科文组织政府间海洋学委员会所下的定义，海洋环境污染是指“人类直接或间接地把物质或能量引入海洋环境，其中包括河口湾，以致造成或可能造成损害生物资源和海洋生物、危害人类健康、妨碍包括捕鱼和海洋的其他正当用途在内的各种海洋活动、损害海水使用质量和减损环境优美的有害影响”。

揭秘万千气象

大气的组成

大气是由一层很厚的无色、无味的气体组成的，既看不见，又摸不着，组成非常复杂。

大气并不是一种单纯气体，而是由很多种气体混合组成的。一种是看不见的空气，一种是很活泼的水汽，另外还有混合在它们中间的灰尘杂质。

空气是组成大气的主要成分，它是由氮、氧、氩和二氧化碳等气体混合组成的，其中氮和氧加在一起，就相当于整个大气的99%以上。人们的呼吸，植物制造营养物质，都需要它。可是它在气象上的作用并不十分显著。水汽在大气中变化性最大，随着大气冷热的变化，它可以变成水滴，也可以变成冰滴；有时可以增加到很多，我们用肉眼就可以看到它，有时可以减少到很少，甚至一点都没有。云和雨就是水汽增加到一定程度时凝结而成的。灰尘杂质种类很多，有的是从烟囱里冒出来的烟粒，有的是由海水浪花卷入高空经过蒸发（水变成水汽的过程叫蒸发）剩下来的固体，也有的是从道路上或庭院内飞起的尘土。

对于空中的灰尘，人们总是讨厌它，但是它在大气的变化过程中却起很大的作用。如果没有这些小东西，水汽没有凝结的核心，就不会结成水滴，天空就不会产生云、雨。所以，灰尘杂质在大气变化过程中的重要性，并不低于其他成分。但是，大气中的灰尘杂质过多，也会对环境造成污染，这是需要防止的。

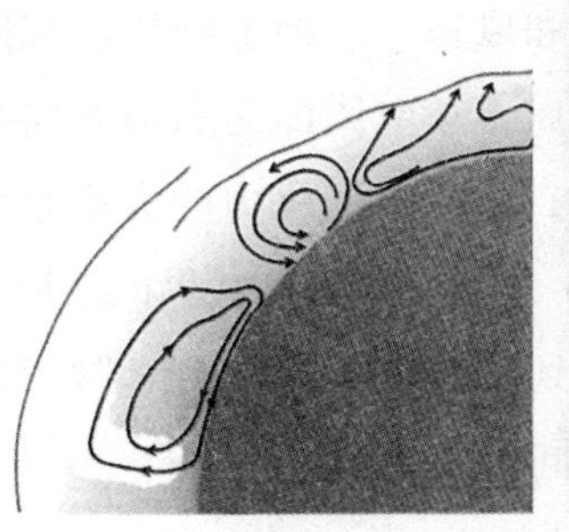

大气环流的形成和运动

地球表面的大气环流通过赤道的热空气和极地的冷空气相互进行空气交换。但它们之间并非直接进行交换，仔细观察的话，如图所示，在赤道和极地之间有三个空气的流动变得很复杂。

大气压的测量

可以说气压和水压一样，是指我们头顶上的空气重量。一般说，地面的一个气压在水银柱上就等于 760 托。760 托说得通俗点儿就相当于 10 米高的水柱。人们习惯用 1000 毫帕单位来表示这个压力。这就是说，每平方米大气就有 10 吨的压力。但是，由于四面八方的压力直接抵消了这种压力，所以，压力不仅不会把我们压扁，相反还能对我们的身体起到保护作用。

气压的大小与高度和温度等因素有关，一般气压随高度的增高而减小。例如，假设富士山顶上的气压是地面气压的2/3，那么，在同温层高度上的气压就只有地面气压的1/5了。因此，登山时常会出现头晕现象，严重的还有可能患高山病呢!高山病是人体在高山缺氧时所表现出来的一种现象。把各地的气压值换算成海面高度标在地图上，然后连成等压线，这就是我们所说的天气图。高层天气图还标有500或700毫帕的等压面高度分布。

空气流动产生风

空气流动就成风。空气流动得越快风就越大。 对于大范围的空气来说，它的运动有上下左右的区别。气象学上把空气的上下运动叫做垂直运动，也叫做对流，而空气的水平运动就是风。 空气的水平方向流动，是各地的气温和空气压力分布不均匀造成的。空气流动的规律，是从气压高的地方流向气压低的地方，于是就产生了风。高气压和低气压之间的气压差越大，空气流动的速度越快，风也就刮得越大。人们认识风，必须知道风向和风速。习惯上把风的来向定为风向。如西北风是指从西北方向吹来的风，东南风即为东南方向吹来的风。风速是指单位时间空气流过的距离。风速根据风力的大小划分为 0 ~ 12 的 13 个等级。尽管风级划分为 13 个等级，但自然界的实际风速有的还要大得多，如龙卷风的风速甚至达到每秒 200 米以上。 风是天气变化的主要因素，不同的风能产生迥然不同的天气。

地球上除了常年不变的信风和随季节变化的季风外，还有台风、龙卷风、海陆风、山谷风、焚风、干热风等形形色色的风。风对人类既有利也有弊。一年一度的季风给我国大部分地区带来大量的雨水。大风是一种取之不尽、用之不竭的无污染能源。但大风、台风、龙卷风、干热风等又会给人类的生命财产和农业生产带来巨大的威胁。

知识链接

月到中秋分外明

人们常说："月到中秋分外明。"一年四季，一直运动着的月亮，到了农历八月十五这天，却显得格外明亮。这种现象，是秋天特有的清爽气候形成的。

冬春两季，风沙比较大，气候干燥；夏季多雨，空气中有大量的水汽。这些情况，都会使月光通过大气时，变得暗淡。但是，秋季却另有一番景象：天高气爽，玉宇无尘。正是说明秋季多晴朗天气，秋风较弱，大气里的水汽和尘沙较其他季节少，空气显得格外清新。月光通过这样的大气，受空中的尘沙和水汽折射少，自然要比其他季节明亮得多。

佛光的形成

在四川盆地，以雄伟秀丽著称的峨眉山巍然耸立，它海拔3000多米，四周山峦起伏，树木参天，云海连绵，景色分外迷人。而金顶峰的佛光更是峨眉山奇景中一绝。 那么佛光是否天天有呢？不，它的形成需要一定的条件。其一是需要有斜射的阳光，一般为日出到上午9时，或下午3时以后；其二是金顶峰的前后有云海和雾气。当倾斜的阳光透过云滴或雾粒时，在云海上映出太阳的实像，经过衍射形成了一个巨大的彩色光环。佛光就是这样产生的。随着阳光照射强度不同，佛光的形状和颜色也会产生变化。阳光强烈时，会出现巨大的七彩光环；阳光较弱时，则只映出几道彩环，而且层次模糊不清。有时只是一个白色的大光环。光环的大小又同云滴、雾粒的大小有关。云滴、雾粒越小，光环越大；反之，云滴、雾粒越大，光环越小。 如果阳光从人的背后斜射过来，那么人影便会投射在"光环"之中。 佛光不只出现在峨眉山，在平原、草原、海滨，只要条件符合，都会产生这种色彩斑斓的光环。

彩霞是如何产生的

在日出和日落前后，天际有时被染成红或橙红色的艳丽色彩，这就是霞。出现在早晨的叫朝霞，出现在傍晚的叫晚霞。霞是怎样产生的呢？日出和日落时分，太阳光要通过较厚的气层才能照射到地平线附近的空中，当阳光通过大气层时，因紫色光和蓝色光波长较短，被散射减弱得最厉害，到达地平线上空时已所剩无几了。余下的光线只有波长较长的红、橙、黄色。这些光线经过地平线上空的空气分子、水汽和尘埃杂质的散射后，我们就能看到色彩艳丽、美如画卷的彩霞了。空气中的水汽、尘埃杂质越多，彩霞的颜色就越鲜艳。天上如有云块，这些云块也会“染”上艳丽的色彩。1883 年 8 月 23 日，印度尼西亚的喀拉喀托岛上发生了一次强烈的火山爆发，喷发出的火山灰渣约有 180 亿立方米，大量细小尘埃升到七八万米的高空，长期弥漫于空中。所以那一年，世界各地看到的彩霞都特别鲜艳美丽，人们称之为“血霞”。由于霞的颜色和鲜艳程度与大气中水汽的含量、尘埃的多少有关，因此，霞的色彩与出没对天气变化有指示意义。

出现早霞，说明大气中的水汽和小水滴已经增多，而且云层已从西方天空侵入本地，故可预示未来很快将转阴雨。出现晚霞，说明西边已经雨止云消，天气转晴，而且大红色和金黄色的晚霞，还常常表明大气稳定度转好，故可预示未来天气将转晴。

地面凝结的露水

夏秋的清晨，我们常可在一些草叶上看到一颗颗亮晶晶的小水珠，这就是露水。古时候，人们以为露水是从别的星球上掉下来的宝水，所以许多民间医生及炼丹家都注意收集露水，用它来医治百病及炼就“长生不老丹”。其实，露水不是从天上降下来的，而是在地面上形成的。

露水

露水的成因可以从吃冰镇饮料时得到证明。当我们把冷饮倒进杯子里时，杯子外面马上会出现一层薄薄的水珠。这是因为杯子外面的热空气碰到杯壁时冷却而达到饱和，于是一部分水汽就在杯子外面凝结成小水珠。在晴朗无云、微风飘拂的夜晚，由于地面的花草、石头等物体散热比空气快，温度比空气低，当较热的空气碰到地面这些温度较低的物体时，便会发生饱和而凝结成小水珠滞留在这些物体上面，这就是我们看到的露水。如果夜间有微风，那么它们会把那些由于发生了水汽凝结而变得较干燥的空气吹走，使湿热空气不断进来补充，从而产生较大的露珠。

露水

露水对农作物生长很有利。因为在炎热的夏天，白天作物的光合作用很强，会蒸发掉大量的水分，发生轻度的枯萎。到了夜间，由于露水的供应，又使作物恢复了生机。此外，作物在潮湿的空气里有利于对已积累的有机物的转化和运输。

闪电和雷声

闪电和打雷是大气中的一种放电现象。在夏季闷热的午后及傍晚，地面的热空气携带着大量的水汽不断上升到天空，形成大块大块的积雨云。积雨云的不同部位聚集着正负两种电荷，这时地面因受到近地面积雨云中的电荷感应，也带上了与云底不同的电荷。我们知道，不同的电荷是会相互吸引的。但是空气的导电性能很差，它阻挡着正负两种电荷的汇合。当云层里的电荷越聚越多，达到一定强度时，就会把阻挡它们汇合的空气层击穿，打开一条狭窄的通道，强行汇合。由于云中的电流很强，通道上的空气就会被烧得炽热，温度比太阳表面还要高好几倍，所以会发出耀眼的白光，这就是闪电。雷声是因为通道上的空气和云滴

雷电

积雨云中积聚了静电，其顶端带正电而底部带负电。闪电从负电区射向正电区。闪电加热了周围的空气，使它迅速膨胀，从而引起雷鸣。

受热而突然膨胀后发出的巨大声响。闪电和雷声是同时发出的，但由于闪电是光，它的速度（每秒 30 万千米）要比是声音的雷的速度（每秒 340 米）快得多，所以我们平时总是先看到闪电，后听到雷声。

雷电可以击毁房屋，造成人畜伤亡，还会引起森林火灾，破坏高压输电线路。雷电更是安全飞行的大敌。如果没有消雷装置的飞机误入雷雨云中，易受强烈颠簸，使飞机外壳结冰，甚至遭受直接电击，造成飞行事故。当然，雷电并不都是坏现象。仲夏季节产生雷电的雷雨云往往伴随着降雨，能给农作物提供充分的水分。雷雨将大气中的灰尘、烟雾等污染物冲刷干净，起着净化大气的作用，使雨后的空气变得更加清新。另外，闪电产生的高温，能使空气中的氮气和氧气直接化合成二氧化氮，随雨水渗入土壤中变成硝酸盐，它是肥田的上等肥料。

夏季雨后的彩虹

在炎热的夏天，一阵暴雨过后，有时我们能看见一条七色的彩环横跨南北，悬挂在空中，这就是虹。有时在虹的外侧还能看到第二道虹，光彩比第一道虹稍淡，称为副虹或霓。虹和霓色彩的次序刚好相反。虹的色序是外红内紫，而霓的色序是外紫内红。

虹是飘浮在空中的小水滴反射太阳光而形成的。如果我们在天气晴好的早晨或傍晚，背着太阳站着，然后用嘴向空中喷出一口水，就会看到在那些水珠上面有一条小小的彩虹。而一场大阵雨后的空气中，就飘浮着许多像这样的小水珠，它们就像一个个悬浮在空中的三棱镜，太阳通过它们时，先被分解成红、橙、黄、绿、青、蓝、紫七色光带，然后

彩虹

再反射回来。这时，如果有人站在太阳（在地平线附近）和雨滴形成的“雨幕”之间，就会看到一条色彩缤纷的彩虹。如果太阳经过小水滴的两次折射和反射，那么在虹的外侧就会出现颜色稍淡、排列相反的霓。虹的色彩鲜艳程度和虹带的宽度与空气中的水滴大小有关。水滴大，虹就鲜艳清晰，比较窄；水滴小，虹就淡，也比较宽，如水滴过小，就可能没有虹。虹主要出现在夏季，冬季很少见。这是因为夏季多雷阵雨，雨滴也较大，往往一阵雨过后，很快转晴，空中尚飘浮着很多小水珠，经太阳照射后就形成了虹。冬天一般天气干燥，下雨机会少，阵雨就更少，所以冬季较难见到虹。

雪的形成

雪和雨一样，都是云滴凝结而成的。当云中的温度在0℃以上时，云中没有冰晶，只有小水滴，这时只会下雨。如果云中和下面的空气温度都低于0℃，小水滴就凝结成冰晶、雪花，下落到地面。

雪景

雪花是一种美丽的结晶体，它在飘荡过程中成团地连在一起，形成雪片。单个雪花的大小通常为0.05 ~ 4.6毫米。雪花很轻，单个的重量只有0.2 ~ 0.5克。无论雪花怎样轻小，怎样奇妙万千，它的结晶都是有规律的六角形，所以古人有“草木之花多五出，独雪花六出”的说法。雪花的形状与它形成时的水汽条件有密切关系。如果云中水汽不太丰富，只有冰晶的面上达到过饱和，凝华增长成柱状或针状雪晶；如果水汽稍多，冰晶边上也达到过饱和，凝华增长成为片状雪晶；如果云中水汽非常丰富，冰晶的面上、边上、角上都达到过饱和，其尖角突出，得到水汽最充分，凝华增长得最快，因此大都形成星状或枝状雪晶。

知识链接

江淮流域的黄梅天是怎么回事

每到六七月间，江淮地区总有一段较长时间的连续阴雨天气，此时正值江南梅子成熟，因此称为梅雨(黄梅天)；又因为在这期间温度高，湿度大，器物容易霉烂，所以又叫它“霉雨”。

为什么这个季节阴雨天气特别多呢?从前曾有许多气象学家研究过这个问题，都认为这是由于北方海水的冷热变化而引起的。后来，自第二次世界大战以后，由于高空气象资料增多，这才把它发生的原因弄清楚。

原来，自入春到初夏，太平洋副热带高气压已增强，把暖湿气流源源不断地向北输送，但在这个时期，北方的冷空气仍有相当的势力，还不愿退出这个地区。于是这冷暖两股气流就在江淮流域一带相持不下，好像两路兵马各不相让。因为暖空气比冷空气轻，它沿着冷空气向北滑升上去，暖空气带来的大量水汽凝结起来，形成一层较厚的云块，云中含有大量水分，就不断地下雨，形成连续性的阴雨天气。

梅雨前后，无论天气或自然季节均有明显变化。梅雨前，主要雨区在华南到江南一带，梅雨开始，雨区北移到江淮流域，降水多属连续性，有时还间隔着几次大雨或暴雨。梅雨结束，江淮地区天气晴燥，气温急剧上升，进入盛夏。所以梅雨前后，是江淮地区由初夏进入盛夏的季节。

常年6月上旬入梅(即梅雨开始，或称立梅)，7月上旬出梅(梅雨结束，或称断梅)，持续期大约30天。但由于历年冷、暖空气的进退有迟有早，势力有强有弱，梅雨期来去的早晚、持续时间的长短和总雨量大小的年际变化很大。有些年份梅雨不明显，称为“空梅”。有些年份，南方暖空气势力开始时势力较强，较快地把冷空气逼退到淮北地区，梅雨似乎已经结束，但过了一段时期，冷空气又把暖空气挤回来僵持在江南，于是又再度出现梅雨天气，这种情况称为“倒黄梅”，也就是黄梅去了又回来，出现两次黄梅天气的意思。

动物世界

了解无脊椎动物

千姿百态的海葵

海葵是附在礁石和海岸边的防坡上，或住在浅水里的生物。潮退时，海葵看起来像一团团的糊状物。完全浸在海水里时，它们看起来就像花朵，因为海葵的身体呈瓶状，顶部周围有一些短小的触角，像花瓣一样。可是，它们并不是植物而是动物。海葵是食肉动物，以碰及触手的小动物作为食物。触手上布满刺螫细胞，可使游过的小鱼、小虾麻痹，然后用触手把这些鱼、虾拉进口里。

海葵静静地躲在海底的沙地中享受着悠闲的岁月，它们从不挪动身体寻找食物。海洋中的食物真是太丰富了，它们只要伸伸触须，就可以捕捉到那些大意的家伙了。

尽管海葵的触须有毒，而且在捕食时十分有用，但是它们还是不可避免地成为一些动物的牺牲品。这些海生动物能分泌出某种化学物质来中和海葵触须的毒性，使它无法再蜇别的动物。

美丽的海中森林——珊瑚

在温暖清澈的海水中，常有珊瑚岩石，珊瑚的外观如同植物，但实际上它们却是地地道道的动物，与海葵同属腔肠动物中的花虫类。其枝上的“花”便是由无数的珊瑚虫聚集而成的。珊瑚虫是一种水螅状的腔肠动物。它们利用触手捕食浮游生物，每个珊瑚虫栖居在一个杯状的珊瑚骨骼中。一些珊瑚虫死后，另外的珊瑚虫在老的珊瑚骨骼顶上营造新巢。因此，珊瑚不断增大增高。

珊 瑚

在大海中的珊瑚，五颜六色，变化万千。它们有的像松树，有的像花朵，看上去真像千姿百态的植物。形成的珊瑚礁是五光十色的小虾、海葵、海星、海蛞蝓和海环虫的家园。珊瑚礁间还有色彩斑斓的刺尾鱼、雀鲷等鱼类。

各种动物在珊瑚礁间产下大量的卵和后代，其中许多被生活在珊瑚礁的其他动物吞食。藏身在珊瑚中或在珊瑚间成群游动的小鱼，会遭鲨鱼、石斑鱼等大鱼的捕食。

珊瑚虫同样常遭吞食，蝴蝶鱼会把珊瑚虫逐个吞吃；嘴像鹦鹉喙一样的鹦嘴鱼，一口能咬下一大块珊瑚。美丽的珊瑚是由珊瑚虫所分泌的石灰质构成的，而珊瑚虫本身则凭靠它们的触须捕捉漂浮而过的海藻微生物为生。生活在西太平洋的鹿角珊瑚是生长得最快的珊瑚。在适当的条件下，每年可以增高 10 厘米。它们生活在较浅的水域中，通常在落潮时可以看见它们的尖端露出水面。像所有的珊瑚一样，它们附有两种珊瑚虫，一种负责“建筑”主干，而另一种负责两侧。

蚯 蚓

蚯蚓对我们来说是那么熟悉和普通，以至于我们都快要忽略它的重要性了。蚯蚓的身体由许多环节构成，每一节都生有刚毛，用来支撑身体伸缩运动。蚯蚓在进食的过程中会促进植物成分的分解，使得其中有益的营养成分渗入土中。它们不断地在土里掘洞，使空气循环流通，也使雨水可以适量排走。如果没有蚯蚓，泥土很快就会变得坚硬，毫无生命力。

蚯蚓在掘洞时会将泥土堆放在一边或直接将其吞下作为食物，有些蚯蚓把吞咽下的泥土带到地表，又以小土粒或蚯蚓粪的形式将其排泄出来。

蚯蚓也会爬出洞外，拖一些地上的植物残叶为食。

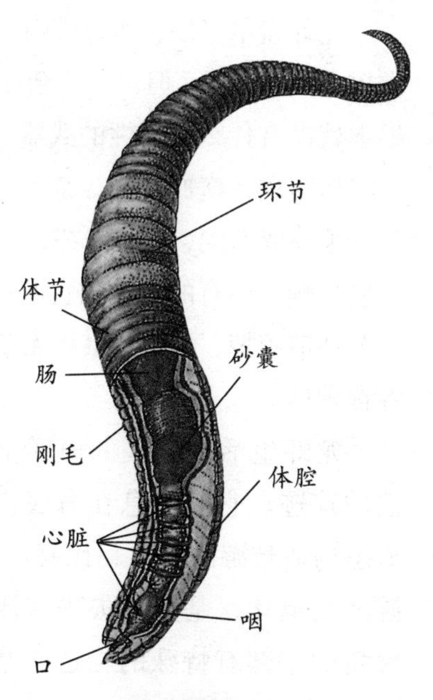

蚯蚓内部结构图

如果一条蚯蚓失去了身体的一部分，它具有再生这部分的能力，新的节将生长在身体的前后两端。

鹦鹉螺

鹦鹉螺为一种古老的软体动物，在 3.5 亿年前的地球上就出现了，目前仅存约 4 种，它们生活在热带或者亚热带的深海中。鹦鹉螺有个美丽又坚硬的外壳，在一层灰白色的底色上，分布着橙红或者浅褐色的花纹，壳内是闪光的银白色珍珠层，算得上是一件艺术品。鹦鹉螺柔软的身体藏在壳里，左右对称。从壳中心到壳口，有一道道隔膜将壳分成许多像房间一样的气室。

虾中之王——龙虾

龙虾是虾中之王，一般最小的个体也有 20 ~ 40 厘米长，体重都在 0.5 千克以上。其中的锦绣龙虾，是龙虾中的魁首，重量在 3 ~ 4 千克以上，是世界上最大的虾，是虾中之王，它身上的“盔甲”五光十色，极为艳丽。

龙虾盔甲坚硬，浑身长刺，个头又大，显得威风凛凛。它们生性好斗，常攻击其他鱼类。但根本不会让人害怕，因为它们除了一些防身武器之外，根本就没有什么攻击性的武器，而且又有勇无谋。在与乌贼的搏斗中往往一味地猛攻，横冲直撞，毫无一点战略战术，动作迟缓而笨拙。乌贼往往巧妙地左躲右闪，避其锋芒，待龙虾累得精疲力竭，乌贼就寻机将其擒获，美餐一顿。还有的鱼喜捕食龙虾，遇到龙虾时先一口咬下触须，再把附肢一节一节咬掉，龙虾却束手无策，既不逃避，也不反抗，直到被全身肢解，吞食殆尽。

龙虾生活在温暖的海洋里，我国有 7 ~ 8 种，东海和南海都有它们的踪迹。它们栖息在海底，白天隐匿在礁石缝里，夜间出来觅食。形态构造与游泳虾类相比有显著的不同，头胸部粗大，腹部比较短小，游泳足退化，基本上失去游泳的功能，适应于爬行生活。龙虾第二对触角的基部有特殊的构造，摩擦眼睛下方的骨质板，会发出“吱吱”的响声，招引同类。

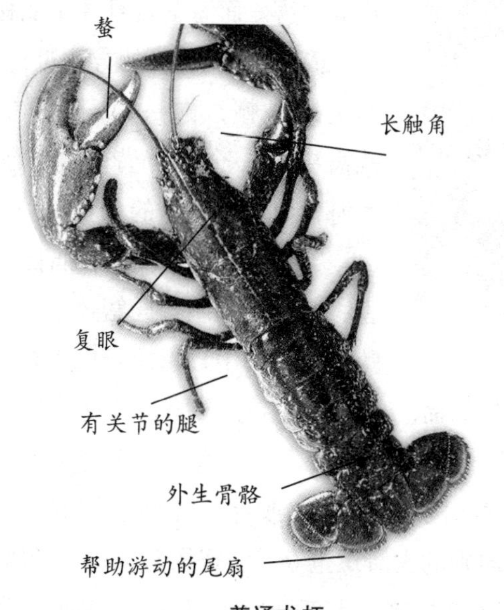

普通龙虾

蜕皮增大

龙虾需要蜕皮才能不断地增大。它们蜕皮的方法是首先在尾和躯干部胀开一条横向裂缝，身体侧卧弯曲，慢慢从裂缝中蜕出来。这时大螯里的血液倒流，使得它们的体积只有原来的1/9大，能很容易地从壳中蜕出来。蜕皮后8个小时内身体就会长大15%，体重增加50%。它们蜕掉的旧壳可以完好无损。

龙虾身体末端的扇形尾节，不仅可以保持身体平衡，而且也可以在危急时刻急速反弹后退。

龙虾的繁殖是颇有意思的：在夏秋繁殖季节，雌虾把卵紧紧地抱在腹部，一次要抱 50 万 ~ 100 万颗之多。幼体在母体的“怀抱”里发育孵化。刚孵出来的幼体同成体毫无相似之处，身体扁平如一片叶子，故叫“叶状体”。叶状体经过半年的漂泊生活，几次蜕皮，终于变得像龙虾的样子。小龙虾又经过一个时期的游泳生活之后，“定居”海底过爬行生活。在野生情况下，每一万颗卵约有一颗能长至成熟期。

龙虾肉厚质实，滋味鲜美，是比较名贵的海味。

寄居蟹与海葵

寄居蟹是一种节肢动物，它的模样可真怪，既像虾，又像蟹。它腹部缺乏甲壳保护，非常害怕“敌人”的攻击，所以它就向海螺进攻，将螺壳主人吃掉，自己住进去，以增强防御能力。但是，仅仅这样还是会被凶狠的海洋动物吃掉，于是，寄居蟹就重新物色新的伙伴，来加强自己的防线。

海葵非常美丽，它长着不少触手，上面有许多刺细胞，还能分泌剧毒，

寄居蟹

吓退敌害。而海葵自身并不能移动，靠“守株待兔”的方法觅食，不免饥一顿，饱一顿，这样它就需要有一个同伴背着它遨游大海，以获取丰富的食物。

寄居蟹找到海葵来抵挡敌害，海葵也利用寄居蟹这个“坐骑”在大海中自由旅行。于是，它们生活在一起，互相利用，相依为命。这种现象在生物学上叫做“共栖”或“共生”。寄居蟹逐渐长大了，“旧居”呆不下了，怎么办？这时候，海葵就分泌出一种几丁质来帮助寄居蟹扩建住宅,或者寄居蟹另找“住宅”。新“住宅”哪里来呢？当然只有向别的大海螺抢夺了。寄居蟹搬进“新居”时，还总不忘将自己的伙伴海葵一起搬来，重新开始共同生活。有时寄居蟹失去了海葵，它就惊慌失措，感到很不安全。于是，它就四处寻找老的或新的伙伴。当它与“旧友”重逢时，会用触角抚摸海葵，意思要它寄居下来。就这样，它们一直共同生活到死。

蜘蛛织网

蜘蛛是一种会纺丝的虫子。它织网的丝很细，很难看清楚。如果用放大镜观察，能看得清楚些。

织网的丝是从蜘蛛尾部的小孔中出来的，科学家把这种小孔叫丝囊。丝线是蜘蛛身体内的纺织腺分泌的，这种液体出了蜘蛛体遇到空气就变硬了。有时候蜘蛛需要用它的后肢帮忙才能抽出丝来。蜘蛛在草上、树枝间或屋檐下，来来回回地吐丝结网，织好网之后，它在网的附近结一个丝窝；然后，蜘蛛躲在窝里，等着捕捉落在网里的小虫。

蜘蛛丝虽然很细，实际上是很强韧的。它能像皮筋一样拉长。小虫落在蛛网里，蛛丝会延长，不过不会把蛛网压破。大风可以把树叶、尘土吹到蛛网上，但是吹不破蛛网。假如蛛网破了，蜘蛛会小心地很快把蛛网修好。

蜘蛛除了用丝结网捕食小虫外，它还会用丝线保护自己。当你把树上的蜘蛛弹下来的时候，蜘蛛不会摔到地上，它会吐丝把身体悬挂着慢慢落到地上，或是悬在丝线上来回摆动，然后慢慢沿着丝线爬回树枝上。

海胆

海胆形体一般呈球形或半球形，长着许多刺，排成放射状，向四面八方伸展，所以它又叫海刺猬。生活在中国沿海的海胆有 70 种，有些海胆卵有毒，如生活在大西洋群岛的喇叭毒刺海胆等。

抛肠逃命的海参

海参是生活在浅海海底的一类棘皮动物。圆筒形的身体上长满肉刺，形似黄瓜。它没有强有力的自卫武器，但有快速游泳的本领。它一头的嘴部围着一圈触手，用来吮吸收集食物微粒。海参遇到危险时，它就从肛门中射出长长的黏稠纤维。有时带毒，类似洗衣机的管子，把侵犯者包裹住。而当海参刚刚被吃掉时，它会迅速排出自己的内脏，经过几个星期的休养生息，这些内脏会再生出一个完整的新的动物体来。若把海参切成两段放回海中，几个月后，每段都能生成一个海参。这种抛出内脏诱惑敌人的自卫方式，在动物界可算是独一无二了。海参种类很多，广布世界各大海洋中，中国出产的可供食用的就有 20 多种，其中刺参、梅花参为上品。

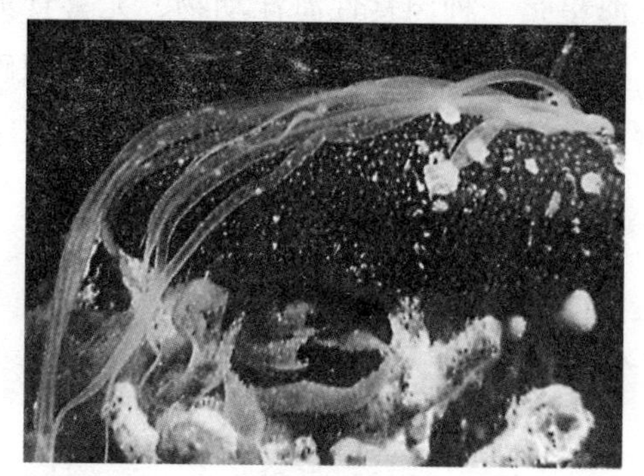

海参抛肠逃命

海 星

虽然生活在海洋中，但海星却不会游泳，它依靠腕在岩石、海底或海床上爬行。海星大约有 6000 多个品种，大多色泽鲜艳。不同颜色的海星轻伏在海底，看上去格外漂亮。

海星是个奇妙的动物，口长在身体的底面，正好在腕的正中央，肛门

海 星

却在身体背面。它吃东西的样子非常奇特，胃能从体内翻出，把贝肉裹住，并分泌消化液进行消化，待把消化的贝肉吞下去，胃再缩回体内，这种用胃取食的方式在动物界是绝无仅有的。

海星是一群具有高超“分身”本领的棘皮动物。身体由5个对称的腕及五腕交汇处——体盘所组成。行动时，以腕代脚，能在危险时割体逃生，一段时间后，缺损的腕会重新长出来。

海星身体背面微隆，呈浅黄色或橙红色，腹面较平，有口，颜色艳丽。海星是一种肉食性海洋动物，尤喜食贝类。有些渔民因厌恶海星盗食贝类，吃掉鱼饵，捉住海星后常将其切碎扔入海中，这样却更加强了其再生繁殖的能力。

了解昆虫

昆虫——动物第一大家族

在人们的日常生活里，无时不在直接或间接与昆虫发生着关系。据科学家最新统计的世界动物种类中，昆虫达 100 多万种，是动物界的第一大家族。昆虫的数量之所以这样多，主要有这样几个原因：首先是昆虫有着惊人的繁殖能力。昆虫繁殖后代的种类多，而且一般昆虫产卵的数量惊人。像蜜蜂的蜂后，每天能生 2000 ~ 3000 个卵。白蚁的蚁后一生可产几百万个卵，平均每秒钟产卵 60 粒。

其次是昆虫的食源广、身体小。昆虫的食料来源很广，几乎遍地都是，从植物的枝叶到花果，或是从活着的动物到死后的尸体以及各种腐殖质，没有一样不是昆虫的食料。昆虫还凭借它们的体形小、便于逃避敌害的特点，灵活地选择生活环境。在一片叶子反面便能躲藏着成百上千的蚜虫、粉虱、介壳等微小的昆虫。在一块砖石下竟能容纳上万只蚂蚁。体形小对昆虫的迁移扩散也很有利。当昆虫在一个地方太稠密或自然环境不再适应它们共同生活时，它们就会或者展翅起飞，向远方迁移，或者借助鸟、兽和人们的往来，被带到另外的地方去，大大地扩大了它们的生活范围，并且增加了选择适合于生存环境的机会。

花斑蝴蝶

最后，昆虫在长期适应环境的演变中，有着多种多样的、保护自己安全、不受天敌伤害的自卫本能。

蟑螂——现存最古老的昆虫

大约远在 3 亿年之前，昆虫作为地球上最早的“飞行家”而升入空中。而爬行动物和会飞的鸟类在这 1 亿多年以后，才出现于地球上。

美洲蟑螂　　森林蟑螂

自然科学家是通过翅膀来识别古代的许多昆虫种类的。因为它们柔软而多汁的身体，在风吹、雨打、日晒等自然环境下，是不太可能作为完整的化石而保存下来的。人类已发现的古代最早的昆虫标本，是埋置在琥珀里和原始松树的树胶之中；其他一些昆虫的印迹是遗留在页岩和石灰石的聚积物中。在距今大约3亿5千万年到2亿7千万年的石炭纪时期，地球上的昆虫迅速地发展。大家熟悉的蟑螂是当时地球上占优势的一类飞行动物。科学家从化石的遗骸中，鉴别出500多种蟑螂。它们虽然没有现在生活于热带地区的一些巨蟑螂那样大的身体，但是大多数的个子还是很大的。这些古代蟑螂，与今天我们所见到的蟑螂差别不大，都有翅膀，会扑动翅膀作短距离飞行，可以说是有翅膀昆虫中的最古老的成员。现在地球上生存的蟑螂有2000多种。

闪闪发光的萤火虫

夏天的黄昏，人们常常可以看到，萤火虫三三两两在树丛中、小河边，飞来飞去，时隐时现。那绿色的幽光，忽上忽下，忽快忽慢，闪烁飘动，仿佛天上掉下来的星星。

萤火虫为什么会发光呢？动物学家发现，这种昆虫的尾部有个发光器，里面有一种叫荧光素的物质。它在荧光酶的作用下和氧化合，便发出荧光。荧光素和荧光酶的比例不同，发光的颜色就不一样：有淡绿色和淡黄色的，也有橘红色和淡蓝色的。进入发光器的氧气数量的多少，会使发出的幽光亮度不一。

萤火虫标本

萤火虫黑夜发光，白天是不是也发光呢？可以做这样一个实验：在黑暗里，萤火虫发出了光亮。这时用非常细的一束光线照射在萤火虫的眼睛上，刹那间，萤火虫的小“灯”熄灭了。可见，萤火虫在白天是不发光的。萤火虫为什么要发光呢？实际上，这是它们在进行“对话”呢。美国佛罗里达大学动物学家劳德埃发现，同一种雄萤和雌萤之间能用闪光互相联络。有一种雌萤会按很精确的时间间隔，发出“亮—灭—亮—灭”的信号，这是告诉雄萤：“我在这里。”雄萤得知这个信号后，就会用“亮—灭—亮—灭”的闪光回答：“我来了！”并向雌萤飞去。它们用这种“闪光语言”继续保持联系，直到雌雄相会。

在掌握了萤火虫的这种通讯方式以后，有的科学家开始用电子计算机模仿萤火虫的应答反应，来与这种昆虫“通话”。一旦获得成功，人们就可以指挥萤火虫的行动了。

大刀杀手——螳螂

在昆虫中，螳螂算是体形较大的一种。它们体长在 6 厘米左右。头部呈三角形，镶着一对大复眼及 3 个小单眼。头上长有两根细触角。胸部有两对翅。它有 3 对足，前足粗大并且呈镰刀状，因此螳螂也称为刀螂。它是有名的突击好手，常常会在温暖的阳光下、草丛中或树枝上伺机捕食其他昆虫。

螳螂分巨眼螳螂、长角螳螂、绿螳螂和红花螳螂等许多种类。看似幼小的螳螂其实是凶猛的捕食者。某些种类的螳螂外形就像一朵花，这种伪装使它们既不易被猎物发现，也不易被鸟类等捕食者发现。

雌螳螂

螳螂吃蝗虫、苍蝇、蚊子、蝶、蛾等害虫。一只螳螂在 3 个月内能吃掉 700 多只蚊子。它平时栖息在植物上，体色与环境相似，不易被发现。螳螂一旦发现目标，就如箭一般射出胫端挂钩，从猛扑到捕获只需要0.5秒钟，而且百发百中，从不扑空，因此被称为“捕虫神刀手”。

螳螂是咀嚼式口器，可以轻松咬裂甲壳类小虫的坚硬翅膀，并且经过细细的碾磨和嚼碎才咽到肚中。

美丽的精灵——蝴蝶

蝴蝶是属昆虫纲鳞翅目的小动物，已知的约有14 000种，而我国境内占1300种以上，大多数分布在云南、海南和台湾等地。在香港这么小的地方，出产的蝴蝶也有150多种。它们形态万千，大小悬殊。在澳大利亚有一种最大的蝴蝶展翅可达26厘米，身躯又粗又重，看上去有一个洗脸盆那么大！他们在丛林地带飞翔，一般要用弓箭才能把它击落；又如南美的环蝶，展翅可达23厘米；而最小的要算灰蝶了，展翅只有15毫米。我国的珍贵蝴蝶品种很多，如“青城箭环蝶”，产于四川崇山竹林中，色棕黄，翅缘有一列奇特的箭形黑纹，十分美观；“西藏豆粉蝶”，翅鲜黄色，外缘有一条黑边，翅中点缀着姜黄色的珍珠一串，飞翔时穿梭于茂密林间，姿态优美，为西藏高原特有的名种。

蝴蝶

在100多万种昆虫中，蝴蝶是一种很特别的昆虫，它包括夜伏昼出和昼伏夜出两大类。白天外出活动的蝴蝶，其触须光滑，端部像一根球棒；夜间出来的蝴蝶，有强壮而长满茸毛的躯体，以抵御夜间的寒冷。

分工明细的蜜蜂

世界上大约有10万种以上的蜂，有的采集花蜜，有的吸取树汁，有的食虫为生。

蜜蜂属膜翅类昆虫，它们过的是群体生活，是昆虫中进化程度最高的类群。蜜蜂在花丛中飞来飞去，不停地采集花粉花蜜，同时生产出大量的蜂蜜和蜂蜡，为自己的蜜蜂王国尽职尽责地工作着。蜜蜂是果树、花木的重要传粉者。

蜜蜂采蜜

蜜蜂王国中，只有一个蜂王。蜂王居住在特别居室里，负责繁殖后代，因此受到加倍小心的侍奉和保护。蜂王的食品不是花蜜，而是皇浆，也叫蜂王乳。皇浆的营养很丰富，能保证蜂王顺利产下卵来。第二年春天，如果巢内同时产生两只羽化的雌蜂时，它们要进行一场决斗，谁刺死对手，谁就荣升为蜂王。新的蜂王确定之后，它要飞到空中，做结婚飞行，并与雄蜂交配，产卵繁殖后代。

蜜蜂之间有自己特有的传递信息方式。它们扇动翅膀，用不同的舞姿来表达不同的信息。用翅膀或腹部的振动动作，以 8 字形路线飞行，是通知同伴们，有蜜的花丛在较远的地方，沿着哪个方向走能够到达；用画圆圈的方式向前飞行，则是说明有蜜的花丛就在附近 25 米以内。

蜜蜂过着群体的社会生活，整群蜜蜂是一个完整的王国。一个标准的蜂巢可供约 5 万只蜜蜂生活居住。

在这个王国中，以蜂王为中心，分工严密，各司其职。蜂王产卵时，工蜂负责伺候。雄蜂在春天出现，与蜂王交配后，进入夏天就完成使命而死去。工蜂则要忙碌整个夏天、做巢、采花粉、保护蜂王产卵等。众工蜂把采回来的花蜜和花粉收集起来，妥善贮存，以备在冬季里食用。

精打细算的建筑师

伟大的生物学家达尔文说：“蜂房的精巧构造十分符合需要，如果一个人看到蜂房而不备加赞扬，那他一定是个糊涂虫。”德国数学家杜娄收集了有史以来最有名的数学问题(其中有很多问题迄今未解决)，蜂房问题便是其中之一。我国著名数学家华罗庚还曾为此作了一次专题讲演哩！

从正面看，蜂房是由一些正六边形所组成的，每一个内角都是 120° ，这样整齐的排列，很令人惊奇。更有趣的是蜂房的底部，原来蜂房并非六角棱柱体，它的底部是由三个全等菱形拼起来的，而整个蜂巢就

蜂房结构

是由两排这样的蜂房，底部和底部相嵌接而构成。

蜂房为什么要采取这样的形状?18世纪初，法国学者马拉尔琪曾去测量过蜂窝。他发现所有蜂房底部菱形的一个钝角都是109° 28′，另一个锐角都是其补角，即70° 32′。这两个角互补，并不是偶然的巧合。通过数学计算表明，这种奇特的形状和角度，可使建造蜂房的蜂蜡用得最少，而又能适合于蜜蜂生长、酿蜜的需要。小小蜜蜂，真是昆虫世界最会“精打细算”的建筑师啊！

我们知道，昆虫一般都是雌雄异体的，雄虫和雌虫交配后，精子和卵子结合成受精卵，最后由雌虫的产卵器把它们排出体外，发育成新的个体，这种生殖方式称为卵生。所以，一般昆虫的一生要经过几次变态，如蝴蝶要经过卵、幼虫、蛹、成虫4个阶段。

昆虫还有一种奇怪的生殖方式，当雄体没有或缺少时，卵可以不经过受精作用，直接在雌虫体内完成胚胎发育，一生出来就是小昆虫。这种单性生殖的方式叫“孤雌生殖”。

蚜虫既能卵生，又能孤雌生殖。不需要同雄性交配，雌蚜虫体内的卵就能在娘胎里发育，一只只小蚜虫就从雌虫腹部末端的生殖孔里直接跑出来。大蚜虫直接生出了小蚜虫，所以又称它为“孤雌卵胎生”。

“飞行之王”——蜻蜓

蜻蜓是自然界中一种结构极为精致的飞行昆虫，它的飞行技艺十分高超。一到夏秋，雨前雨后，它们常常成群结队，犹如战斗机群在晴空编队飞行。

蜻蜓的腹部细长，两对翅膀又薄又透明，纤细的头颈更显得轻盈灵巧，非常适合飞行。蜻蜓的飞翔速度令人吃惊。在飞行中，它的两对宽大的翅膀保持平行伸展，前翅拍打翻腾空气，在空气中产生快速旋转的小漩涡，而后翅则从这种涡流的自旋中获得能量，形成了较大的升力。蜻蜓翅膀每秒振动达 20 ~ 40 次，每小时能飞 150 千米。它飞翔的速度能和世界女子 100 米短跑冠军的速度相媲美，和奔驰的火车差不多，这不能不使人惊讶。

蜻蜓还能在空中作特技飞行，姿态优雅，动作干脆利落。它时而盘旋，时而急飞，时而垂直，时而滑翔，时而忽然停住，时而又急速飞行。

蜻蜓的眼睛非常大，几乎覆盖住整个头部，这两个复眼是由许许多多的小眼组成的。

蜻蜓飞翔的速度在昆虫行列里名列前茅，远程飞行更是惊人。它在海上长途飞翔时，如果半路上没有地方着陆休息，就必须忍受疲劳和饥渴一直向前飞翔，否则就毫无生路而葬身鱼腹！因此，有些蜻蜓居然能飞行 1000 千米。在昆虫世界里，蜻蜓的飞行速度和耐力确是首屈一指，所以，蜻蜓是当然的“飞行之王”了。

金龟子

金龟子体形短粗结实，呈卵圆形，外壳坚硬而光滑，有的种类还富有金属色光泽，十分美丽。金龟子成虫头部较小，触角成鳃片状，由 3 ~ 11 节组合而成。它们的前翅已经硬化变为鞘翅，后翅比前翅大，是膜质的，是它们的飞翔工具。

金龟子体形大，极富光泽且有质感，颜色鲜艳美丽，故为昆虫收藏家最喜欢收集的昆虫之一，并且还有很多成年人用它们来做饰物。但是美丽的外表，并不能掩饰它们的实质，它们每相隔数年往往都会来一次大型繁殖，而它们的幼虫就是凶手，潜伏在土里，以植物的根系、幼苗或是块茎为食，破坏植物的生长。金龟子的幼虫长得白白胖胖的，称作“蛴螬”，它们生活在土中，身体常常曲成一个“C” 形，尾部还有针刺状的毛。

金龟子飞行时，先开启前翅，然后再打开只用于飞行的后翅起飞，在飞行的整个过程中，前翅始终张开。

金龟子用坚硬的体壳保护着它们柔弱的躯体。

蝉——最长寿的昆虫

1997年的夏季，从美国的卡罗来纳州到纽约，每天晚上都有无数的黑色小虫子从地下飞出来，这就是十七年蝉。它们飞到几乎所有竖立着的目标，如树木、电线杆和建筑物，不一会儿，雄蝉发出欢乐喧闹的叫声，引诱雌蝉，这标志着它们自1980年出生之后在地下生存了17年，今年到地面上来举行“婚礼”了。

十七年蝉经过交配后，雌蝉就钻进树的表皮，把受精卵通过锯状的产卵器，排在树枝的裂缝中。过了3～4周之后，老的雄蝉和雌蝉就死去。留下的受精卵经过发育，孵化出来无数1毫米长的幼虫，它们本能地从树上落到地下，又钻进地里藏了起来。

这些幼虫在地下洞穴里要经过5个龄期和5次蜕壳。它们靠从植物支根韧皮部吸吮富有营养的液汁来维持生命。当一些支根死去了，它们又会寻找新的支根继续为食。

十七年蝉的出现，最引人注目的是它们的数量十分庞大，地上常常出现密密麻麻的蝉穴洞，空的蝉壳到处可见，每平方米可藏有大约37万只蝉。这也许因为它们在地下度过的17年的漫长岁月中，极少有敌害侵犯它们。而且它们在地面上生活的时间又很短暂，因此，自然界给它们提供了较大的保护。

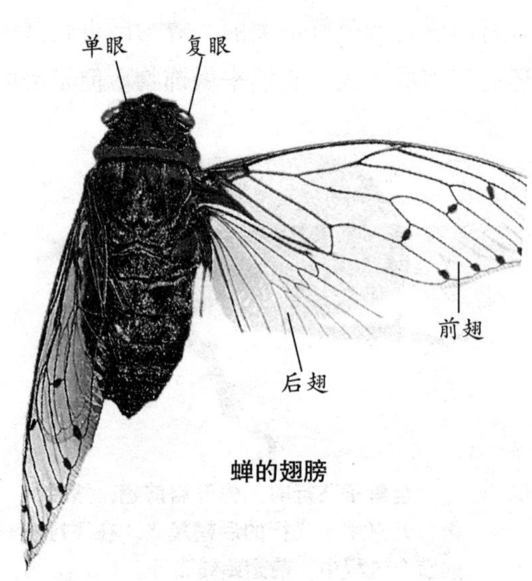

蝉的翅膀

绝大多数的昆虫，只有一年或更短的生活史，一般的蝉只有3～9年的生活史，虽然还有一种十三年蝉，但十七年蝉，是在地下生活了17个年头，这使它获得了昆虫世界里最长寿的头衔。

螽斯

螽斯在外形特征上和蝗虫十分类似，体形较大，但是它们的触角比蝗虫可要长多了，节数在 30 节以上，有的甚至要超过自己的体长。雌螽斯具有一个刀状或剑状的长形产卵器。螽斯类昆虫叫声的显著特点就是大而鲜明。

雄性的螽斯多数都能发出鸣叫声，而且都非常具有个性，这是因为它们前翅之间相互运动产生的摩擦，可以发出特别的声音。当它们左翅上的音挫与右翅上的刮器相互不停地摩擦时，就会震动翅面上的鼓膜，这样就会发出一种很有节律性的声音。螽斯的翅膀振动速度相当快，因此所发出鸣声的频率也很高，竟然会达到 870 ~ 9000 赫，这样，我们听起来，就会觉得十分清晰和嘹亮。

全世界已知的螽斯有 7000 多种，分布在我国境内的有 100 多种。每种螽斯的鸣声都具有自己的特点，绝不雷同。像我们最熟悉的蝈蝈，它们有着漂亮的翠绿色外衣，发出的声音就是“括、括、括”的十分清脆；还有一类叫做“纺织娘”的，它们的声音就和织布机织布时发出的声音很像，“扎、扎、扎”的，名字也因此而来。螽斯极善于伪装，如果不动很难被人发现。

蚱蜢

草丛中的歌手——蚱蜢

蚱蜢的身体细长，头尖，绿色或黄褐色。有两对翅膀，前翅长，后翅透明。飞行时，前足和后足摩擦，发出“扎扎”的声音。

蚱蜢的歌声不是出自它的口，而是由它的腿发出来的。沿着后腿的大关节处有一排“钉子”，蚱蜢利用这些“钉子”与翅膀的摩擦来发声，这就产生了“唧唧”的声音。这些“鸣叫”声通常是雄蚱蜢为吸引雌性而发出来的。蚱蜢的耳朵不是长在头上，而是长在它的身体下侧。蟋蟀是蚱蜢的近亲，它的耳朵则长在膝盖上。交配以后，雌性蚱蜢卵产在卵囊中，卵囊则被埋在土里，以防敌人发现它。

蚱蜢靠着长长的后腿和良好的弹跳能力来逃离危险。逃跑的时候，它能够连蹦带飞。

每种蚱蜢都有独特的叫声，这一点相当重要，因为不同种类的蚱蜢是不能互相交配的。而雌性蚱蜢需要知道，它所听到的“鸣叫”声是否发自于与己同类的雄性蚱蜢。

蚱蜢身上的条纹和斑点有助于外形的伪装，使它难以被发现。有些蚱蜢的伪装技巧相当高。

蟋 蟀

全世界蟋蟀约有 2400 种，大部分蟋蟀都身着黑色或绿色外衣，触角细而长，后足适于跳跃，背腹部略扁，腹上有 2 根细长的尾须。生有一对翅膀，平时折叠于背上。前翅是革质，较硬；后翅膜质，用于飞行。

我们经常听到草丛中蟋蟀发出的“蛐、蛐”之声，为宁静的夜晚带来一丝喧闹，其实这些响亮的声音并不是从蟋蟀的嘴里发出的，而是通过翅膀相互摩擦产生的。在蟋蟀的左前翅有一条粗壮的脉，这就是蟋蟀的发音器官，右前翅基部横脉下还长有一排齿状的突起，形成音齿。这样两翅相互摩擦，就像拉小提琴一样，“弓”和“弦”相互摩擦，产生美妙的声音。

雌性蟋蟀基本上采取分散产卵的方式，将卵产于泥土里。它们的卵呈椭圆形，雌性蟋蟀一生中基本可以产 500 粒左右的卵，每年繁殖一代，新生命就是以卵的形式度过寒冷的冬天。

当蟋蟀同敌人展开搏斗时，如果腿部不幸被敌人捉住，它们就会采取舍腿保命的方式逃脱出来，毕竟生命是第一位的。虽然切断的腿不能再长出来，但绝不会危及到生命安全。

蟋蟀的前足胫节部位上各有一个听觉器，这可是与它们息息相关的侦察武器。当它们在万籁俱寂的夜晚，开始出来活动时，这就成了它们的救命法宝。往往在敌人即将捕捉到它们时，就会猛地弹跳起来，逃出危险境地，这就是依靠它们腿部听觉器的灵敏性时刻监视着周围的动静，以防不测。

蟋蟀的声音有两个作用，一个是求偶，一个是助威，它们可不是真正的歌唱家。当雄性蟋蟀感到寂寞时，就会发出轻柔而短促的声音吸引异性的到来，传递自己求偶的信号；找到异性目标之后，声音就变成清脆的“的令”之声，表达自己的爱意；当雌性同意与它交配后，叫声就变成“沙沙”的愉快之声。另外，当两只雄蟋蟀在搏斗时，为了助长自己的气势，也会以大声鸣叫来增长气焰。而当一只获胜后，它会相当自得地以清晰、快乐的叫声向外界宣布它的胜利！

天 牛

天牛种类繁多，在我国发现的也有 1600 多种。它们身体一般是呈长圆筒形的，背部略扁，最具特征的就是它们头上那一对非常长而且细的触角。前翅已经硬化形成鞘翅，保护腹部和呈膜质、薄而脆的后翅；后翅很发达，非常适于飞行。

天牛是一种很懒惰的昆虫，虽然善于飞行，却不太热衷于飞行，总是会选择一处清静的大树，静静地歇在树干或树枝上，所以对于想要捉到它们、并且意欲观察它们的人来说，是很容易在大树上找到它们的。

雌虫产卵于松树的树皮缝内，幼虫孵化后白白胖胖，上颚非常发达，专门以蛀食树干为生。它们把树干蛀食成横七竖八的隧道，坑道内堆满了它的粪便，使木质部与树皮脱离，不能运输水分及养料，树木就慢慢枯死。这些幼虫成熟以后又潜入木质部，钻成许多孔洞，并做成蛹室在其中化蛹，成虫羽化后继续去危害其他的松树。由于这种天牛为害成灾，常常给林业带来很大危害。

天牛被人们称之为“锯树郎”，因为它们有时会发出一种“咔嚓、咔嚓”似锯木头的响声。其实是因为它们的中胸背板上有一

南美天牛

是世界上最大的昆虫之一，能长到15厘米。

个发音器，每当中胸背板与前胸背板相互摩擦之时，就会振动发音器发出这种奇怪的声音来。

角斗士——锹甲虫

一般昆虫的大颚(牙)都是用来咀嚼食物的工具。但一些昆虫的大颚已演化成为抵御外敌和争夺配偶时格斗的武器，失去了取食的功能。

锹形甲，雄虫上颚特别发达，顶端部分出许多长齿，形状像鹿角，所以有人又叫它鹿角虫。它属鞘翅目，锹甲科。锹形甲身体笨拙，大颚极不灵活，常常在与对手临阵时退避三舍。有时来不及逃跑，它就收拢六足装死，垂落地上。但在同族之间，特别是两个雄虫相遇时，总要厮杀几个回合。它们用那对鹿角形的大颚，相互冲撞或相互钳夹、拨挑。有时候四颚相绞，难以分开，形成鹬蚌相争之势，常使捉虫者得利。

大颚锹甲虫

雌性锹甲虫的颚要小得多，但它会狠狠地咬比它大的敌人。它把卵产在烂木上。幼虫以木头为食，3年后变成蛹，然后再变为成虫。

锹甲虫主要生活在温暖地区的森林或树林中，全世界约1200种。

有时锹形甲还像铲车一样，用角把其他昆虫推开，独自吸吮树上的胶液。只有雄虫头上才有角，雌虫头上几乎看不见角。当雌雄虫进行交配时，如果有另一只雄虫飞来争抢配偶，两只雄虫就要展开一场搏斗，武器就是头上的角。

了解鱼类

鹦嘴鱼

鹦嘴鱼分布在热带的珊瑚礁海域，是一种大型鱼，生有很多的小牙齿，很像鹦鹉的嘴。它能用强壮的牙齿咬碎珊瑚，把不能消化的部分排出体外，一边游一边排，看起来就像沿途撒沙一样。

每到晚上，鹦嘴鱼的身体会生产一种黏液，形成像袋子一样的东西，可以包裹住自己的身体，然后在里面休息、睡觉。由于袋子前后有洞，所以不会妨碍呼吸。

雄鹦嘴鱼长大后，会长出额头，年龄越大，额头越大，最后长得像大肿瘤一样。

电 鳐

有一支海洋生物考察队乘船来到太平洋的热带水域，潜水到海洋底部进行考察。突然，他们发现一条行动迟钝，足有20厘米长的鱼，它身体扁平，头、胸部连在一起，尾部呈粗棒形，很像一把厚的团扇，一对小眼睛长在背面前方的中央，身体的腹面有一横裂状的小口，口的两侧有五个鳃孔。他们很好奇，就急忙跟过去。当他们的手刚一接触到鱼身时，突然被击了一下，这电压足有80 ~ 90伏特！这是怎么回事？难道这种鱼还会发电？

事实正是这样，这种鱼叫电鳐，它身体内部的确有特殊的发电构造：头胸部腹面两侧各有一个肾脏形的蜂窝状的“发电器”。这两个发电器，是一块块肌肉纤维组织的“电板”重叠而成的六角形的柱状管，大约每个“发电器”中有600个柱状管。在这些“电板”之间，充满着胶状物质，可以起绝缘作用。每一个“电板”的一面，都有神经末梢联系着。一面为

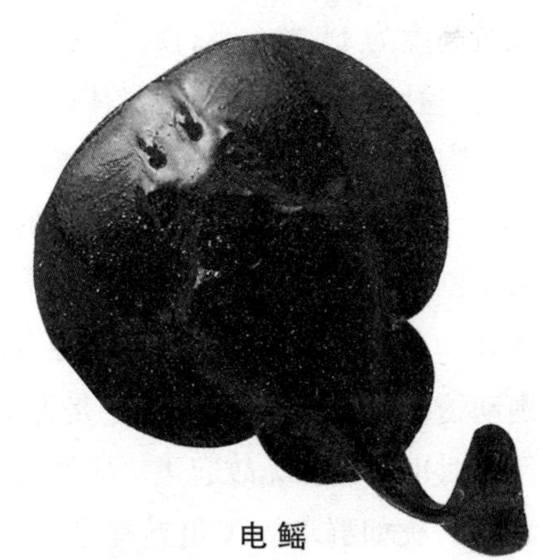

电 鳐

负电极，另一面则为正电极。电流的方向是由正极流向负极，即由电鳐的背面流到腹面。当大脑神经受到刺激或兴奋时，这两个发电器就能把神经能变为电能，放出电来。电鳐每次放电，一般为 80 ~ 90 伏特。每次放电后，特别是连续发电后，身体显得筋疲力尽，需要休息一段时间后才能恢复过来。电鳐放电，一般为击毙水中的小鱼、虾，把它们作为食物；再就是遇到敌害，用电来保护自己。如今，人们已发现了好多种能放电的鱼。

刺盖鱼

刺盖鱼生活在热带各大洋的珊瑚礁间。它们体色鲜艳，身体扁平，从背到腹很宽，在鳃盖骨后下角有一根刺，因此得名。

刺盖鱼长着突出的吻和有力的牙齿，能啄出或切断要吃的珊瑚虫。

刺盖鱼除交配期以外，平时独居，顽强地守着自己的地盘。同种鱼入侵其领地，它便会炫耀色彩以示警告：如入侵者不游开，便会发生争斗。刺盖鱼稍受惊吓便会迅速藏入珊瑚礁缝中，不易捕捉。

刺盖鱼与蝴蝶鱼一样美丽动人，只是它们的体形更大些，就像放大的蝴蝶鱼。

会飞的鱼——飞鱼

海洋里确有很多会飞的鱼。在会飞的鱼中，要数飞鱼的本领最高强了。它飞得最远，有人在热带大西洋测得这样的飞翔纪录：飞行时间为90秒钟，飞行高度为 11 米，飞行距离为 1000 多米。然而鱼的飞翔，说得确切些，只是一种滑翔而已。飞鱼身体稍长，近乎圆筒形，青黑色，长 20 ~ 30 厘米；胸鳍特别长大，像鸟的翅膀；腹鳍大，可作为辅助滑翔用；尾鳍叉形，下叶比上叶长。它的飞翔是这样的：首先，飞鱼在接近水面时，尾鳍左右做急剧摆动，使身体迅速前进，产生强大的冲力，突然跃出水面，把胸鳍张开，在空中作滑翔飞行。这种飞行的主要动力是尾部，而不像鸟那样靠扇动翅膀。飞鱼的飞翔，多半是为了逃避敌害袭击，或靠近船只受惊而飞；但有时也会无缘无故起飞。成群的飞鱼跃出水面，高一阵、低一阵，掠过海空，犹如群鸟。飞鱼具有趋光的特性，若晚上在船的甲板上挂盏灯，成群的飞鱼会循光而来，犹如飞蛾扑火，撞昏在甲板上。

雄性育儿的海马

海马是海龙的同类。尾巴卷附在海藻上，过着固定性的生活。它游泳时，摆动着背鳍和胸鳍，直立身体前进。

海马有与马相似的头，身躯像条“龙”，从头部和躯体的直角状顶端再到能卷绕的尾尖，形成一条明显的骨栉状脊椎。

海马生儿育女非常奇特，它是由雄性海马育儿。雄海马尾巴前面的下部有一个袋子中，叫孵卵囊，袋前方有一个孔，雌海马通过此孔把卵放入袋中。小海马就在此袋内发育成长。海马生活在浅海,以小型甲壳动物为食。

海马可做名贵的药材，素有“南方人参”之称。

海马

四眼鱼

在中美洲和南美洲北部的河流和海域里，有一种奇怪罕见的鱼，名为四眼鱼。其实它并没有四只眼睛，而是有一对在头顶上高高突起的形似蛙眼的眼睛。每一只眼睛，被色素组成的斑点环带和两个虹膜瓣分成上下两部分，看起来像四只眼睛。

但是它的这两只眼睛却起着四只眼睛的作用。它眼睛的上半部分露出水面，当光线经过角膜和晶状体折射两次后，便能看清空中飞行的昆虫；它眼睛的下半部埋在水里，当光线直线穿过角膜并经过晶状体折射时，就可看到水中食物。因此四眼鱼既可潜入深水捕捉猎物，又能跃出水面捕食飞虫，还能对水陆敌害的袭击进行有效观察，并能观察到 200 米以外的地方。

四眼鱼

最优秀的猎手——鲨鱼

鲨鱼是海洋中的最佳猎手，它靠着尖利的牙齿和巨大的嘴巴，能把海豹、海龟、鱼类甚至木船撕得粉碎。虎鲨和大白鲨有时会袭击人类，但大多数鲨鱼都怕人，见到人就赶紧游开了。

鲨鱼的牙齿能咬穿外皮，嚼碎骨头，但它们过不了多久就会变钝。每颗牙只能维持几个星期，然后就脱落掉，再长出新牙来。姥鲨主要吃浮游生物，所以它的牙齿又小又多。

鲨鱼游泳时，不住地向两旁扭曲。它先是晃动头部，然后是摆动身子，最后是甩动那条大尾巴。海水沿着鲨鱼的身子向后涌动的同时，也就把鲨鱼往前推去了。

鲨鱼也像许多海鱼一样，身子比水重，照理说，它们会沉到海底。硬骨鱼身体里，长有能膨胀的鳔，可以止住身子下沉，而鲨鱼身体里，则长有贮满油液的肝脏。油比水轻，所以能帮助鲨鱼浮游。一条姥鲨肝内贮存的油，足够灌满 5 只大水桶。

电子感应

多数水下生物在游动时都会产生电子信号，鲨鱼和鳐都有电子感应系统，这种位于鼻子下侧的系统连接着感觉神经细胞。这些细胞能感觉到微小的电场从而帮助它们捕捉食物。

死亡使者——鲨鱼

鲨鱼是恐怖的象征，是海洋的死亡使者。它遍布世界各大洋，甚至在冷水海域中都能发现鲨鱼的影子。大部分鲨鱼生活在海平面到 200 米深的海水中，而且种类也比较繁多。现在，鲨鱼约有 8 个目 30 个科 350 多种。其中有 20 多种食肉类鲨鱼会主动攻击人。生活在热带温暖海域的鲨鱼，例如大青鲨、双髻鲨、噬人鲨（俗称大白鲨）等，是最具攻击性的食肉鱼类，人称海洋“杀手”。

双髻鲨

鲨鱼的皮肤很粗糙，表面覆盖着盾形鳞片。鳞片上的齿很锋利，就像鲨鱼的牙齿一样。不同的鲨鱼鳞片上齿的形状也不同，因此根据鳞片上齿的形状，可以识别鲨鱼的类别。

鲨鱼长有几排像锯齿一样的牙齿，非常锋利。捕获食物时，鲨鱼用下颌利齿咬住猎物，然后上、下颌前后运动，迅速将食物送到腹中。

鲨鱼有非常发达的面部神经，能探知海水中各种运动生物产生的电磁波，并由此来确定猎物的方位，以采取行动进行攻击。

鲨鱼的视力很好，在昏暗和黑夜的环境里都能适应。鲨鱼的嗅觉也极为灵敏，能分辨出海水中极微量的血液和其他化合物。鲨鱼是一种真正的肉食性动物，大大小小的活动物都会成为它的快餐，甚至连同类都能吃。鲨鱼有 3 种繁殖方式：卵生、卵胎生和胎生。它是一个游泳好手，身体大多都是纺锤状。

大洋中有些鲨鱼不直接产卵，母鲨产的卵不排出体外，而是在母鲨腹中发育成小鲨。有的胎儿在腹中生活可达 1 年之久。鲨崽一离开母体，便会游泳觅食。近岸的小型鲨鱼为卵生。小型鲨鱼产卵不多，仅有几个。这些卵从鲨鱼体内排出时，外面裹着一层胶质物。进入水中后，胶质物就变成了不易破损的育儿袋，挂在海草或岩石上。鲨鱼卵就会在这个育儿袋中慢慢发育成熟。

“作茧自缚”的肺鱼

常言道，“鱼儿离不开水”，但在地球上生活着一种奇特的鱼，它能像陆生动物一样在陆地上生存，这种奇特的鱼就是肺鱼。

肺鱼有鳃，而且还有其他鱼所没有的具有肺功能的鳔，这也是“肺鱼”得名的缘由。它的鳔和食管相通，呈囊状，里面密布分支繁多的血管，且能像肺那样鼓动，吸进氧气和排出二氧化碳，因此，在环境干燥时，肺鱼能用鳔直接呼吸，继续生存。

非洲的旱季到来时，气候炎热干燥，少雨或无雨，江河湖泊断流，时间长达半年之久。肺鱼在旱季到来前，凶猛捕食，把自己养得膘满肉肥，皮下长出一层厚厚的脂肪。旱季一到，肺鱼在池水渐近干涸时，能很快地在池塘底部的污泥里挖一个长 50 厘米的深洞，钻进去蜷缩成一团。此时，它的皮肤不断分泌黏液，以保持湿润，并与软泥结成一个硬壳，自己被紧紧包在里面，嘴的四周，也由这种黏液形成个圆形漏斗，直通外面，让空气进入鳔进行呼吸，依靠原有的脂肪生存。这样，肺鱼就可在硬壳里酣然夏眠达半年之久。

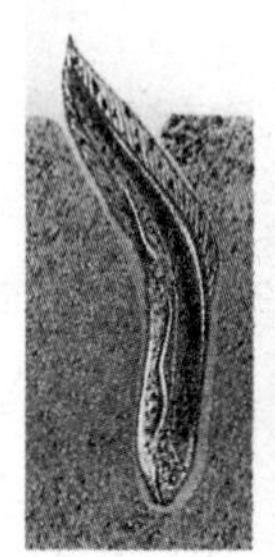
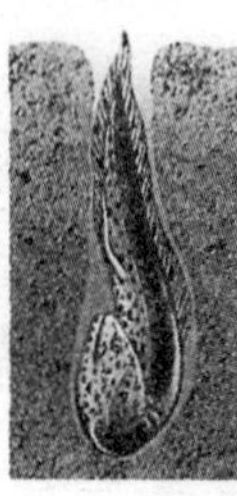

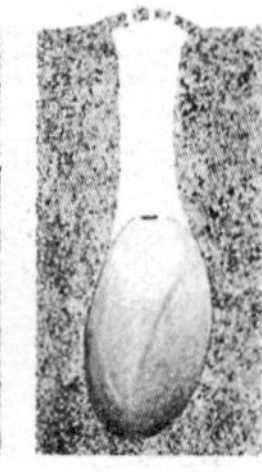

肺鱼做茧的过程

肺鱼在地球上已生活 2.3 亿年了，不愧为鱼类的“老寿星”，分别居住在非洲、澳大利亚和南美。

射水鱼

在东南亚和澳大利亚的小河里，生长着一种色彩艳丽的、可以捕食岸边草木上小虫的小鱼，人们叫它射水鱼。这种鱼，身长只有 10 ~ 20 厘米，头的两侧长着一对凸出的大眼睛，眼睛白色，长有一条条不断转动的竖纹，游动起来很灵活自由。

射水鱼在水面游动时，不仅能看到水里的东西，而且还能觉察到空中的物体。它经常在岸边游动，只要一发觉小昆虫停在岸旁的草木上，便偷偷地游近目标，从水里探出头，让嘴尖对准小虫，从口唇上的小槽里喷射出一束细水柱，可将“猎弹”弹到 3 米高，偶尔可达 4.5 米。它能在 1.5 米以内用这种“水枪”击落任何小昆虫，而且是百发百中，“弹无虚发”。射水鱼就是靠这种射击本领猎取食物，可算是鱼类中的“神枪手”。

为什么射水鱼有这种奇妙的本领呢？原来，太阳光从空气进入水里时，会发生折射，而射水鱼在瞄准目标时，会自动调整光线折射时的误差。由于射水鱼在目标的下面，当喷射“水弹”时，它使自己的身躯变成垂直的姿势，眼睛离水面很近，发射的“水弹”也几乎是垂直的，这样就克服了光线折射时的偏差，使射出的“水弹”不偏不倚地击中目标。

会爬树的弹涂鱼

鱼儿也会爬树，说起来也许你不信，然而世界上的确有会爬树的鱼。

在我国沿海和西非及太平洋的热带海岸边，就生活着一种会爬树的怪鱼——弹涂鱼。这种鱼长着两只突出的眼睛，一只专管觅食，另一只专管监视敌情。它的胸鳍非常发达，胸鳍里面的肌肉纤维粗壮有力，好像两只“前臂”，能伸能缩。依靠这种特殊胸鳍的支撑，加上身体的弹跳力和尾鳍的推动力，它既可以游泳，又可以在沙滩上匍匐爬行或跳跃前进，即使遇到斜坡，也能顺利跳过去。有时它能沿着树干爬到树枝上去，捕食落在树上的昆虫等小动物，所以也叫跳鱼。

这种鱼还有更奇妙的一手，它能用尾巴从水中和泥土中吸氧。每次登陆时，它先在鳃里贮满氧气，然后成群地到陆地上旅行。当氧气用完后，它就将尾巴插进泥土里吸取氧气。弹涂鱼除了用鳃和尾鳍呼吸外，还可以用皮肤和口腔黏膜呼吸。

非洲弹涂鱼在呼吸

金 鱼

金鱼真使人陶醉，它那轻盈优美的体态、艳丽纷繁的色彩，特别是又宽又大的多尾鳍，游动起来就像翩翩起舞的九天仙女的裙裾，美妙极了。但你是否知道金鱼是由鲫鱼变来的?

金鱼的祖先在中国。在唐代的“放生池”里，开始出现红黄色鲫鱼。鲫鱼本来是银灰色的，由于它的皮肤色素发生了变化，才出现了这种颜色特殊的鲫鱼。宋代开始出现金黄色鲫鱼，人们开始用池子养这种金鲫鱼，供观赏，后来又出现了白花和花斑两种。到了明代金鲫鱼搬进盆定居下来。生活环境改变后，金鲫鱼产生了很大变遗，体形由梭形变得短

小金鱼

圆了，鳍变长变软了，游水的速度也变得缓慢了。人们保留颜色、体态优美的金鲫鱼，淘汰差的，使金鲫鱼离它的祖先越来越远。清代以后人们开始有意识地选种，使金鲫鱼品种不断增加，最终成为今天的金鱼。

鲤 鱼

鲤鱼是中国人最喜欢吃的鱼类之一。在2000多年前孔子删编的《诗经》内就有四篇记载着鲤鱼。

鲤鱼是暖温带淡水鱼类。原产于我国东部自黑龙江水系到海南岛、云南洱海、四川盆地及兰州附近，朝鲜及日本亦产。因唐朝皇帝姓李，与鲤同音，曾严令禁止朝野食鲤，捕后必须放生，致使中国养鲤业衰落。但在此时鲤被引种移养到西邻波斯（即伊朗），到公元1150年被“十字军”带到奥地利，1496年又传到英国，1560年传到普鲁士后又传到瑞典，1729年传到俄国，1830年传到美国，1908年传到澳大利亚，1915年自香港亦传到菲律宾。所以现在鲤鱼已繁衍于欧、亚、北美及澳洲许多河湖中，成为全世界年产量最大的食用鱼之一。

了解两栖动物

活化石——蝾螈

螈类都有尾巴，四肢不发达。有的一生在水中生活，有的在陆地上生活，但孵化后的幼体都要在水中发育生长。螈的视力很差，靠嗅觉捕食，主要以蝌蚪、蛙和小鱼为食。

蝾螈的身上有美丽的花纹，在繁殖期，雄性背上会生出像鸡冠状的突起。除繁殖期以外，都是在陆地捕食蚯蚓和昆虫。

钝口螈产于北美。生活在水中继续发育的幼体有两种可能，当水环境好时，外鳃保留，体型不变，能童体生殖；当水环境不利时，则外鳃消失，即登陆生活。

鳃盲螈生活在地下暗河和洞穴中，因一生在黑暗的环境中生活，眼睛已退化，身体也缺乏色素。

红螈有鲜艳的体色，幼体变态后鳃就消失了，成体无肺，进行皮肤呼吸。大鲵是螈类中体形最大的。产于中国和日本，因与生长在3亿年前的祖先很相像，所以有“活化石”之称。

东方蝾螈与斑点蝾螈

娃娃鱼

在我国长江、黄河及珠江中下游山川溪流中，生活着世界上最大的两栖动物——大鲵，它也是我国特产的珍贵动物。大鲵发出的声音如婴儿哭啼，所以大家习惯地称它为“娃娃鱼”。

娃娃鱼的祖先生活在大约3亿年前，因此它也有“活化石”之称。每到夏季，它在水底的石洞间产下上千枚卵，圆形卵被包在长长的卵胶带内，一串串的呈链珠状。过了30 ~ 50天，这些卵就孵化成小鱼了。娃娃鱼每隔 6 ~ 30 分钟，要把头伸出水面呼吸一次。皮肤也是它气体交换的重要器官。

娃娃鱼头部宽阔扁平，眼小口大，体肥粗壮，尾巴扁长，体长可达 1.8 米，重约 50 千克。它的体表较光滑，带有黏液腺，背部呈棕褐色，夹有黑斑。它的四肢短小，前肢有 4 趾，后肢长 5 趾，游泳时靠摇动躯干和尾巴前进。娃娃鱼一般生活在海拔 100 ~ 2000 米的水流湍急、水质清凉、石缝和岩洞甚多的山区溪河中。白天常潜居于有洄流水的洞穴内，一穴一尾。傍晚或夜间出洞活动，夏秋之间也有在白天上岸觅食或晒太阳的习性。捕食主要在夜间，主要吃蟹，也吃蛙、鱼、蛇、虾及水生昆虫，其耐饥力很强，只要饲养在清凉水中，2 ~ 3 年不进食也不会饿死。

善跳的青蛙

青蛙除了幼体时期外，都没有长尾巴。它们拥有浑圆的身体、大大的嘴巴、突出的眼睛和强健的四肢，善于跳跃的后肢更是格外强劲有力。

青蛙通常将卵产在水中，让它自行孵化。刚孵化出来的蝌蚪主要吃植物性食物，在腿渐渐发育的时候，尾部也愈来愈短，此时，它们开始摄取动物性食物；而早期用来呼吸的鳃也逐渐退化，终至消失，此后它就开始用肺呼吸。到最后，蝌蚪终于变成拥有四只脚、没有尾巴的小青蛙了，开始陆地生活。

美洲树蛙

蝌蚪变成青蛙，需费时数星期。两栖类虽然已经具有肺，但其呼吸功能还不强，所以仍需依靠皮肤辅助呼吸。

大多数的两栖动物在皮肤下都具有腺体，可分泌透明的黏液，以保持皮肤湿润，辅助呼吸。此外，它们常躲在潮湿、阴暗的角落，以防皮肤干燥。

箭毒蛙和雨蛙

世界上最毒的动物是南美洲的箭毒蛙，它的毒藏在皮肤中。由于当地印第安人常把它的毒涂在箭头上，所以被称为是箭毒蛙。箭毒蛙体态鲜艳，即使白天也敢出来活动。别看它的体长只有 4 厘米，但是如果捕食者被箭毒蛙刺破皮肤就会死亡。所以，很少有人对这种色彩鲜艳的小蛙有轻率的举动。

箭毒蛙

在南美洲还生活着一些很小的青蛙，而最小的就是古巴雨蛙，它的身长仅有 1.2 厘米。它与其他两栖动物的外形有一个共性，就是眼睛长得大大的，为的是更快地找到它要捕捉的昆虫。

蝌蚪的尾巴

在脊椎动物中，子女像父母是天经地义的。然而，青蛙、蟾蜍等两栖动物却不是这样。这类动物的子女——蝌蚪，一点也不像它们的父母。蝌蚪的身体圆鼓鼓的，拖着一条又扁又大的尾巴。它像鱼一样在水里生活，用鳃呼吸，靠尾巴游泳。经过一段时间的生长发育，蝌蚪的模样慢慢地变了：逐渐长出前肢和后肢，鳃萎缩消失，肺开始取而代之，大尾巴也不见了。最后，它变成了青蛙或蟾蜍。蝌蚪的尾巴是怎么消失的呢？现在，在电子显微镜的帮助下，这个问题有了答案。

我们知道，细胞是绝大多数生物的基本结构单位和功能单位，蝌蚪自然也不例外。它和其他动物一样，细胞里有许多细微的细胞器。其中，有

知识链接

青蛙吞食时眨眼睛

青蛙是捕食昆虫的能手。它蹲在池塘边，一动也不动，目不转睛地望着迎面飞来的小虫子，不动声色。突然，青蛙像离了弦的箭一样，腾身跃起，鞭子似的舌头翻出口外，把虫子卷到嘴里，而且百发百中，弹无虚发。有趣的是，青蛙在吞咽食物时会眨眼睛；吞咽的食物越大，眨眼的次数就越多，直到它把食物全吞下去为止。这究竟是为什么呢？

青蛙有一张宽阔的大嘴巴，它用很长的舌头将飞虫粘住，再送入口中。青蛙没有牙齿，只能“囫囵吞枣”，把食物整个都吞下肚去。它的眼眶底部没有骨头，眼球和口腔之间只隔着一层薄膜。吞咽食物时，青蛙的眼肌会发生收缩，产生眨眼动作；同时，眼球便向口腔突出，形成一种压力，把食物推入食道。于是，青蛙在吞食时就频频眨眼了。

一种球形的细胞器叫溶酶体，里面含有30多种酸性水解酶，具有消化作用。这种溶酶体不仅能消除进入细胞的有害物质，而且还能“吃掉”细胞内外的物质。生物学家把这一现象称为细胞的“自溶作用”。蝌蚪的尾巴，就是被这种“自溶作用”消化掉的。刚长出四肢的蝌蚪，是靠吸收尾巴中的营养物质为生的，因而这时的大尾巴是它的食物仓库。

蟾　蜍

蟾蜍与蛙相比，身体肥胖，四肢短小，背部皮肤厚而且干燥，有疣状突起，看起来疙疙瘩瘩，受惊时会分泌毒液。一般有褐色的花斑。成年后，基本上在一些河湖池沼附近等空气比较潮湿的陆地上度过余生。

由于蟾蜍的外表丑陋而招致人厌，人们给它起了一个“癞蛤蟆”的俗名，其实这种“癞蛤蟆”比青蛙要聪明。比如说，青蛙只会跳跃，只有在保持蹲坐的静止姿态时，才会注意到飞行的昆虫，为人类除害。而蟾蜍即使在爬行时，也可以捕食到那些一动不动的虫子，由此可见，“癞蛤蟆”其实一点也不赖，是真正的除害高手。

雄性产婆蟾

有毒的似疣的腺体保护这种蟾蜍免遭敌害

蟾蜍是依靠肺和皮肤进行呼吸的，所以它们经常保持皮肤的湿润状态，以便于空气中的氧气溶于皮肤黏液进入血液，所以，在空气湿度大或下雨时，它们会一反常态地在白天出来活动。

蛇

蛇类是一种不用脚爬行的爬行动物。分叉的舌头可说是蛇类的最大特征，也是它的重要器官。除了休息或睡眠外，蛇类会不断地伸吐舌头，来测试周围的环境。当舌头收入口腔底部的鞘中时，分叉的舌头会顶在口腔上方的助鼻器上，这是它的嗅觉器官。

所有的蛇类都是肉食性动物，从大型动物到小型动物都是它们的摄食对象。蛇类是一口将猎物吞进肚子里，因此它们都有一个可以张得很大的嘴巴。

事实上，蛇的下颌与头骨是分离的，且下颌的左右两部分在前方也没有直接契合，而由弹性韧带连系着，所以能把左右两边撑开，而将嘴巴张得大大的，吐出可怕的舌头。牙齿呈向后倾斜的反弯式，好像钩子一般，可以将食物钩住；而可自由移动的下颌就像跷跷板一样，一前一后地将食物送入具有弹性的喉咙内。有毒的蛇都有一对特别巨大的毒牙，其实那对巨大的牙齿，本身并没有毒，那些可置人于死地的毒液是藏在上颌的毒囊里，而擅长缠绕的蚺蛇或蟒蛇，则是利用它们有力、结实的身躯来环绕、压迫猎物，使其窒息而死。

蚺 蟒

当你面对蚺蟒长达 9 米以上、粗壮的巨大身躯时，你一定会很震惊，不仅它们身体长而粗壮，而且它们的外表还有着美丽的斑纹。蚺蟒虽然没有剧毒，但却同样可怕。粗壮的躯干常常缠在树上。当它们捕获猎物时，用强劲的力量缠卷起猎物，使其窒息而死，然后张开大口吞下猎物。别看它的身体笨拙，可还是游泳高手呢！

黑头蚺蟒喜欢吃各种蛇，因为它对毒蛇的毒液有极强的免疫力，所以毒蛇对它来说，跟无毒的蛇一样。体色如翡翠的翠绿蚺，其美丽的外表不仅漂亮，还为它提供了极佳的保护色。网纹蚺蟒是蚺蟒中体形最大的一种，它的体长可达 11 米，是世界上最大的蟒。

雌雄蟒交配后，经过 3 ~ 4 个月的时间，雌蟒会产下 50 ~ 100 枚卵，然后用身体把卵团团围住，用自己的体温孵化出小蟒，刚出生的小蟒仅有 60 ~ 70 厘米长，与它们的妈妈相比，真

大蟒蛇吞食山羊

正是小巫见大巫。

蚺蟒的腹部都遗留有腿的痕迹，这证明，蟒的祖先曾经是有腿的。

当你发现一条蚺蟒肚子高高隆起，这说明它刚捕食过猎物。这时的蚺蟒是最和善的，攻击力极弱，它遇到敌人时都会主动逃逸。

眼镜蛇和眼镜王蛇

眼镜蛇

眼镜蛇比眼镜王蛇小，一般体长1～2米。

眼镜蛇是一种剧毒蛇，长着扁平的脖颈，经常昂首而立，口吐舌信。它们的头部上还长着两个白色圆环，看起来像带了一副眼镜般文质彬彬的，但这一切并不能掩饰其很强的毒性和狡猾的捕食手段。这种让人听而生畏的毒蛇，在印度被视为“蛇中之王”。

眼镜蛇捕食的方法十分狡猾。它们在猎捕之时，会躲在草丛中，诡计多端地只露出尾巴轻轻摇动，伪装得惟妙惟肖，使得老鼠或者小鸟往往以为是蚯蚓，因而上当受骗，转眼功夫，老鼠或者小鸟就已成为它们的口中之餐。

眼镜王蛇生活在亚洲的南部丛林中，我国南方人称其为“过山风”，它背面黑褐色，颈背有一“∧”形白色斑纹，身体背方有窄的白色镶黑边的带状横斑纹40～50个，腹面灰褐色，有黑色线状斑纹。一般全长在2～3米左右，最大的纪录可达5.71米。它生活于热带和亚热带丛林中，常在山溪水域附近，隐匿在岩缝或树洞内。有时能爬上树，由后半身缠绕树枝上，前半身悬空下垂或

眼镜王蛇

昂起。眼镜王蛇和眼镜蛇一样，激怒时前段身体能竖起，呈扁平状，“呼呼”出声。白天活动，主要捕食其他蛇类或蜥蜴。当它咬住猎物后，即衔住不放，并沿自己身体主轴不停地作顺、逆时针方向交替地快速转动，直至猎物中毒、麻痹、无力挣脱时，才逐渐将口沿猎获物身体向头部挪动，然后吞食。眼镜王蛇以落叶堆成巢窝，产卵于窝内，再覆以落叶；一般产卵 21 ~ 23 枚，多者达 40 枚；母蛇有护卵习性，盘伏在上层落叶堆上，有时雄蛇也参与护卵。刚孵出的小蛇即可达 50 多厘米长。

鳄 鱼

鳄鱼有一个桶状的身体，后面是一条长而有力的尾巴，尾巴上面排列着许多略呈三角形的长条鳞片，当它猛烈拍打时，就成了有效而危险的武器；脚短短的，上有四或五个趾，部分有蹼连着；全身覆盖着突出的鳞片，身体前端是一个明显的大头，还有一个血盆大口，内有像钢钉般的牙齿。目前全世界的鳄鱼共有 20 多种，分为四大类：鳄鱼、短吻鳄、中南美短吻鳄及恒河鳄。

鳄鱼是凶恶、危险的动物。它们潜入水中时，仍能把眼睛和鼻孔留在水面上，因此那些到河边喝水的动物或取水的人，往往在毫无警觉下，就被鳄鱼强有力的上下颚给咬住了。然后被鳄鱼拖入水中淹死，再慢慢享用。

雌鳄将蛋产在沙坑或腐烂的植物堆中，依雌鳄体型的大小，每次可产 20 ~ 90 枚蛋。等到所有的蛋孵化后，雌鳄会用嘴衔着刚孵化出来的小鳄鱼，把它们带到水边。

现今的人们经常用“鳄鱼的眼泪”来形容一个假惺惺哭泣、心怀鬼胎的人。鳄鱼的确会经常流“眼泪”，只不过它们是在排泄体内多余的盐分而已。因为鳄鱼肾脏的排泄功能很不完善，体内的盐分就要靠开口位于眼睛附近的盐腺来排泄。

鳄鱼在遇到敌人需要逃跑的时

鳄 鱼

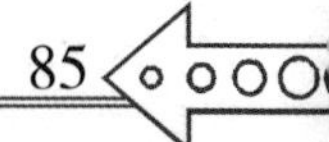

候，就会潜入水中。在水中，它们的耳孔和耳朵会被一个特殊的皮片盖住，可以起到隔离水的作用。眼睛上有一层透明的眼睑，闭合下来，就形成了对眼睛的保护膜。鳄鱼的喉咙还有一个额外的皮片，当它们张着嘴呆在水中的时候，这个皮片可以防止水进入到它们的肺里。真可以说是设施齐全，做到了滴水不进。

高高在上的眼睛

鳄鱼的眼睛长在头上较高的位置，所以我们会经常看到它们潜在水里，一动不动，只剩下两只眼睛露在外面。它们的两只眼睛靠得很近，并且都目视前方，可以看到三维的物体，这样鳄鱼就可以精确判断出物体离它们的距离。而且它们的夜视能力也很好，因为在眼睛后部有一个膜，可以使尽可能多的光线反射进入眼睛。

扬子鳄

扬子鳄生活在我国江苏、安徽、浙江、江西等江河流域的沼泽地区，扬子鳄以鱼、虾、蚌、蛙、小鸟及鼠类为食。它还有一种吞食石块的习性，为了寻找石块，往往要跑很远很远的路程。原来它吃食时只能撕碎吞食，牙齿没有咀嚼、切断食物的功能，而扬子鳄胃部的消化功能又很弱，所以它和小鸡吞食碎石、砂粒一样，必须靠吃石块来帮助磨碎骨头和甲壳之类的硬性食物。并且扬子鳄无论大小，胃中石块的重量总和体重保持一定的比例。原来，扬子鳄的这些石块能增加它的体重，使它能在水底静卧或稳妥地行动，甚至急流巨浪也不会把它冲走。

湾 鳄

湾鳄是鳄类中唯一能生活在海水中的种类。它广布于东南亚、新几内亚、菲律宾及澳大利亚北部的热带、亚热带地区，栖息在沿海港湾及直通外海的江河湖沼中，所以又称咸水鳄。

我国远在唐宋以前，南方的广西、广东、福建、台湾等沿海港湾和内陆河流中，也生活着许多湾鳄，以后由于自然条件的变迁，数量逐渐减少，至 20 世纪初已不复存在了。

湾鳄身躯巨大，能长到 5 ~ 6 米长，1 吨多重，并往往能活到 100 岁。湾鳄生性凶猛，而且足智多谋。平时经常待在沼泽地里一动也不动，伪装成一块浮木的样子，吸引一些缺乏警惕性的动物上钩，成为它们的腹中之物。它们经常采用的捕猎方法或是偷偷潜近袭击，或是看准目标，突然甩起巨大的尾巴将对方击昏。湾鳄凶残贪婪，胃口极大，大型动物、小型动物都不放过，甚至还会吃人和吞食同种幼鳄。

湾鳄最大的经济价值是利用其皮制革，是世界上珍贵的皮革之一。泰国饲养鳄鱼是成功的，它们既可供观赏，又可提供珍贵的皮革。据说，好的鳄鱼皮每平方厘米可值 0.8 英镑。

鬣 蜥

一提起它的名字，很多人都会感到陌生，其实鬣蜥是爬行动物中最兴盛的一种类群。它身体细长，身体表面覆盖着齿状的鳞片；它种类繁多，身体大小差异很大，大的约有 70 厘米长，小的才只有 10 厘米左右。鬣蜥的脚趾扁平，不仅可在陆地上生活，而且在水中也能游泳，也有些喜欢躲在树上。它们跑起来的速度相当快。由于体重轻，还可将身体直立成 45°角的姿势，以每小时 15 千米的速度跳跃。甚至在水面上做短距离行走。

有些鬣蜥的颈部长了一个大大的袋子，平时基本上是没有用武之地的。但是当它们求偶时，就会把这个“装饰袋”鼓成气囊来吸引异性，引起它们的注意，或者当有敌侵袭时，用来恫吓敌人。

鬣蜥类绝大多数都以捕捉其他动物为食，少数为杂食性，既吃动物又吃植物。然而面貌奇丑的加拉帕戈斯

鬣蜥的尾巴占全身长度的一半多，而且强劲有力。雄鬣蜥生性好斗，非常善于打持久战，一斗起来就是5个小时，直到双方分出胜负为止。在这些激烈的角斗中，尾巴就是它们的主要武器。

鬣蜥仅以仙人掌为食，是个绝对温和的素食主义者。生活在美国西南部和墨西哥干燥地区的鬣蜥在下颚处有毒腺。

鬣蜥是一种让人印象深刻的动物，它们是世界上最大的食草蜥之一，大部分时间都待在高高的水边树木上晒太阳。它们的四肢很有力，上面生长尖利的爪。鬣蜥的生长速度慢，要用 20 年的时间才能到繁殖年龄，这对于任何一个爬行动物来说，都是一项纪录。所以人们认为，它们能活 100 年之久。

蜥　蜴

现存蜥蜴约有 2500 种之多，大致分成两大类：一类主要栖息在地表，身体略呈扁平；另一类生活在树上或水中，身体则是窄窄的。它们的尾巴多为长鞭状，也有短钝型。最引人注目的是，它们的尾巴断掉后，还可以再长出一条新的来，因此蜥蜴遇到危险时，就会利用断尾来转移敌人的注意力，好趁机逃逸。

大部分蜥蜴以昆虫为食，它们靠着口内的长舌头，快速向外吐出，就可轻松地将昆虫卷进口中饱餐一顿。不过也有例外，北美毒蜥以较小的蜥蜴为食；少数鬣蜥只吃树叶和水果；而住在海边的海鬣蜥则以海藻为食。

鳄蜥虽然外表看起来很像蜥蜴，但两者的身体结构却大不相同。此外，蜥蜴的行动显然比鳄蜥快多了，而鳄蜥却以缓慢的生活节奏及迅速入睡而闻名遐迩。

饰 蜥

饰蜥的家族成员众多，它们的大小与外形也各不相同，但它们却有一个共同点，那就是它们借助身上可以隆起的粗涩鳞片，将自己装饰成各种吓人的模样，它们的名字也因此而得名。饰蜥的四肢和趾头很细，所以跑不快，它们抵御敌人的本领主要靠各种吓人的模样来保护自己。

蜥蜴

饰蜥类的成员身上有各种各样不同的装饰，有的身上长满了刺，叫巨刺蜥蜴。有的颚下长着一大堆胡须，因而称其为胡须蜥。它们大多夜间出来活动，以昆虫为食。为了适应树上的生活，它们没有自割尾巴的能力。

颈圈蜥蜴

它张开颈圈是为了吓退敌人

生活在澳大利亚北部的颈圈蜥蜴，脖子上长有一圈围脖似的褶膜。当遇到敌人时，它会把褶膜完全张开，这使得它的身体看上去大了许多，很像一头鬃毛倒竖的雄狮。敌人一见就吓得落荒而逃。如果被对手识破，它就会站起来用两只后脚蹦跳着逃之夭夭。此外颈圈蜥蜴在求偶或散热时也会张开脖子上的褶膜。

绝大多数的蜥蜴在遇到强敌时，会将尾巴自行断开，趁机逃走。但饰蜥却没有自割尾巴的能力。它们只会威吓对方。

彩虹饰蜥的头是三角形的，喉咙下方的褶会膨胀增大。当它遇到危险时，它以此来威胁敌人。雄性的背部还有鬃毛状的鳞，兴奋时会竖起来。身材纤细的飞蜥身体两侧有膜，当它移动时，会展开像翅膀一样的膜飞向空中。这同样也是雄飞蜥向异性求爱的工具。

变色龙

变色龙，学名避役，以捕食昆虫为生，它有“变色”、“一目二视”和“用舌取物”三大绝招。它体内有许多特殊的色素细胞，当外界颜色发生变化，它就迅速地调整细胞中的色素分布，使身体的色彩与环境一致。

它有两只圆鼓鼓的眼睛，眼睛外罩着一个圆锥形的鳞盖，上面只留一个小孔使瞳孔露在外面，其左眼能独立活动，一旦发现昆虫，用一只眼紧盯着目标，另一只眼可同时向后盯着其他猎物。它有一条尖端膨大、又细又长的舌头，当昆虫爬到距离它 20 ~ 30 厘米时，它便瞄准目标闪电般从口中吐出舌头，准确地将虫子粘牢拉回到嘴里，然后舌头一卷，吞入肚里。

壁虎

壁虎，又叫“守宫”，体长约10厘米。壁虎四脚上的指与趾均扁平扩大。趾下面是皮肤褶皱，上面有微细腺毛，因此，有极强的黏附力，能在墙和天花板上爬行。它不咬人，善捕食蚊蝇。遇着敌害，以断其尾而“自卫”。

壁虎断下来的尾巴，因上面有神经尚能跳动，有人说它会钻到人耳朵里去，其实这是误传。壁虎的药用价值很高，可治中风、痉痛等，其干制品称“天龙”。常见的有无蹼壁虎、蹼趾壁虎等。

海龟

海龟是棱皮龟科和海龟科的海栖龟类的统称。它们为了适应水生生活，身体比较扁平，四肢都为鳍状，长长的前肢像船桨一样，非常适宜在水里自由自在地遨游。它们除了头、腿和尾巴以外，全身覆盖着硬壳。

海龟与陆地龟相比，它长长的前肢很像桨，这使得海龟能在水里自由自在地遨游。它褐色或暗绿色的脊部上长有黄斑，头顶上长一块长额鳞。海龟是体形最大的龟，它们的甲长一般在100厘米左右。除了产卵和晒太阳，海龟通常很少上岸。

绝大多数的龟性情温和，遇到敌人时只会将头缩起，不去攻击敌人。敌人对它硬硬的壳也毫无办法。龟就是凭借这种特殊的本能，已在地球上安然自得地生活了2亿年。

海龟

雌海龟只有产卵时才上岸。每年夏季是海龟的繁殖期，雌海龟爬到沙滩上挖洞，然后将50 ~ 200枚卵产在洞里。过45 ~ 70天后，小海龟就孵化出来了。有趣的是，每到夏季，海龟会返回同一块沙滩上产卵。

绿甲海龟可以在水下待 5 个小时，为了节约氧气，海龟的心脏每 9 分钟才跳动一次。

海龟咀嚼食物时，靠的是长得像锯齿形的下巴。原来海龟没有牙齿。

玳瑁

玳瑁是一种海龟，背甲十分美丽，呈棕红色而且有黄色花斑，盾片都呈覆瓦状排列，有 4 对肋盾。背甲在日光下闪现琥珀样辉光，瑰丽可爱。它们生活在热带和亚热带海洋，经常出没于珊瑚礁中。玳瑁性情凶猛，上下颚强而有力，不仅能把坚硬的蟹壳咬碎，而且软体动物的外壳也不在话下。玳瑁一般身长只有几十厘米，体重 45 千克左右，主食鱼类、虾、蟹和软体动物，也吃海藻。

玳瑁

玳瑁鉴别图

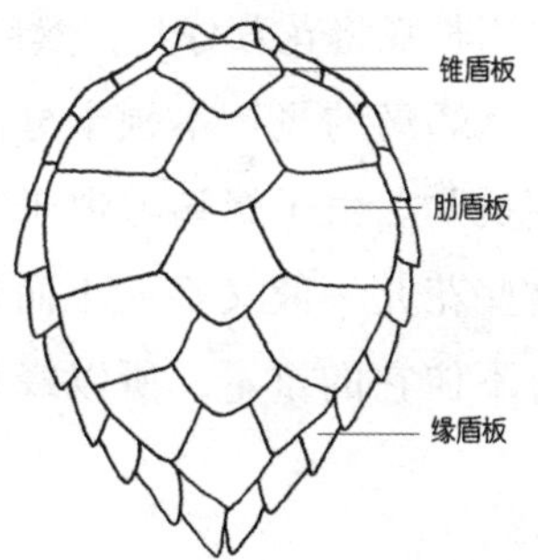

了解鸟类

蜂 鸟

蜂鸟是世界上最小的鸟类，大小和蜜蜂差不多。蜂鸟虽然很小，但眼睛却大而有神。它们披着一身艳丽的羽毛，有的还长着一对随风飞舞的长尾巴。嘴巴又细又长，像一根管子，能伸到花朵里面去吸取花蜜，它们飞行采蜜时能发出“嗡嗡”的似蜜蜂般的响声，因而被人称为蜂鸟。

蜂鸟在树枝上造窝，鸟窝造型别致，做工精细，是用丝状物编织而成的，看上去就像悬挂在树枝上的一只精巧的小酒杯。雌性蜂鸟每次产卵一两枚，只有豆粒般大小，每枚重量仅 0.5 克，大约 200 个蜂鸟蛋才有一个普通鸡蛋那么大。

蜂鸟在百花盛开的季节外出寻找食物，以吃花蜜为生。它们长着一个针状形的长喙，细长而分叉的舌头还能够自如地伸缩。采集花蜜时，它们先用长喙将花蕊分开，然后把舌头伸进花蕊，吮吸甜滋滋的花蜜。

蜂鸟的飞行本领十分高明，飞行姿势变化多端，被誉为“空中杂技演员”。由于蜂鸟习惯于吃花蕊中的蜜汁和躲藏在花中心的小昆虫，而这些花儿一般又都太小而且非常娇柔，如果蜂鸟停在花上，花朵就会支持不住它的重量，所以蜂鸟不得不发展它那奇异的翅膀。它那狭长的翅膀每秒钟能急速振动 50 ~ 70 次，使人们只能够稍稍地看到一片灰雾。它的飞行速度每秒钟可达 50 米，不仅能向前飞，而且能向后倒飞，还能像螺旋桨的叶子那样做圆形飞转。它有时又似一架微型直升机，能垂直起落，如同倒立的杂技演员那样，垂直定悬在空中，将它的喙伸到花中去取蜜和虫子。

蜂鸟

黄腹角雉

黄腹角雉为我国特产鸟类。雄鸟上体呈栗褐色，满布着镶有黑边的淡黄色圆斑；下体棕黄色，飞羽黑褐色带棕斑。头顶部为黑色，生有黑色与栗红色的羽冠。它们的脸部裸皮为朱红色，生有翠蓝色及朱红色组成的艳丽肉裙及翠蓝色肉角。雌鸟稍嫌逊色，周身棕褐色，密布着黑、棕黄及白色杂斑。

> **知识链接**
>
> **“呆鸡”**
>
> 黄腹角雉非常笨拙，被人追赶之时，只会死命奔逃，但是实在到了山穷水尽、无路可逃之时，它们就把头钻入灌木丛、杂草丛中，却把后半身露在外面，行掩耳盗铃之术，以为它们看不到敌人，敌人也发现不了它们，因而被人称作“呆鸡”。

每年 3 月初，黄腹角雉就开始分群进入繁殖期。此时，雄鸟就会频频抖动它们的蓝色肉角，以引起雌鸟的注意，与此同时，它们喉部的肉裙也会膨胀扩大。求爱之前，雄鸟先会鸣唱出一段情歌，得到雌鸟回应之后，便进而跳起“求爱舞”：先慢跑几步，接着双翅微张，尾羽展开如扇；然后头颈上下左右反复伸缩、摇摆，展开鲜艳的肉裙，边跳边唱。它们会乐此不疲地跳到雌鸟满意为止。

黄腹角雉栖息于海拔 600 ~ 1600 米的亚热带针阔混交林内，行动笨拙迟缓，飞行能力较差。鸟群中雌多雄少，经常以家族为活动单位，即一只雄鸟带领着多只雌鸟。有时，它们和白鹇一起组成混合群，但晚上分树夜宿。

巨嘴鸟

巨嘴鸟身长 70 多厘米，而嘴巴又长又厚，大得出奇，竟占了身长的三分之一。假如从正面看，往往看不到它的身体，只看到一张橡皮似的尖端有些弯曲的巨嘴，因此叫做巨嘴鸟。这张颜色艳丽的巨嘴虽然十分粗壮，但

巨嘴鸟

知识链接

动物和植物也可“杂交”吗

同学们也许听说过，植物与植物、动物与动物之间可以产生新种，那么，动物和植物也能“杂交”产生新的东西吗？答案是肯定的。这一奇迹是德国汉堡大学的两位科学家麦克唐纳和姆佩创造的。他们使牛和西红柿结缘，培育出新的生命体——牛西红柿。它的外表仍像一般的西红柿，但已发生了质的变化：它的皮像牛皮一样，厚而有韧性；它的蛋白质含量比原体西红柿高数十倍；特别令人惊奇的是，果内的蛋白质并不是植物的，而是动物蛋白。

那么，是什么原因造成这种奇迹的产生呢？这是神奇的DNA发生变化的结果。DNA是一种很大的分子，它由千千万万个基因所组成。这些基因决定了生物千差万别的性状。研究和促使DNA发生变化的过程——生物工程，能使世界上变化出千千万万个新物种，为人类造福无穷。

重量却非常轻，还不足30克。这是因为它们的嘴构造很特别，中间布满了海绵似的空隙，外面有一层薄薄的角质覆盖着，因此既坚硬又轻巧。

巨嘴鸟以各种水果为主食，用它们有力的巨嘴可以啄食承不起它们体重的细枝上的那些果实，又能穿过叶丛觅食。偶尔它们也会换换口味吃一些小动物，如蜥蜴及鸟蛋等。

巨嘴鸟生活在南美洲的热带森林里。它们在树上活动时，不是攀缘向前，而是跳跃前进。它们平时仅以雌雄成对或小家庭为单位出没，偶尔成群活动时，则总是有一只鸟像哨兵一样守卫在周围，以防天敌突然袭击。

太阳鸟

太阳鸟只有人的拇指那么大，是我国境内已知的最小的鸟。太阳鸟很像蜂鸟，爱吃花蜜，常在花朵中活动，并且，也能在花前悬空逗留。但这两种鸟没有任何亲缘关系。

太阳鸟

目前，全世界约有60种太阳鸟，它们的体形小巧而灵活，喙细长而弯曲，尾巴比身子还长。它们的羽毛鲜艳美丽，全身闪烁着紫、红、翠绿、金黄等色彩，太阳鸟因此得名。

太阳鸟栖息在枝头上，每到繁殖季节时，雌鸟便在树梢上精心编织袋状的巢。太阳鸟善于飞行，它们性格外向，活泼好动，叫声尖细，能为植物授粉，并帮助植物繁殖后代。因此太阳鸟既是美丽的观赏鸟，又是益鸟。

黄 鹂

黄鹂又叫黄莺，成鸟体长 23 ~ 25 厘米。雄鸟通体金黄色，背部稍有绿辉，头部自嘴基向后通过眼周直达枕部，有一道宽带状的黑纹，翅羽大部分黑色而发亮。雌鸟背部呈浅黄绿色，下体有黑色纵纹，是一种非常美丽的鸟。

野生黄鹂是一种树栖性鸟，喜欢集群活动。黄鹂的主要食物是昆虫，有时也吃些果实、种子等食物。

鹂的巢营造在远离主干的枝梢间，一窝有 4 ~ 5 只。雏鸟生长很快，孵出一个多月后即能随父鸟和母鸟逐渐向南迁徙。

黄鹂的歌声犹如流水般婉转动听，平时常作“嘎——嘎——嘎——”的单声，但从 4 ~ 9 月，啭鸣时歌声洪亮清脆、美妙多变、富有音韵。有时像“快来坐飞机——”；突然间，又好像一只老猫在叫“阿——儿——”，原来这是雄鸟在呼朋引伴。

黄 鹂

雨 燕

飞得最快的鸟是尾部有脊骨的褐雨燕，关于它的时速有两种报道，1942 年前苏联报道为 170.98 千米 / 小时。而 1934 年在印度东北卡查山地区一次 3.22 千米的飞行中，用秒表测出这种褐雨燕的时速高达 276.47 ~ 353.23 千米。

雨燕和一般秋去春来的燕子大不相同，前者为小型攀禽，其最大的特点之一是四个脚趾全都朝前；后者为鸣禽，足趾三前一后。雨燕的种类很多，我国共有7种，其中最常见的是北京雨燕，常集成大群于高空疾飞捕虫，营巢于一些中国式大屋顶的古建筑阁楼里，故又有楼燕之称。

雨燕夫妇共同孵化它们的后代。在20多天后，小雨燕就会破壳而出。为了给小雨燕喂食，父母们要到森林中捕捉昆虫，大约45天后，小雨燕就已经羽毛丰满，开始学习独立生活了。

借窝生蛋的杜鹃

杜鹃又叫布谷鸟，它是一种益鸟。它爱吃松毛虫，是捕捉松毛虫的能手，曾被人们冠以“护林卫士”的称号。杜鹃性情孤僻，平时大多单独活动，即使在繁殖期间，也不像其他鸟类一样雌雄成对生活在一起，而是雌雄乱配，过后分开。

杜鹃

它们不筑巢，不孵卵，不育雏，但是却能繁殖后代。原来，杜鹃在长期的生存演化中练就了一套以假乱真的本领，它下的蛋在颜色、大小、斑点、花纹上与黄莺、云雀等其他鸟的蛋完全一致，所以它常常把自己的蛋偷偷下在这些鸟的巢里，让这些鸟帮它孵化、育雏。当孵化小杜鹃的黄鹂、云雀还没醒悟过来时，羽毛丰满的小杜鹃便跟着等在附近的生母远走高飞了。

为树治病的啄木鸟

啄木鸟是居住在温带森林里的一种鸟，因为它专爱吃钻进树干里的虫子为树治病，所以被人们称为“森林的医生”。

啄木鸟的嘴直而有力，很像木匠用的凿子。它的翼短而钝，腿短而有力；脚有四趾，两只向前，两只向后；尾上的羽轴又硬又有弹性，在树上啄木时，就像一根支柱。啄木鸟的舌头又细又软能伸到口外14厘米，舌头尖端生有饵刺和黏液，不管在树干里隐藏多么深的害虫、幼虫和虫卵，都逃不过它的舌头。据统计，啄木鸟能够消灭森林中 95% 的害虫。

啄木鸟常在树洞中建巢。每年的四、五月间产卵，每窝产卵 3 ~ 8 枚，纯白色。雌雄鸟轮流孵化，大约 16 天后，幼雏出生，18 ~ 21 天后，小啄木鸟便能飞出巢外，自己觅食了。

猫头鹰

猫头鹰是一种在夜间活动的鸟，嘴和爪呈钩状，十分锐利，两只眼睛也与其他鸟不一样，不是长在两侧，而是位于正前方，眼的四周羽毛呈放射状，周身羽毛多数为褐色并有许多细细的斑点，眼睛的视网膜里有许多圆柱形感光细胞，感光非常灵敏，白天光线强烈，它什么也看不清，所以它只能在夜间活动。

它的视野集中，能清楚地分辨景物的前后距离，帮助它在黑夜里确定捕捉目标。猫头鹰耳朵的耳孔很大，耳壳发达，地面上一些小动物活动时发出的细微声音，都能听到。它的羽毛柔软，飞起来轻盈得像一阵微风。

猫头鹰主要以老鼠和田鼠为食，有时也吃兔子、松鼠和臭鼬等动物。一只猫头鹰在一个夏季里能吃掉上千只田鼠，保护了很多粮食，所以对人来说，猫头鹰是一种益鸟。

猫头鹰的视力虽然很好，但是眼睛却不会动。如果猫头鹰想看看四周，唯一的办法是转头，它的脖子能转180° ,而且，转得非常快。

湿地珍禽—— 丹顶鹤

丹顶鹤是一种生活在沼泽或浅水地带的大型鸟类。它身披白色羽毛，喉、颊和颈部为暗褐色，长而弯曲的黑色飞羽呈弓状，覆盖在白色尾羽上。裸露的头顶呈朱红色。它性情高雅，形态美丽，直立时有一米多高。

丹顶鹤是典型的候鸟，每年随季节气候的变化，有规律地南来北往迁

捕食的丹顶鹤

徙。它多栖息于开阔的芦苇丛或多草的沼泽地带，主要以鱼、虾、贝类和植物根茎为食。丹顶鹤4月初开始择偶。一旦婚配成对，就偕老至终。丹顶鹤一般4月中下旬开始产卵。5月中下旬，雏鸟相继破壳而出，20多小时后就能蹒跚行走，还会游水；3个月后长大成形，自由飞翔。全世界野生丹顶鹤的总数仅2000只左右，我国约有1200只，占全世界总数的60%左右，属于国家一类保护动物。

丹顶鹤的寿命一般为20 ~ 30年。

鹤主要栖息在沼泽或湖泊边的草地上。由于湿地逐渐被开发，致使鹤所赖以维生的栖息和繁殖地越来越少，世界上已有14种鹤面临绝种的威胁，如美洲鹤现仅存100只左右，丹顶鹤只剩大约1200只。

朱鹮

朱鹮是世界上极珍稀的鸟，曾广泛生活在中国、朝鲜、日本和俄罗斯。现在朝鲜、俄罗斯已绝迹，我国也失踪了20多年。1981年在陕西省又发现了朱鹮的足迹。朱鹮长喙、凤冠、赤颊，浑身羽毛白中夹红，颈部披有下垂的长柳叶型羽毛，体长约80厘米。平时栖息在高大的乔木上，觅食时才飞到水田、沼泽地和山区溪流处，以捕捉蝗虫、青蛙、小鱼、田螺和泥鳅等为生。朱鹮自从被发现以后，引起了各国有关人士和鸟类爱好者的关注。中国科学院在陕西姚家沟建起一个“秦岭一号朱鹮群体观察站”，昼夜对朱鹮进行观察。

朱鹮

每年早春二月，成对的朱鹮双双

回到繁殖地，选择一棵高大的青冈树，早出晚归，叼材建巢，繁殖后代。每窝产卵 2 ~ 4 枚，朱鹮“夫妻”轮流趴窝孵化。小朱鹮一个个出壳了，这给朱鹮夫妻带来了欢乐，同时也增加了劳累，每天无数次喂雏鸟的程序是严格的。朱鹮夫妻将泥鳅、小鱼、青蛙和甲壳类及昆虫吞至食囊内，制成半流食。喂食时，把嘴张开，先让第一只出壳的老大把嘴伸进食囊取食，老大吃饱后，把头低下。然后是第二只、第三只……朱鹮夫妻就这样轮流喂养自己的儿女。

火烈鸟

火烈鸟是世界著名的大型涉禽。它们外貌高雅端庄，站立时细长的脖颈弯曲成优美的 S 形。火烈鸟嘴巴形状特殊，其基部很高，中部急剧向下弯曲，上嘴较小，下嘴较高，呈鲜明的红色或黄色，顶端部漆黑。双足很长，也是鲜明的红色或黄色，趾间有蹼。因为它们的羽毛为鲜艳的火红色，所以得名火烈鸟。关于火烈鸟红色羽毛的由来，曾有两种不同说法：一种认为是祖辈遗传的；另一种认为是后来获得的。现在科学家经研究证明，这是因为它们吃了一种绿色的小水藻，这种小水藻经过消化系统的作用，产生一种会使羽毛变红的物质，这样便形成了红色的羽毛。火烈鸟是生有长腿的涉禽，站立时身高在 150 厘米以上。它们喜欢集体生活在水边，行动缓慢。

火烈鸟是唯一用过滤法来吞吃食物的鸟。它们把喙浸入水中，用喙和舌头间的缝隙吸水来收集小植物和动物，再侧转头部使嘴巴翻转，上嘴在下而下嘴在上，然后头部有节奏地运动，使水和泥沙从嘴边滤出，剩下食物在口中，类似于许多鲸的进食方法。

火烈鸟

美洲是火烈鸟的故乡，那里的火烈鸟比非洲和欧洲的更大、更多，羽色也更鲜艳。墨西哥的尤卡坦半岛约有火烈鸟 4500 只，而独立不久的巴哈马更是火烈鸟的群栖之乡。美丽的火烈鸟成了巴哈马的象征，在那里人们尊它们为国鸟。

火烈鸟喜欢过群居生活，而且它们的集体观念非常强。一旦迁徙开始，无论是正在孵卵的爸爸，还是抱着幼雏的妈妈，都得服从集体，一起行动。至于那些东倒西歪还不大会走路的幼雏，以及许多尚未孵化的卵，就只好忍痛割爱，遗弃在那里。火烈鸟喜欢大群而居，有时一个群体甚至可多达200万只以上，可是这已是过去的景象，因为它们的生存环境已大不如从前了。

黑 鹳

黑鹳全身的羽毛除胸腹部洁白如雪外，其余皆为黑褐色。它长有一张红色的长嘴巴，同白鹳原来是一对亲密无间的“堂姐妹”，最初都居住在幽谷密林之中。

白鹳在人们的屋顶上安下了舒适的家，而黑鹳却固执地继续居住在人迹罕至的林木的树梢上。黑鹳的数量现在已十分稀少。

黑鹳是滑翔高手，飞行时动作轻快舒展。平时，它默然无语，对食物从不挑剔，有什么吃什么，主要觅食沼泽和潮湿之地上的蛙、鱼和甲壳动物。

黑鹳是一种观赏性很高的珍禽，已被列为国家一级重点保护野生动物。

白 鹭

白鹭天生丽质，身体修长而瘦削，它有着细长的腿、脖子和嘴，脚趾也比较细长。

白鹭全身披着洁白如雪的羽毛，可谓名副其实。繁殖期间，脑后便会长出两根10余厘米长的羽毛，看上去好像小姑娘的两条辫子。胸部和背部会出现丝状的长羽毛，就如同用草叶编织成的雨衣，随风起舞的时候，显得尤为美丽。这些丝状长羽毛，是上等装饰品，西方许多国家曾一度用来作为女性的装饰品。

白鹭

白鹭分布较广，在欧洲南部、非洲、亚洲中部和南部、澳大利亚等地区，以及我国南方各地都有它的踪迹。平时，白鹭一只脚缩在腹部下面，另外一只脚则站在水里一动也不动，神态高贵而优雅。鱼、蛙等到它的身旁时，它靠灵活的脖子和鱼叉一样的尖嘴，迅速准确地把猎物抓住。遇到大河蚌，它会十分巧妙地将之叼起来，向岸边的石头上猛甩，直至将河蚌震得张开双壳，然后再敲开肚子美美地饱餐一顿。

翠 鸟

翠鸟一般生活在水边，专门吃鱼，俗称“钓鱼郎”。除了红喙红腿外，全身大部分是翠绿色的。翠鸟是飞翔高手，时速可达 90 千米。

每年 4 ~ 7 月，翠鸟会成双成对地用凿子一样的大嘴，在陡峭的河岸上掘洞，建造自己的家。这时，翠鸟像直升机一样悬空停在土洞口，然后耐心地凿击土坡。翠鸟所掘的洞有时会深达 2.5 米。雌翠鸟凿洞时，雄翠鸟会把鱼送来，配合得非常默契。

翠鸟不善于泅水，但却是杰出的“跳水健将”。它们常常站在水边的树枝或者岩石上，静静地注视着水中游动的鱼儿，一旦看准了目标，就像一颗即将出膛的子弹一下子射入水中，用尖锐的大嘴既准又狠地捕鱼，然后像深水下发射的火箭一样，叼着鱼儿快速离开水面，飞回原来站立的地方。翠鸟怕鱼儿逃跑，先吞下鱼头，然后再美美地享用鱼儿的其余部分。

笑翠鸟

翠鸟中体型最大的是产在大洋洲的大翠鸟，又名笑翠鸟。它体长35厘米左右，浑身灰斑色。最有特色的是，它的叫声好像人的笑声，大翠鸟不仅会“笑”，而且以杀蛇捕鼠而著名，大洋洲人对大翠鸟十分喜爱，备加保护。

远征能手——天鹅

无论是澳洲产的黑天鹅，或是南美洲产的黑颈天鹅，或者我国产的大天鹅、小天鹅和疣鼻天鹅，都是人们喜爱的大鸟之一。

天鹅

大天鹅是所有天鹅中最闻名的一种，它身着洁白如雪的羽衣，黄黄的额饰，黑黑的嘴，叫声洪亮，很远都能听到。体态优美、行为高雅。每年春暖大地的时候，回到东北、西北繁殖地，传宗接代。天鹅们的爱情是纯洁的，忠贞的。当它们“长大成人”后，便“自由恋爱”结成伉俪，从此天鹅夫妇形影不离。它们一起觅食，一起漫游，一起嬉戏，亲密无间。

要生儿育女了，夫妻双双远离岸边，找一个湖水中的小岛，在那里建造巢室。建了一个巨大的简陋巢室，里边铺上苇叶、绒毛等物。雌天鹅产下 4 ~ 6 枚卵，夫妻轮流趴窝，轮流站岗放哨。在此期间，它们决不允许其他鸟类侵入它们的“管辖区”。小宝贝经过 34 ~ 38 天破壳问世，天鹅妈妈把自己腹部的脂肪涂抹在小宝贝的身上，小宝贝就能跟随妈妈下水游泳了。秋高气爽，北方开始变冷，大天鹅们集结成 20 只左右的小群，排列成“一”字形或 V 形，搏击长空，飞向华中或东南沿海去越冬。

天鹅是“终身伴侣制”，始终夫妻双双，如果一方死亡，另一方终身不会再找伴侣。

鹦　鹉

鹦鹉羽毛美丽，有红色、黄色、绿色的，还有白色的。鹦鹉的嘴和老鹰一样，像个钩子，可以用来钩住东西，帮助攀缘。它腿短，脚趾两前两后，既不便于行走，也不便于跳跃，需要用自己的嘴来帮助行动。

鹦鹉口舌灵巧，能念人名，能背数字，还能学会简单的话，即所谓鹦鹉学舌。此外鹦鹉还能模仿人唱歌，“哼”进行曲和地方剧，甚至还能模仿二胡、小号的演奏声。其实，鹦鹉学舌，只是在声音上加以模仿而已，它们并不真正懂得人类语言的真实含义。

清晨，鹦鹉成群结队地飞向田野、庭园、树林，寻找它们爱吃的植物种子和果实。发现了食物，它们便会大声叫喊，招呼同伴一道饱餐。

鹦鹉的种类较多，野生的牡丹鹦鹉喜成群生活，觅食植物种子、果实、嫩叶等。此外，它们还喜欢咬剥树皮、树叶，并将它们撕碎后垫入巢内。

虎皮鹦鹉是鹦鹉家族中最小的一种，有一对长尾。羽色华丽，由于长期人工饲养的结果，变化较多，有黄、绿、天蓝、深蓝、纯白等色；雄鸟与雌鸟的体色相同，雌雄鸟区别于鼻部蜡膜的颜色，雄鸟呈蓝色，雌鸟呈深肉色，但幼鸟都是极淡的蓝色。

鹦 鹉

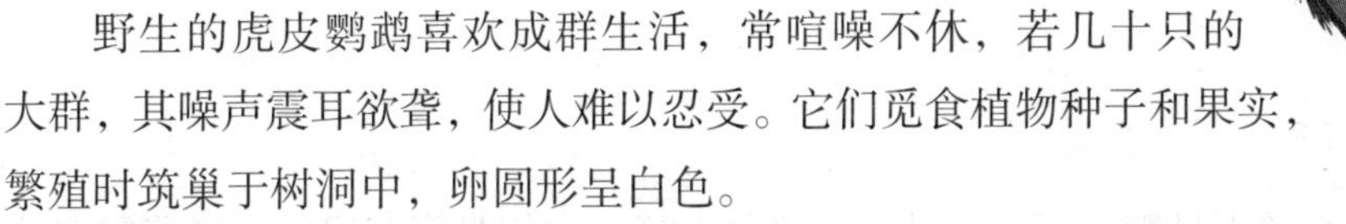

野生的虎皮鹦鹉喜欢成群生活，常喧噪不休，若几十只的大群，其噪声震耳欲聋，使人难以忍受。它们觅食植物种子和果实，繁殖时筑巢于树洞中，卵圆形呈白色。

每年有成千上万的鹦鹉在雨林中被捕捉，又被装到狭小拥挤的箱中贩往各个国家，恶劣的长途运输使许多鸟死掉。对于野生鹦鹉来说，被人捉去当宠物是一件非常不幸的事。

开屏求爱的孔雀

孔雀的羽毛色彩绚烂，以翠绿、亮绿、青蓝、紫褐等色为主，并带有金属光泽。雄孔雀体长达 2.2 米左右，包括长达 1.5 米的尾羽。尾上覆盖着的羽毛延长成尾屏，上面有五色金翠线的花纹，开屏时非常艳丽。雌孔雀没有尾屏，羽色比雄孔雀也逊色得多。在每年的四五月份，雄孔雀为了吸引雌孔雀，常常把尾羽高高竖起，宽宽地展开，同时两翅下垂，羽毛颤动，以此向雌孔雀求爱。这时，雌孔雀就跳着轻盈的舞蹈，靠近雄孔雀，并且根据雄孔雀羽毛的艳丽程

孔雀开屏

度选择丈夫。雌孔雀每次产卵五六枚，经 28 天的孵化，小孔雀破壳而出，两年后发育完全。孔雀是一种寿命较长的鸟，可活 20 ~ 25 年。

孔雀是世界上有名的观赏鸟。它们可以分成三种：生活在我国云南南部和东南亚的绿孔雀，生活在印度和斯里兰卡的蓝孔雀，以及数量稀少的由蓝孔雀变种的白孔雀。孔雀是最有名的雉科禽鸟。

孔雀非常胆小，生性机敏，在热带或亚热带的密林草丛间活动，它们的听觉和视觉都非常灵敏。当猛兽袭击孔雀时，它会用叫声报警。听到这种叫声后，其他孔雀便可以抓紧时间离开危险地带。雄孔雀常在破晓时分发出尖叫声，听起来不仅不动听，而且还有点阴森森的。它们常栖居在高大的树上，以野果、草籽、蟋蟀、白蚁等为食。孔雀的巢往往建在大树的高处。

企 鹅

企鹅不是鹅，而是一种不会飞的海鸟，它们身穿燕尾服，挺着雪白的大肚皮，摇摇摆摆，憨态可掬。世界上现有的企鹅约 18 种，它们单独构成一个企鹅目。著名的种类有小企鹅、王企鹅、帝企鹅等，但只有阿德里企鹅和帝企鹅栖息在南极本土。

企鹅的身体大多是扁平形的，腿短，足上有 4 趾，3 趾向前，趾间有蹼，游泳时起舵的作用，前肢变成了鳍足，游泳时又起到了推动作用，这使得它们可以以每小时 36 千米的速度前行，看起来像鱼雷般在海洋中“飞翔”。而且它们还会像

南极王企鹅

南极王企鹅，约高90厘米。

海豚一样跃出水面，作起伏疾驶，这可以保证它们在不降速的情况下呼吸。

企鹅祖先的翅膀并不是这样小的，但是为了生存的需要，翅膀小就可以减小潜水和游泳时产生的阻力，而且它们的食物来源于水中，不需要飞翔，于是两翼就逐渐变小演化成鳍状肢。

别看企鹅在陆地上行走时，一副笨拙模样，但是一旦遇到紧急情况，它们就把胖胖的肚皮贴在雪地上，后腿猛力蹬冰雪，翅膀飞快划雪，像雪橇般在雪地上以每小时 30 千米的速度滑行，脱离险境。

企鹅的羽毛小而富有油性，像鳞片般重重叠叠，密密层层，下面又有保暖的绒毛，而且它们的全身脂肪丰厚，所以南极的严寒不会侵袭到它们。

军舰鸟

军舰鸟是一种大型海鸟。它身披黑色的羽毛，展开双翅，宽度可达 2.5 米。军舰鸟的飞行技术十分高超，它能借助强劲的海风，长时间滑翔盘旋，可以飞到 1200 米的高空，也可以连续不停地飞到离鸟巢 1600 千米的地方。

军舰鸟在海洋上空度过漫漫长夜。这是因为军舰鸟的脚很小，在陆上行动很不方便。它们在沙滩上捕食刚孵出的海龟，还吃在人类聚居地可以找到的任何食物。

军舰鸟的繁殖行为非常奇异。雄军舰鸟的喉囊通常是暗橙色的，但在繁殖季节期间，却变成鲜艳的绯红色，并且膨胀起来，大如小孩子的头。雌鸟接近时，雄鸟摆好姿势，展示自己的喉囊，以吸引对方注意。双方把喙向上翘，展开双翼，并向对方发出“咯咯咯”的叫声。这种求偶夸耀的行为达到高潮时，双方便顺理成章地进行交配。

雌鸟产下一枚蛋后，雄鸟的喉囊即慢慢瘪下，颜色也随之消退。雌雄军舰鸟一同筑巢、合力孵蛋及喂养幼雏。

军舰鸟虽然能够自己捕食，但它们却更多地采用强抢的方法，在空中劫掠其他鸟类，特别是红脚鲣鸟所捕获的鱼类。军舰鸟因这种强盗行为，而被人称为“飞行海盗”。

了解哺乳动物

鸭嘴兽

鸭嘴兽是当今世界上古老、原始而且珍奇的卵生单孔目哺乳动物。现在只有澳大利亚的一些地方仍有存留。鸭嘴兽的大小与兔子差不多，身披润滑得像野兽般的皮毛。因为它没有软的嘴唇，嘴巴突出扁平，长得像鸭嘴巴，所以得了这个名称。实际上，鸭嘴兽不仅嘴巴像鸭子，而且脚趾间长着蹼，也能像鸭子那样在水中划水游泳，很适合在水中生活。当鸭嘴兽潜入水里，它就闭上眼睛和耳朵，单靠嘴的感觉来寻找幼虫、喇咕和小蛙等食物。

鸭嘴兽双双过着洞穴的生活。白天蜷曲在洞里睡眠，傍晚出来在河流、湖泊里活动，它们在水、陆都能生活。它们的洞穴里铺着杂草和树叶，筑成它们的安乐窝。进穴的隧道很长，一般有两个出口，一个通到岸上的草丛中，一个通到水里，这样对它们的安全更有保障。鸭嘴兽是在水里交配的。雌兽像鸟一样只一边有卵巢，每次从泄殖腔里生两个蛋，卵壳呈白色，很坚韧。这时产下的卵，大约已在雌兽体内发育 15 天了，这一点同爬行类和鸟类是不同的。雌兽产卵之后，就在穴里伏在蛋上孵化，经过 10 天左右的时间，幼兽就出壳了。才孵出的幼仔眼睛不能张开，全身裸露，没有长毛，身体长度只有 3 厘米左右。

最有趣的是，鸭嘴兽哺育孵化出的幼仔，同爬行类和鸟类育雏的方法不一样。虽然鸭嘴兽的胸前没有乳头，却长着一束束的乳腺，开口在皮肤表面。这些乳腺开口的地方，叫做乳区。雌兽孵化出幼仔后，胸前乳区就渗出乳汁。这时，它仰卧在地上，小兽爬在腹面上，就在那里舔食乳汁。到了四五个月后，幼仔像成年兽那样行动自如，雌兽就可以带着它们

鸭嘴兽

到水中、陆地觅食，使它们逐渐地独自生活。正因为鸭嘴兽以乳腺分泌的乳汁哺育幼仔，体上有毛，所以说它是哺乳动物。

树袋熊

树袋熊又名考拉，是澳大利亚特产的珍稀动物。它胖乎乎的身体有 70 ~ 80 厘米长，一身又厚又软的浓毛，圆圆的脸，炯炯有神的眼睛，样子长得很像熊。树袋熊没尾巴，所以又叫无尾袋熊。

树袋熊圆圆的耳朵长满密毛，鼻子厚而无毛，乍一看上去，好像有谁在它的脸部中央贴了一块厚厚的黑皮，非常可爱。树袋熊不仅是澳大利亚的保护动物，更是澳大利亚国家的象征动物之一。

树袋熊每胎只产一仔，偶尔也有双胞胎。幼树袋熊刚生下来时，身长不足一寸。产下的幼仔在母亲的育儿袋中生活。和别的有袋动物不同的是，母树袋熊的育儿袋在背上，而不是在身体的前面。6 个月后，幼树袋熊从育儿袋中出来，常常骑在母亲的背上。在满周岁前，幼树袋熊一直依靠母亲照料。

树袋熊身体圆滚滚的，小眼睛黑黑的，闪闪发光，大鼻子长长的，又黑又亮，头两侧还长着两只毛茸茸的小耳朵，身长80厘米左右，体重15千克上下。树袋熊不是熊，它与大袋鼠一样，属有袋动物。有袋动物的妈妈肚子前面都有一个育儿袋，袋子里可以装下刚出生不久的幼仔。树袋熊在夏季交配后，怀孕一个月便生幼仔，树袋熊一次只生一个幼仔，幼仔出生时体长仅有2厘米左右，体重5.5克，6个月后身体方可长到16厘米长。

树袋熊专吃桉树叶子，因此，全身上下都散发出一股浓浓的桉树油的气味。据说这种气味有杀虫的功效，可以驱除各种寄生虫对身体的侵袭。树袋熊生活在树上，只吃桉树和蓝桉的叶子，喝树叶上的露水，一只成年树袋熊每天能吃 1 千克左右的桉树叶。树袋熊一般能活 12 年左右。

树袋熊大多数时间总是高高地栖息在桉树上，或者睡大觉，或者咀嚼细枝嫩叶。如果没有意外和危险，它们一生中四分之三的时间都是在桉树上度过的。

足智多谋的狐狸

狐是犬科动物，是著名的中小型猛兽，俗称狐狸，但从分类学上讲，狐和狸是两种犬科动物。狐是人们熟悉的野生动物，以机智多谋著称于世。

狐的样子有点像豺，但比豺要小。它身长 70 厘米，体重 6 ~ 7 千克，尾长 45 厘米。狐有两个特征：一是尾巴粗又长，尾尖白色；二是耳朵背面为黑色，四肢的颜色比身体的颜色深。狐的毛色因所栖息的环境不同变化很大，有褐色的、黄褐色的、灰褐色的、红色的、黑色的和黑毛带白尖的。和豺相比，狐的四肢较短。它的适应性很强，栖息在森林、草原、丘陵、荒漠等各种环境中，甚至出没在城郊和村庄附近。虽然狐的腿较短，但跑起来非常快，不是所有的狗都能追得上的。夜间，狐的眼睛能发出亮光，远看好像若隐若现的灯光。

将要独立生活的小狐狸

狐的主要食物是鼠类，占它们口粮的大部分，除了吃鼠类外，狐还猎食兔子、鸟类、青蛙和蜥蜴等小动物。狐力气很大，它能猎杀梅花鹿的幼仔，也捕捉黄鼬等小型食肉兽。当然，狐猎杀别的动物不光是靠力气，而是靠足智多谋，讲究战术和经验。狐逃避敌害和脱离危险更多的是靠智慧，比一般动物技高一筹。

松 鼠

松鼠是一种小巧敏捷的啮齿动物，大部分时间都生活在树上。松鼠的后腿强壮有力，毛色呈灰色、黑色或红色。松鼠一般都有一条毛茸茸的长长的尾巴，但也有无尾的松鼠。

大部分松鼠都有一条长长的尾巴，这是它们在树上敏捷跳跃时不能缺

北美灰松鼠

少的。它们正是凭着这条美丽的大尾巴来保持身体的平衡使自己能在高高的树枝上跳上蹿下，或者是从一棵树枝跳向远处的另一棵树枝。在夜间，松鼠还会用蓬松的尾巴裹住自己来保持体温。

刚出生的小松鼠全身光秃秃的，没有胎毛，并且眼睛也紧闭。它们身上的毛要从出生后的第 8 天起才会逐渐长齐，而且它们的眼睛则要在出生约一个月后才能睁开。大约再过 15 天，小松鼠就能吃坚果之类的东西了，并且可以爬树。

松鼠在秋季时，常采集很多果实埋在地里，以备过冬，但是松鼠并不能消耗掉自己埋下的全部种子，相反，有一半以上始终埋在土里，于是到第二年春天，这些种子便会发芽，长成小树。科学家们估计，一只松鼠平均要储藏 14 000 颗种子，可想而知，松鼠对森林的贡献有多大。因此我们说，松鼠是自然界中的环保专家。

刺 猬

圆嘟嘟的身体，小小的脑袋，四条短短的腿，一条小尾巴，再加上满身的长刺，看上去活像是扎满了刺的皮球，这就是刺猬。刺猬非常胆小，白天躲在树根旁或岩石缝里，夜晚才出来活动。刺猬的眼睛近视，只能看清 3 厘米以内的东西。但刺猬的嗅觉非常灵敏，它主要就是靠嗅觉捕食。刺猬每夜能消灭 70 只害虫，是园丁的好助手。

刺猬妈妈怀孕大约 35 天后，会产下 4 ~ 6 只小刺猬。这些小刺猬一直以母乳为食。3 周以后，它们开始在母亲的带领下出去觅食。秋天，刺猬拼命吃东西来储存脂肪以备冬眠。10月，刺猬进入冬眠状态，它们这一觉睡的时间可真长，直到第二年3月才醒来。

刺猬的食物是苹果、虫子和葡萄。当它发现地上有苹果或葡萄时，就在地上打滚，用身上的针刺把食物牢牢地扎住，然后再背回窝去，绝不会独自偷吃一点。

刺猬

遇到敌人时，刺猬会把自己缩成一个小球，只把刺竖向外面，它可以长时间地保持这种姿势直到危险过去。刺猬有一身厉害的“盔甲”，一旦扎入敌人的身体后，就很难拔出，往往会越拔越深而导致丧命，所以小刺猬甚至能让一些大型兽类望而退却。但是黄鼠狼却毫不畏惧，它释放出的臭气能将刺猬熏昏而最终成为黄鼠狼的大餐。

美洲臭鼬

任何动物在世界上能生存下来，都有它生存下来的本领。在美洲的草原与浅山区交界地方，生存着一种臭鼬。它身体细长，四肢短小，唇上长须，尾巴粗大，长相很像哈巴狗，全身黄褐色，跑起来也不很快。每当这种臭鼬遇到敌害和危险时，它会立即跑上高冈占上风头，放出一种臭气，对付敌人。

原来，美洲臭鼬一般生活在浅山、半山区或草原地带的深处，多在夜间出来捕食鸟类、蛙类和小型哺乳动物，白天多躲在洞里睡大觉。每当它出洞觅食与大型食肉性动物及猎人等遭遇时，它当即以迅雷不及掩耳之势跑起来，抢占上风头或高冈处，然后不慌不忙，傲慢地停在那里，把蓬松

美洲臭鼬

的长而大的尾巴高高地翘起，从肛门放出一股臭气——从它肛门附近的分泌腺不断分泌出来的臭液，受到体温的温热而挥发成的气体。这种气体极其难闻，在500米之内能熏倒猎人，臭跑猎犬，在200 ~ 300米距离内，任何凶猛的动物都不敢接近它。它施放的这种臭气，如果沾到人的衣服上，很难洗掉其臭味儿。它就凭着这一本领横行无阻。当然，它在觅食和平时是不会施放这种臭气的，否则它也会饿死的。

塔尔羊

塔尔羊是一种十分珍稀的动物，在我国已列为一级保护动物。塔尔羊的外貌有点像山羊，不过公羊颏下没有须，吻部光秃无毛，两只角短而侧扁，肩部和颈部都有长毛下垂到膝。体毛又长又密，为红棕色或深褐色。

塔尔羊属高山动物，一般栖息于海拔2500 ~ 3000米之间，从不进入林带以上的地区。在塔尔羊栖居之地，常有虹雉出没。虹雉目光十分敏锐，一旦发现异常情况会立即发出惊叫声，这对塔尔羊有报警作用。塔尔羊一收到警报，便立即做好准备。

塔尔羊

塔尔羊数十只成群，活动于裸崖或陡峭山巅的最险恶处。塔尔羊警惕性特别高，加上视觉、嗅觉和听觉都很好，且善于隐蔽，活动时还有哨羊站岗，一有异常情况，哨羊首先发出警报，其他塔尔羊便立即隐蔽于灌木丛中。

豪　猪

在亚、非、欧大陆和美洲大陆都有豪猪生活，但美洲的豪猪是攀树的，而亚、非、欧大陆的豪猪却都生活在地面上。豪猪长长的毛发中藏着秘密武器——2万根尖刺，当它们受到威胁时，这些刺会竖起并“嘎嘎”作响，警告攻击者离远点，如果攻击者还不走开，豪猪就会背对着它冲过去。豪猪的刺刺进人的脸或皮肤里，就很难拔掉，它们深深扎进肉里，引起伤口感染，给伤者带来巨大的痛苦，甚至导致死亡。

据说豪猪特别喜欢吃盐。它们会啃汗手握过的工具把柄，只是为了得到其中的一些盐分。

海 豚

海豚属于海生哺乳动物，是一种身材小且呈流线型的齿鲸类，通常有轮廓分明的喙形吻部。海豚体形似鱼，一般体长 4 ~ 5 米以下，背部呈青黑色，腹部呈白色。以小鱼、小虾、乌贼、蟹等为食，分布在太平洋、大西洋和印度洋，常群游海面，追逐船只。海豚以形态优美、聪明、好嬉戏、对人友好而著名。我们最熟知的是普通海豚和宽吻海豚。亚里士多德、伊索、希罗多德等早期作家著作中提到的作为儿童坐骑或营救落水者的海豚，就是这两个种类。多数海豚主要以鱼类为食，好群栖，常几只到几百只成群。

庞然大物——鲸

鲸是海洋中的庞然大物，一头最大的鲸体重相当于 8 头大象，有 50 吨重。18 世纪，全世界有 200 多万头鲸，如今只剩下 82.7 万头了。

鲸属于哺乳动物中的齿鲸科和须鲸科动物。鲸具有一个既能保障它在大气中呼吸，又能让它在水中闭气的系统，即长在额头上的鼻孔。当它潜水时，鼻孔就会被双重隔膜严密关闭。每隔一段时间，鲸就会到水面上换气，这时鲸因换气而喷出的水柱高达 3 米左右。鲸是群居的动物，其核心领导是一头母鲸，前前后后都有护卫鲸保护着。鲸要到暖水海域中产仔，并在那里长大。

鲸

鲸是胎生。须鲸里的大翅鲸为一夫一妻制，但在更多的时候，它们是单身生活。而齿鲸里的逆戟鲸却是一夫多妻制，喜欢群居。雌鲸怀胎 12 个月，一般一胎生一仔。雌鲸生仔时，通常选择温暖的海域，因为刚出生的幼鲸，身上脂肪少，保暖能力差。幼鲸出生之后，钻到雌鲸的腹下吸食母乳。鲸的哺乳期一般为 10 个月。雌鲸很会照顾幼鲸，常带着它在水面上游动，幼鲸紧靠在母鲸的身边，在水中自由呼吸和休息。因为母鲸的奶中富含脂肪和蛋白蛋，所以哺乳期的幼鲸成长得很快。

非洲狮——“百兽之王”

一提起“百兽之王”，大家就会想到威震四方的非洲狮。在非洲炎热干燥的热带灌木丛中，毛色棕黄的狮子卧伏在里面，人们很不容易把它跟周围枯黄的草丛分辨开来。狮子的生活规律和人类相反，白天睡觉，晚上外出，尤其在黄昏和清晨最为活跃。

非洲狮的组织纪律性很强，它们经常十余只甚至二三十只生活在一起，构成一个大家族。最有战斗力的雄狮被推为“族长”，其余的狮子都听它指挥。它们这种家族制对于猎食很有利：一只有经验的雄狮，从上风处向一群猎物接近，并不停地吼叫，驱赶猎物。猎物吓得赶紧向相反的方向逃跑，然而，它们所逃向的平安之地正是雌狮和其他雄狮埋伏好的地方。于是，斑马、羚羊这些可怜的动物就成了狮子家族的美餐。

狮子一家

在狮子的“家宴”上，“等级制度”是很森严的。做“族长”的狮子先上去把猎物撕碎，享受一番，然后才允许雌狮和幼狮去吃。如果有谁吃的时候不老实，“族长”就会张牙舞爪，加以警告。雄性的小狮子长到3岁时，就算长大了，需要独自外出谋生。在家族中当“族长”的雄狮也不是固定的，一旦死亡或战败，就被另一只强健的狮子接替。科学家们发现，这“百兽之王”其实很懒，每天要睡上20小时，而且它们往往宁愿到其他野兽那里偷食，也不愿自己猎食。

“国宝”——熊猫

熊猫，是我国特有的珍贵动物，是我国的国宝。熊猫的体形似熊，颜面宽短似猫，又称为猫熊。大熊猫主要分布在我国四川西部、甘肃和陕西的南部，生活在2000～4000米的高山且有竹丛的密林中，以箭竹等十几种竹子为食，所以总是在2平方千米左右有竹子的地区活动。熊猫性格孤僻，常单独行动。目前生活在自然界的大熊猫估计只有1000只左右，而且正在逐年减少，这与它自身的生活能力差、食性太单一、繁殖能力和防敌能力比较弱有关。

有人认为，熊猫是因为太爱睡觉才长得这么胖，其实熊猫的睡眠时间并不多。因为熊猫的主要食物——竹子的营养价值太低，所以它们不得不多吃一些以保持热量（每天大约吃45千克竹子）。这个庞大的饮食消化任务要占去它们每天从早到晚的16个小时，以致它们不得不少睡一点。

熊猫

现在大熊猫的分布区已相当狭小，散布在六块基本断开的山地，包括陕西秦岭南坡，甘、川交界的岷山，四川境内的邛崃山、大相岭、小相岭及凉山，总面积不过3万平方千米。大熊猫是残存下来的古老动物，衰老的种群基本特性、食物高度特化、抗敌能力弱、繁殖能力低等，是大熊猫走向灭绝的内在因素；而人为地破坏山林，使大熊猫失去生存之地，再加上天灾病祸，竹子开花等，是大熊猫数量减少的外在原因。

棕 熊

棕熊是现存大型的肉食性动物之一，但它又是一个杂食的动物。棕熊是一种会跑、会爬、会游泳、会挖洞的全能动物。它近视但嗅觉很好，听觉也很好。在冬天，它就会找一个洞进行冬眠。棕熊喜爱散步，每天散步时都要留下宣告它存在的标记。棕熊经常以独居为主，有时会到水流湍急的河岸边去捕鱼。

棕熊看起来憨态可掬，有点蠢笨，其实它们还是挺机灵的。每年大群的马哈鱼逆流而上产卵时，棕熊就守在较险的河滩处以逸待劳。它们巨大的熊掌总能很准确地捕到马哈鱼，一个个吃得膘肥体壮。

棕熊冬眠前会不停地吃上几十天，积下厚厚的脂肪，以便美美地睡上一觉。树叶落光的季节，棕熊会找一个舒服的树洞躺在里面。冬日阳光灿烂的时候，白雪反射阳光刺到棕熊的眼睛，它以为明媚的春天来了，就从树洞里爬出来散步。可到外面一看，地上还有很厚的积雪，棕熊便摇晃着胖胖的身体，回洞继续做它的美梦。

棕熊

犀 牛

世界上牛的种类很多，但无论是野牛还是家牛，若和犀牛相比，只能算是小牛，因此，犀牛有个绰号“牛王”。犀牛是陆地上生存的动物中仅次于大象的庞大动物，目前地球上的犀牛已为数不多，主要分布在亚洲和非洲。

犀牛的体重约 2.5 吨，身高 2 米左右，厚而粗糙的皮肤上有许多褶皱，鼻端有一个短粗的角，下颚上还有两只巨大的獠牙。犀牛浑身是宝，血液、骨都可做药材，特别是犀牛的角，更是驰名世界的名贵药材，价值连城，比黄金还珍贵。

犀牛喜欢单独活动，在一般情况下显得很温和，但若被触怒也会猛冲上去用角和牙作武器与之厮打。它们吃各种植物，但不属于反刍动物，每天要用 14 个小时进食。

象

象是世界最古老的动物之一，远祖可追溯到 5000 万年前的长毛象。大象性情温和但记仇，如果你曾招惹过它，下次你见到它要躲得远远的，否则它会报仇。

象属于哺乳纲长鼻目象科，是现存体积最庞大的陆生哺乳动物。以母权为主的象群，生活在大草原或林木茂盛的热带雨林之中。象仅以植物为食，有时也靠果实果腹。象的视觉不敏锐，长长的鼻子可见它的味觉和触觉最敏锐。值得一提的是，没有人看见象的遗体，也很少有人看见大象的出生。长长的象牙是一种珍贵的物品，这成为它被捕杀的主要原因，因而亚洲象和非洲象的数量正急剧减少。

象

鹿

鹿有很多的种类，分布在世界各地。由于居住地区不同，鹿的体形和大小、毛色，鹿的角和形状都有很大的差异。鹿一般生活在森林中，也有的生活在苔原、荒漠、灌木丛和沼泽地带。鹿是典型的草食性动物，食物包括草、树皮、嫩枝和幼树苗等。

鹿有细长的腿，善于奔跑和游泳。鹿生性胆小，平时很警觉，一般白天休息，早晨和傍晚出来觅食。每年的五六月间，是母鹿生产的季节。母鹿在隐蔽的草丛中生下小鹿，小鹿出生后30分钟，就可以站起来吃奶了。鹿也是一种反刍动物，有4个胃室。它们喜欢群居。夏天，众多的母鹿带着小鹿聚集在一起，过着群居的生活。

鹿角和鹿茸

雄鹿头上长有角。角既是雄鹿的第二性特征，用于获得雌鹿的青睐，又是争斗的武器。初长出的鹿角，外面是一层像天鹅绒一样柔软的皮肤，里面分布着大量的血管，这就是鹿茸。它是名贵的中药材。随着角的长大，供血逐渐减少，角的外皮会干枯脱落。角在生长过程中不断分叉，进入成年，鹿角就基本定形了。北方的鹿过了繁殖季节，鹿角会从下面毛口处脱落，到第二年又从额骨上的毛口处长出新的鹿角。

老 虎

虎总是让人充满恐怖，同时又使人着迷，因为它们生来就是出色的杀手，而那毛茸茸的斑纹的确使人又感到可爱。头圆圆的，一双“发射”冷光的眼睛，虎视眈眈；一条粗壮的尾巴如同一条钢鞭。它眼观六路，耳听八方，鼻嗅千里，性情凶猛，力气超群，走起路来威风凛凛，怒啸时声震山河。很多动物都害怕它，一看见它即逃之夭夭，逃不脱的则成了它的美味，连人也会谈虎色变。

我国有东北虎和华南虎两个亚种虎。东北虎分布在吉林、黑龙江两省，生活在长白山、小兴安岭等处，可以说是虎中老大，耳大身长。它皮毛淡黄而长，斑纹也较疏淡，胸腹部和四肢内侧是雪白的毛，显得干净漂亮，尾巴又粗又肥，点缀着黑色环纹，更增加了它的俊伟。它经常在深草丛中休息，不会爬树，但游泳的本领可不低。虎生性昼伏夜出，独来独往。

华南虎

华南虎分布在华中、华南、华东和西南，是世界虎类分布的中心地带，所以国

知识链接

动物的互助精神

生活在草原上的白尾鹫，互敬互爱的行为更是让人敬佩。这种专门以野马等动物尸体为食的鸟类，在发现食物之后，会发出尖锐的叫声，把自己的同伙招来共享。吃的时候总是先照顾长者，让年老体弱的鹫先吃饱以后，其他鹫才开始吃。“家”里还有幼鹫的母鹫，回“家”之后还会把吃下去的肉吐出来喂幼鹫。

斑马是成群活动的。它们在巡游觅食时，总有一只斑马担任警戒，以便有危险时发出警报，通知同伙立即逃命。有时候，狮、虎等猛兽追得很紧，情况十分危急，斑马群中就会有一匹勇敢的斑马毅然离群，义无反顾地单身与狮子搏斗，以掩护同伙撤退。当然，这匹斑马最终成了猛兽的腹中之物。

外有叫它“中国虎”，也有叫它“厦门虎”的。华南虎比东北虎个头小、体重轻，身着棕红色带有黑色条纹的皮毛，油光发亮，尾巴也没有东北虎的粗壮。由于南方天气炎热，华南虎白天不爱出来。为了避暑，它一天两次游泳，顺便饮水。别看它的个头没东北虎大，但游泳的本领可比东北虎强，能横渡大江大河，甚至能游过窄的海峡，厦门、香港都曾有过老虎。

斑　马

斑马是马家族中最漂亮的一员。那黑白相间的条纹，彩缎般发亮的皮色，奋蹄飞跃的身影，令人耳目一新。

斑马是非洲的特产，主要生活在山岳草原和稀疏的林区。斑马以青草和嫩树枝为食物，其性格中最大的特点是合群——喜爱过集体生活，彼此

斑马

关系密切。这是因为斑马的天敌有狮子、鬣狗、野狗和猎豹。这些敌人单凭一只斑马来对付，实力毕竟是有限的。斑马要在这个弱肉强食的动物界里生存、繁衍，只有依靠集体的力量、团结的力量。

当你在斑马王国巡礼时，一定会问：斑马为什么长着黑白条纹？这些波浪形的黑白条纹起什么作用？

这些黑白条纹，是斑马适应外界的保护色。当阳光照在斑马身上时，由于黑色和白色吸收和反射光线的程度不同，可以将斑马身躯的轮廓打乱，使其形状变得模糊，不易分辨。尤其在阳光下，那一片片美丽的黑白条纹，随着它们的身姿跳动变幻，如层层涟漪轻轻荡漾，简直让人眼花缭乱，神摇目眩。在第二次世界大战期间，一些战舰上涂有斑马式的条纹，用以迷惑对方。斑马的条纹还能迷惑捕猎动物的视线，使它们难以准确判断与斑马的实际距离。比如狮子，通常在黄昏或黎明时狩猎，一只运动着的斑马，其实际位置与速度，狮子是不容易判断的。

狼

狼群中最强壮的一只雄狼是狼群的首领，它负责维持秩序，组织狩猎，保护狼群的安全。狼在捕猎时十分团结，十几只狼一拥而上，咬死猎物，而在分配食物时，又表现得很谦让，它们总是等比较幼小的狼吃饱后，自己再进餐。

狼

狼对幼子的照顾无微不至。刚刚断奶的幼狼消化能力还不强，老狼会把自己吃下去的半消化的食物吐出来，喂给孩子们，直到小狼能够独立吃肉时为止。夏天的时候，狼爸爸和狼妈妈仍会亲自照顾当年生的小狼，由于食物比较充足，前一年出生的小狼可以自己外出练习捕食。到了冬天，食物匮乏，它们又回到父母身边，父母仍会照顾它们，和它们一起度过饥寒交迫的冬天。

狼是一种极凶恶的动物，它们会用群力合作、围攻堵截的方式追捕猎物，而一旦有某一只动物成为它们追猎的目标，逃生的希望是微乎其微的。狼给人的印象是凶狠残暴。狼不仅群起攻击熊、鹿等大动物，危害猪、羊等牲畜，还餐食受伤的同类，所以在童话中常把狼描写成狡猾凶狠的坏蛋。其实狼有许多优点。

狼的社会管理井井有条。在狼群中，只有一对狼享有最高地位，它们就是狼群的最高首狼——"狼王"和"王后"。"狼群是母权制的社会"。狼群中，公狼为争夺首领地位而搏斗，母狼争夺"王后"的斗争，比公狼间的斗争更加激烈。

"王后"对下级公狼的求爱极其温柔，从不挑剔，关系暧昧。只有在发情期，"王后"方与"狼王"交配。刚出生的狼崽，眼睛还睁不开。

幼崽断奶后，和双亲一块活动，学习狩猎，练习本领。半岁的狼，就参加集体狩猎活动。两岁的狼就成为大狼了。

狼常在黎明或黄昏长嚎，这是它们在与同伴互相联络。

狼对巢室的设计颇有研究，它不仅会留下入口，还会设计一个"太平门"和一条隐秘的地道。它们还善于游泳，当敌人来犯时，就躲到水里藏起来。

狼的奔跑速度可达到每小时40千米，不仅如此，它们的耐力也极佳，能以极快的速度持续奔跑数小时不休息，所以耐力常常是它制敌的法宝。

金丝猴

漂亮的金丝猴

灵长类中最漂亮者莫过于金丝猴。有关专家比较了全部近200种灵长类动物，没有一种能与中国金丝猴媲美。

金丝是指猴子身上披着金黄色丝样的毛，长达30多厘米，金丝猴的名字由此而来。这种猴子的鼻骨极度退化，即俗话所说的没有鼻梁子，因而形成上仰的鼻孔。

金丝猴脸为天蓝色，在头顶上生有黑褐色毛冠，两耳长的乳黄色的毛丛里，棕红色的面颊由橘黄色衬托。脸和腹面乳白色，而四肢外侧却为棕褐色，色泽向体背侧越深，从那深色毛区中，伸展出缕缕金丝，犹如贵夫人的金色斗篷。金丝猴的体毛五颜六色，风雅华贵。雄猴威武雄壮，雌猴婀娜多姿，被称为美猴王。

金丝猴生活在海拔 1400 ~ 3000 米的阔叶林和针阔混交林中，以家族方式结群生活，最大的群体可达 600 余只，在灵长类中，如此庞大的群体亦属罕见。它们主要在树上生活，也到地面找东西吃。主食有树叶、嫩树枝、花、果，也吃树皮和树根，爱吃昆虫、鸟和鸟蛋。

金丝猴是国家的一级保护动物，分布在我国的云南、四川、贵州等地，特别珍贵。

浣 熊

浣熊主要产于北美洲温带丛林和南美洲的热带丛林里。浣熊个头较小，一般只有 7 ~ 14 千克重。全身的毛不是清一色的，而是灰、黄、褐等色的毛相互混杂在一起。它虽然叫熊，但长得一点都不像熊，吻部像狐，较尖细。

浣 熊

浣熊在每次吃东西前，总是要先把食物在水中清洗一下。

浣熊一般吃果实、坚果、种子、昆虫及鸟蛋，同时亦擅长用爪子在水中捕食淡水小虾等水生动物。

浣熊只有很短的冬眠，最多在寒汛期间打个瞌睡而已。

在北美洲，一些居民家中偶尔会闯入浣熊。它会十分熟练地打开冰箱，拧开糖瓶盖，或把放在桌子上的馅饼里的樱桃酱挖出来，美美地饱餐一顿。那样子俨然主人一般。

浣熊更是一个捣蛋鬼。一进居民家便东摸西拿，翻这翻那，忙个不停，直到把整个屋子搞得乱七八糟的。因此，居民们称浣熊为“调皮的小强盗”。

狒狒是生活在地上的猴子，它们成群地生活，每一群都有一只或两只雄狒狒当首领。狒狒有时会吃小羚羊，但通常吃更小的动物，例如蝎子。狒狒也喜欢吃蔬菜和水果，因此常常损害农作物。

狒狒的头很大，幼狒狒生下来时鼻子并不很长，但随着身体的成长，会逐渐变得细长而突出。它们的脸看起来很像狗脸，脸上光滑无毛。雌狒狒的吻部较短，雄狒狒吻部较长。大部分狒狒的体色是浅灰褐色，但也有一部分狒狒的体色呈红色和棕色。

狒　狒

狒狒生长在非洲，是最大型的猴子，重达 54 千克，体长 90 厘米以上。它们成群生活，每群一般有 20 ~ 60 只。在一个狒狒群里，有一只年龄较大、身体强壮和经验丰富的雄狒狒当“狒王”。

狒狒的生活很有规律，晚上一起睡在树林里，早上 7 点钟左右起来，然后一起到外面寻找食物。狒狒懂得用石头作武器，一旦遇上敌人，它们就在地上抓起石块投掷过去。

狒狒常常沿着固定的线路去找水源饮水。这是一件十分危险的事情，因为那些狡猾的狮子和蟒蛇往往会在水源处“等候”着它们。因此，每一次取水都是狒狒群一次计划周密的战斗行动。它们总是由最强壮和最勇敢的雄狒狒组成“开路先锋”，其余的狒狒则躲藏在水源附近的树上。一旦遇上狮子扑来，打先锋的狒狒就同敌害进行顽强的搏斗，同时，周围树上的狒狒一起大声吼叫助威，并向“敌人”投丢石头和果实。在团结战斗的狒狒群面前，狮子往往只好狼狈而逃。

眼镜猴

生活在东南亚一些群岛森林中的眼镜猴，住在树上，它们大部分时间都紧紧地趴在笔直的树干上，通常通过跳跃来移动，跳跃中还能中途拐弯，也会笨拙地沿着树枝慢吞吞地挪动。

眼镜猴有一双大眼睛，每只重达 3 克，比它的脑子还重，非常适于夜间捕食，吃昆虫、青蛙、蜥蜴及鸟类。眼镜猴对危险十分敏感，甚至在休息时也会睁着一只眼睛。

小眼镜猴生下来就已发育得很好，有厚实的毛皮，能爬，能抓住母亲的毛，眼睛也是睁开的。母亲走比较长的路时，会将幼仔衔在口中带走。

黑猩猩

类人猿有四种：黑猩猩，大猩猩、红毛猩猩、长臂猿。它们都可以生活很多年，没有尾巴，都能直立行走。有与人相似的平坦的胸部和牙齿，其遗传因子的构造和结构也与人相像。类人猿是与人类关系最密切的动物。大猩猩是最大、最强壮的类人猿，但性格却很温和。喋喋不休的黑猩猩脸皮厚，很机灵，但它们要危险得多——甚至能杀死鹿和猴子来吃。对所有这些有智力的动物来说，家庭生活都是重要的：黑猩猩相遇时相互拥抱并握手。

黑猩猩是最聪明的类人猿，它具有比其他动物更为发达的大脑。正因为它大脑发达，所以它能用面部表达喜怒哀乐等多种表情，能用四肢表现复杂多样的行为，能把树枝用树藤绑在一起做成床，在床顶用树枝搭起伞状顶棚以避风雨。经过动物学家仔细研究发现，黑猩猩所具有的智力水平相当于两三岁的儿童，而 4 岁是黑猩猩一生中最聪明的时期，不过，它只是掌握得快，过不了多久便会忘记。

黑猩猩

由于黑猩猩有似人的大脑，很像人，所以黑猩猩曾被人用火箭送入太空，通过它在太空的反应，了解宇航员进入太空后会有什么反应。人们还利用黑猩猩模仿能力很强的特点，教它多种多样的演技，让它为人们做精彩的表演。

雄性银背大猩猩

幼小的大猩猩出生后70天学爬行，5个月学爬树，8个月学走路。当大猩猩长到十一二岁时，后背皮毛就会变成银色，这个“银背”就是它们有资格成为一个群体首领的标志。它们能活40多岁。

大猩猩

非洲中部山脉和低洼森林里生活着高大、强壮的猿——大猩猩。大猩猩是灵长类中最大的动物，身体异常魁梧，力大无穷，据说连大象见了它们也会退避三舍，因而被称为森林中的“金刚”。它们浑身披着黑褐色的长毛，或略带灰色，头硕大，眉脊高耸，眼窝凹陷，鼻子大而塌，嘴巴宽大前凸，肩膀宽而圆，臂膀和脖子异常粗壮，远观似一座牢固的铁塔。成熟的雄猩猩要比雌猩猩大很多，被称为银背猩猩。随着年龄增长，它们的头发会变成银灰色的。它们活动范围很大，主要以树叶、嫩枝、果实为食。

大猩猩因外表长得恐怖，长期以来都被人们描绘成吓人的怪物，实际上大猩猩并不像人们描绘的那样可怕，它们是一种温和而斯文的动物。它们捶胸顿足，露出凶暴的样子是一种经常而自然的动作，它们一般不会轻易发起进攻，一旦有入侵者，它们也只是通过拍打胸脯、上下跳跃、怒声嘶吼的方式向敌人表示勇猛，企图吓退对方。

植物王国

低等植物荟萃

美丽的硅藻

硅藻的名字，来源于它们的细胞壁含有大量的结晶硅。硅藻的形体犹如一个盒子，它由一大一小的两个半片硅质壳套在一起。在显微镜下，壳的表面纹饰真是一个巧夺天工的万花筒世界：有的花纹左右对称或辐射对称。花纹的形状有肋条形、乳头形及凹陷等，非常美丽。单细胞的硅藻为圆盒形、六角形、多角形等。硅藻还可借助胶质粘结成群体，形态同样迷人，如有扇形、链条状、星状等，真是千姿百态、美不胜收。

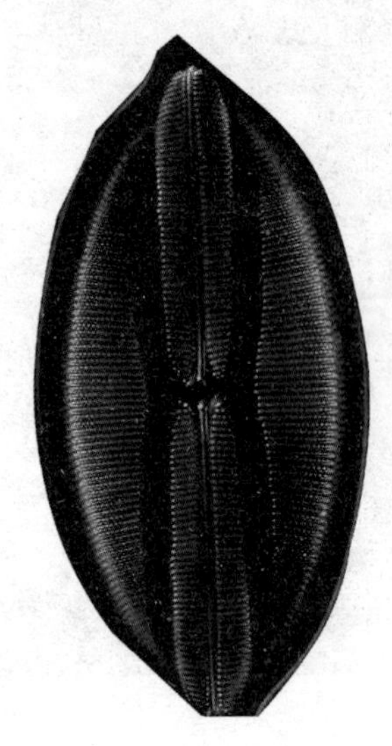
美丽的硅藻

硅藻有8000余种，分布广泛，是海河湖泊中浮游植物的重要成员，它们对渔业及海洋养殖业的发展起了至关重要的作用。大量硅藻遗骸沉积海底形成的硅藻土，在工业上有很大用途，而化石硅藻在石油的形成和富集中做出了重要贡献。美丽的硅藻还为工艺美术、纺织印染及食品工艺提供了大量的参考图案。

蘑 菇

夏秋季节，当你漫步在山林、草原和旷野中，常常会在树干、腐烂的枝叶、草丛、地上或粪土上发现自然地生长着伞状的肉质真菌，人们把它们统称为蘑菇。它们的颜色、形态各异，有的单个生长，有的呈丛状，有的群生成片，有的在草原上形成半径约1米大的蘑菇圈。

蘑菇是一类大型高等真菌，在真菌中也算是一个大家庭，世界上已知的有900属、12 000多种。在有性生殖中形成担子和担孢子是它们的主要特征。我们将担子果称作蘑菇。蘑菇味美而营养丰富，蛋白质的含量高于各种蔬菜，并含有糖类、脂肪、矿物质、维生素及多种氨基酸等，是人们餐桌上延年益寿的美味佳肴。

另一类蘑菇中含有有毒物质。有毒物质的致命率达90%以上；有的可引起“小人国幻视症”；有的引起精神反常，如唱歌、大声狂笑或有奇妙的幻视症；有的引起呕吐、腹痛、腹泻；有的引起急性溶血或怕光。因此，夏秋湿润多雨的季节，采食蘑菇要特别注意对毒菇的识别。

毒蝇伞

是一种极毒的蘑菇，把它和牛奶、糖混合在一起，能诱杀苍蝇。它广泛分布于北温带的桦树林、松树林中的砂质土中。

“植物催泪弹”——马勃

马勃是子实体球形，幼时内外纯白色，内部肉质，稍带黏性，成熟后内部组织全部崩解，最后全体干燥，化作灰褐色灰包。通常其直径只有25～30厘米，但目前在加拿大找到的最大马勃，直径为84厘米，重22千克。它的子实体易破裂，可以随风撒播数量达万亿的孢子。成熟后的马勃会自动爆裂，冒出的雾烟会使人鼻涕眼泪一起流，因此号称“植物催泪弹”。

菇中上品——香菇

香菇又名冬菇，是一种营养丰富、肉质脆嫩、香味浓郁的食用菌，堪称食用菌中的上品。目前，世界上香菇栽培最多的是日本，产量居世界首位，它是日本最主要的出口农产品之一。

我国是世界上最早栽培香菇的国家，已有700多年的历史。香菇的蛋白质含量很高。食用时口感脆嫩，味道

香菇

鲜美。现有数十种名菜配料都离不开香菇。常吃香菇能预防感冒、肝硬化，还能消除血毒、降低胆固醇、预防小儿佝偻病等。

木头上长出的木耳

黑木耳是一种腐生性真菌，其作为食品已有上千年的历史。我国是黑木耳的主要产地，产量和质量都居世界首位。主要产区分布在广西、云南、贵州、四川、湖北、黑龙江等地。亚洲的部分国家和地区也有生产。

黑木耳的子实体侧生在木头上，仿佛人的耳朵一般，所以被称为木耳。它的营养器官菌丝体无色透明，繁殖器官称子实体即为食用部分。新鲜木耳为胶质状，半透明，深褐色或黄褐色，有单片和多片之分，耳状或贝壳状。

黑木耳香脆爽滑、鲜嫩可口，是一种很受人们欢迎的食药兼用的真菌。它含有丰富的蛋白质、脂肪、维生素及钙、磷、钾、铁等矿物质。黑木耳具有清肺益气、补血活血、镇静止痛等功效，是我国传统的药用食品。

灵 芝

灵芝是一种腐生的真菌，它不含叶绿素，没有根、茎、叶，大多生长在阔叶林树桩和腐朽的树木上，主要分布在亚热带和热带雨林地区。

灵芝喜温、湿，要求通气和适当的阳光。其菌伞多肾形和半圆形，红褐色，皮壳有漆状光泽，伞顶可见云纹、小孔和放射状皱纹。云纹每年长一圈，依其圈数可知其年龄。菌伞内有单或多层管。菌柄长在灵芝侧面，柄长约10厘米，呈紫红色，有光泽。其孢子呈卵形、褐色，在条件适应时即可繁殖成灵芝。灵芝的寿命一般为1～2年，极少活多年的。

灵芝

灵芝可以入药。在《神农本草经》所列的365种药物中，灵芝被列为上品。它有益气、坚筋骨、健脑安神、消炎利尿、滋补强壮等功效，对慢性支气管炎、冠心病、高血压有不同程度的疗效，有抗癌、防止癌细胞转移、消除剧痛的功效。

金针菇

金针菇原是一种野生在枯木上的腐生真菌，主要依靠树木内的营养生长。它含有多种人体必需的氨基酸，特别有助于儿童的记忆力和智力发育。金针菇有一根长长的白色菌柄，顶着一个金黄色的小菌盖，形态优美。它有很强的耐寒力，菌丝在零下20℃也能存活，只是停止生长。当温度在7℃～8℃以上时就继续生长并茁壮出菇，而气温高于18℃出菇则受阻，30℃以上甚至会造成死亡。

金针菇是一种珍贵的食用真菌。它味美质脆、营养丰富，是宴席上的美味佳肴，又是一种药用真菌，有防癌抗癌的作用；还可预防和治疗肝脏疾病及胃肠道溃疡。它还是一种可供观赏的真菌，当它的子实体肥壮枝成伞形时，一撮金针菇像绣球花那样美丽奇特。

苔　藓

苔藓是一群小型的多细胞植物。它以自己柔弱、矮小的身躯，第一个从水中到达陆地上。苔藓一般仅几厘米高，大的可达10厘米或更高些。苔藓的植物体大多有茎和叶，少量为叶状体。它们没有真正的根，只有由单细胞或多细胞构成的假根，起吸水和附着的作用。与藻类相比，它完全具备了陆地生活的机能。全世界有苔藓植物23 000多种。

附着在岩石上的苔藓

除干旱的沙漠和浩瀚的海洋外，苔藓几乎无所不在。它大量生长在阴湿的石面、表土和树皮上，以及墙头、屋顶和院落中。苔藓能大量聚积水分，分泌酸性物质，从而加速对岩石面的腐蚀和生土熟化过程，为其他高等植物生长创造适宜的土壤环境。

苔藓的叶片是由单层细胞构成的，因此大气和雨水中的污染物，直接危害苔藓植物体。当空气中的二氧化碳含量达到每立方米0.5毫克时，多数苔藓就会死亡，而其他带叶植物却无任何反应。于是，人们便利用苔藓来监测环境污染状况。

菌类和真菌

菌类也属于低等植物。它没有叶绿素，不能自制养料，必须从其他生物或生物遗体、生物排泄物中摄取养分。菌类能使人类和其他生物发生病害，但它们也有对生物体的腐解能力。腐解时产生的二氧化碳、水和多种无机盐，可重新为植物所利用，从而保持自然界的物质循环。许多菌类可供食用，有的在医药和食品工业中有很高的价值。

真菌跟我们的生活非常密切，我们吃的蘑菇、银耳、黑木耳等都是真菌。制造药品、生产食品时，有时要用真菌参与发酵。气候潮湿时，衣物、家具会长“白毛”，仓库里的粮食、水果、蔬菜也会腐烂变质，这都是由真菌造成的。真菌有真正的细胞核，能产生孢子；但细胞中没有叶绿素，不能进行光合作用。

高等植物集锦

裸子植物

裸子植物只有近800种。其中许多种类的叶呈针状或条状披针形，因此习惯上又称它们为针叶树。据统计，地球上由裸子植物组成的森林，约占世界森林总数的80%。裸子植物不再靠孢子繁殖后代。它们能开出无花被的球花，雄花粉可通过风力传播。雌花受精后，由裸露的胚珠发育成种子，种子成熟后脱离母体，通过风再向四处传播。虽然目前依然存在大量针叶树森林，但在世界上大部分地区，被子植物才是占统治地位的陆地植物。

松树——北温带森林之母

松树，一般泛指松科中松属的各种，全世界共有230多种。

松树是北半球最重要的森林树种，除苏门答腊松分布在南纬2°外，其余各种都自然生长在由赤道到北纬72°的山川原野上。尤其在温带地区，松属植物不仅种类多，而且往往形成浩瀚的林海，因此松树被誉为“北温带森林之母”。

松树对陆生环境的适应性极强。它们可以耐受零下60℃的低温或50℃的高温，能在裸露的矿质土壤、砂土、火山灰、钙质土、石灰岩土及由灰化土到红壤的各类土壤中生长，耐干旱、贫瘠，喜阳光，因此是著名的先锋树种。

松树

松树最明显的特征是叶成针状，常2针、3针或5针一束。

松属植物中的多数种类是高大挺拔的乔木，而且材质好，不乏栋梁之材。中国东北的“木材之王”——红松，北美西部广为分布的高大树种(高达75米)——西黄松，原产于美国加州沿海、生长速度最快的松树——辐射松，原产于美国东南部的湿地松，美洲加勒比海地区原产的加勒比松，广布于欧亚大陆西部和北部的欧洲赤松等等，都是著名的用材树种。

松树的观赏价值也是有目共睹的。在中国，从皇家古典园林到现代居民家中都能见到松树的倩影，例如北京北海、颐和园中的油松、白皮松，树桩盆景中广泛使用的五针松等。一些名山胜地，更是山以松壮势、松以山出名。黄山的黄山松、衡山的衡山松、长白山的长白美人松……无一不令游人叹为观止。

银杉——“植物中的大熊猫”

银杉是我国一类保护珍贵植物。因其叶背中脉两侧具有两条粉白的气孔带，在阳光照射下闪闪发光而得名。据古植物学家考证，在地质史上的第三纪，银杉生长旺盛，曾广布于欧亚大陆。但到了第四纪，由于地球发生巨大变化，陆地上升，大陆覆盖冰川，致使银杉这个树种，除了少数位于冰川危害不大的“避难所”而幸存下来外，其他绝大部分被摧毁，国外的植物学家先后在一些地区的地层中，找到了银杉的化石，认为它已在地球上绝迹。然而我国学者1955年在广西北部山区龙胜、临桂县交界的崇山峻岭中，发现了还活着的成片银杉大树。这个惊人的发现曾轰动世界的植物学界。

银杉

人们把银杉誉为“活化石”、“森林中的珍珠”、“植物中的大熊猫”、“国宝”。后来我国的植物工作者又陆续在四川、贵州、湖南等地发现了银杉的分布点。银杉为我国特有的植物，该属仅一种。银杉的高度和树干的粗壮程度，都可以称为中国之最。

银 杏

银杏是裸子植物中独一无二的落叶阔叶乔木，高达50米，胸径4米以上。它的叶片形似小扇面，又颇像鸭掌，春夏季翠绿无瑕，秋季逐渐变为金黄色。我国浙江省西天目山，分布着众多的银杏树，既奇特又美丽。

银杏原产于东亚，是中国古代著名的树种之一，栽培历史悠久，各地千年以上的古树屡见不鲜。在古代出家人眼里，银杏长寿、典雅、圣洁，因此常植于寺庙、宫观之中，被尊为“圣树”。在民间，银杏是一种果树。它虽然不结果实，但具有肉质外种皮的种子，颇似一枚杏果，成熟时外面还披有一层白粉，因此被称为“银杏”。去掉肉质外种皮后就能见到坚硬如杏核的白色种皮，砸开它便可以吃到味道鲜美的“果仁”。于是人们又俗称银杏为“白果”。

现代科学已经证明：银杏是地球上现存树木中最古老的种类，它的祖先在2.7亿年前就已经出现了。中生代时，银杏家族极其繁盛，不仅种类多，而且分布几乎遍及全球。后来，由于地球气候和地质的变迁，银杏家族开始衰落。在距今大约200万年开始，这个家族遭到毁灭性打击，仅遗银杏一种在亚洲东部的局部地区。因此，银杏在裸子植物门中成了举目无亲的孑遗植物。

今天，银杏受到全世界的关注，被誉为“金色化石树”，在园林中广为栽培。它不仅美观、典雅，而且体内含有多种抗病虫害的生物活性物质，极少发生病虫害。更可贵的是，银杏具有较强的抗环境污染能力，因此适于作城市道树及污染区绿化树种栽培。它的种子和叶还有较高的药用价值，利用前景十分广阔。

铁树开花

铁树，又称苏铁，是一种美丽的观赏植物，也是一种古老的裸子植物。它树形美观，四季常青。一根主茎拔地而起，四周没有分枝，所有的叶片都集中生长在茎干顶端。铁树叶大而坚挺，形状像传说中的凤凰尾巴。为此，人们又把铁树称为“凤尾蕉”。铁树一般在夏天开花，它的花有雌花和雄花两种，一株植物上只能开一种花。这两种花的形状大不相同：雄花很大，好像一个巨大的玉米芯，刚开放时呈鲜黄色，成熟后渐渐变成褐色；而雌花却像一个大绒球，最初是灰绿色，以后也会变成褐色。由于铁树的花并不艳丽醒目，而且模样又与众不同，不熟悉的人大多视而不见。这也许是人们觉得铁树开花十分罕见的一个原因。

其实，铁树开花并不稀罕。铁树的老家在热带、亚热带地区，它天生喜热怕冷。在我国云南、广东等地，铁树开花是正常的现象，不足为奇。通常，一株10年以上树龄的铁树，会年年开花。可是，在我国北方情况就不同了。那里冬季寒冷，铁树很难生存，当然开花就更不容易了。偶然遇上铁树开花，难怪人们要奔走相告，传为奇闻了。

美丽的花朵

美丽的花朵是被子植物的生殖器官，植物的“胎儿”是在花朵里孕育而成的。春天，在芬芳艳丽的花海中，各种花虽然千姿百态、竞展风华，但它们的结构却基本上是相同的。一朵完整的花，通常由花柄、花托、花被、雄蕊和雌蕊构成。花最漂亮的部分是花冠，花冠与花萼一起称作花被。花冠内的雄蕊和雌蕊是花的生殖部分。

植物的叶、茎、根

高等植物都有完整的叶、茎、根。叶和茎是植物的地上部分。叶子通过光合作用，为植物制造养分，并把这些营养物质传递给茎。茎连接叶和根，负责输送水分和营养。根是植物的地下部分。庞大的根系不断吸收土壤中的水分和无机盐，同时支撑着整个植物体。叶、茎、根完美地组合成了高等植物的植物体。

植物的根

在植物的生命体中，根生在最下边，默默无闻地担负着固着植株、吸收水分和无机盐的重任。虽然植物的种类千差万别，但它们的根只有两种类型。一类是有粗壮发达主根的直根系，如松树、柏树、柳树等；一些农作物和蔬菜，如棉花、萝卜等也是直根系。另一类是像一大把胡须一样的须根系。须根系的主根生出后不久就不再继续生长了，在茎的基部长出许多条细根（称不定根），如小麦、玉米、水稻等都是这种根系。

花卉世界大观

梅 花

梅花是中国人最钟爱的花。从黄帝时代筑台赏梅的传说到现代人咏梅、画梅的韵事，无不显示出梅花与中国人文化生活的密切联系。梅花融进中华民族的文学艺术传统，梅花影响和塑造了中华民族性格。辛亥革命后，1919年，它被中国人民尊为国花；近年在全国性的国花评选活动中，梅花也是夺标呼声最高的花种。

梅是蔷薇科的乔木树种，落叶，树高四五米，较高的七八米。枝条遒劲疏朗，树冠开阔，呈圆形。先开花后长叶。花瓣为五个或五的倍数，上有美丽的斑纹，花色有红有白，有绿有黄，且清香四溢。叶呈卵状，互生，有长尾尖，边缘有细锯齿。梅果会随着梅叶一同长大，成熟的梅果为黄色，呈球形，味道特别酸。

梅花在严寒风雪中怒放。“已是悬崖百丈冰，犹有花枝俏”，梅傲霜斗雪的不屈精神，向来为人们所尊崇；“零落成泥碾作尘，只有香如故”，梅的清雅高洁的品格，也成了志士仁人人格修养的楷模。梅花原产我国，15世纪才传到国外。我国长江以南多有栽种，北方也可觅到它的芳踪。

梅的树干苍劲有力，寒冬季节，清香的梅花在枝头独自开放。梅花有白色的、红色的，花瓣有重瓣和单瓣两种。梅叶在梅花凋零后才慢慢长出来。

梅的品种达上百种，我国的江南、武汉及成都都是梅的重要栽培中心。吉梅最耐寒冷，龙游梅的枝条则像游龙一样自然扭曲没有规则，属于稀有品种。

梅花

梅通过人工长期栽培和选育，形成了果梅和花梅两大类。花梅只开花，不结果，而且花瓣多为重瓣。果梅开花比花梅稍晚一点，而且花瓣多为单瓣。

梅花多为五瓣，人们将其喻为幸福、快乐、长寿、顺利与和平的化身，故也有“五福花”之称。

玫 瑰

每年6月的第一个星期天，是保加利亚人民的传统节日——玫瑰节。在一片花的海洋里，一群美丽的“玫瑰姑娘”，身着鲜艳的民族服装，向客人赠献花环，向人群撒玫瑰花瓣，载歌载舞，尽情欢笑，以表示玫瑰花农们丰收的喜悦。

玫瑰古往今来都受到人们的喜爱。在古罗马，人们把玫瑰奉献给爱神和酒神，小伙子把玫瑰献给自己心爱的姑娘，并把心爱的姑娘称作“心中的玫瑰”。在欧洲，玫瑰是纯洁、美好、爱情、幸福的象征。基督教传说，玫瑰花是耶稣被钉在十字架上时，鲜血掉在泥地里长出来的。在圣坛的赞美诗中，玫瑰成了圣母玛利亚的别名，教堂里，作为装饰的玫瑰也随处可见。

玫 瑰

自古以来，玫瑰便被人们视为美丽、尊贵与爱情的象征。这种香气馥郁的花朵长着椭圆形的叶子，枝干上密布着尖刺，使人难以靠近。玫瑰在夏季开花，花瓣有很多层，每一片花瓣都像天鹅绒般光滑细软。玫瑰花是世界上最为芳香的一种花，它的香味令人喜爱而且难忘。

全球现在培育出各种玫瑰2万余种，这大概说明人们需要更多样的表达爱的方式。在这2万余种玫瑰中，大多数是人们精心培养的杂交品种，而且每年还会有数百个新品种诞生。

红玫瑰一直是英格兰王室的标记，后来成了英国的国花。美国于1986年9月由国会通过把玫瑰定为美国的国花。此外，卢森堡、保加利亚、罗马尼亚、法国以及伊朗、伊拉克、叙利亚等国也把玫瑰定为国花。玫瑰成了国花之最。

玫瑰是蔷薇科的落叶灌木，在3000多年前巴比伦空中花园里，大马士革的玫瑰就名闻遐迩。玫瑰花有红、紫、白等色，清香迷人，因为小枝上有刺，又被称作刺玫瑰。

玫瑰不仅有很高的观赏价值，还有很高的经济价值。它可用来提取香料和玫瑰油，每2.6千克的玫瑰花只能提炼出1克的玫瑰油。玫瑰油的价格，曾经高过黄金价格的五六倍，玫瑰油香精主要用于化妆品工业、日用化学品工业、食品工业以及医药卫生等方面。

山 茶

山茶花，属山茶科的常绿灌木或小乔木。高矮因品种而不同，高的可达几十米，矮的仅几十厘米。山茶的叶子是椭圆形的，像皮革一样光亮厚实，边缘有一圈细齿，它一年四季都是碧绿的。山茶花在寒冷的早春开放，花朵很大，有重瓣和单瓣两种。到了秋季，山茶便会结出圆圆而又可爱的果实。山茶最早产于东南沿海，因花的颜色红得像石榴花，故又叫海石榴。

山茶花大色艳，而且花期较长，尤其难能可贵的是，它会在天寒地冻的元旦或春节期间开放，为节日增添风采。古诗中也因其花期长而多有赞颂："雪里开花到春晚，世间耐久孰如君。"

山茶不仅可观赏，还可入药，有理气、活血的功效，可以冲茶饮用。山茶还是一种环保树种，能大量吸硫、抗烟尘、抗污染、净化空气，是集城市绿化、美化、净化为一体的好树种。因此，宁波、温州、景德镇等城市都将其列为市花。

山茶的花朵凋谢时，花瓣不是一片一片的落下，而是整朵花从枝头落下，完整而不分开。山茶在十月左右结籽，山茶花油便是用果子制成的。此外，山茶的种子可以用来榨油，山茶油不但可以食用，还可以作为工业原料。

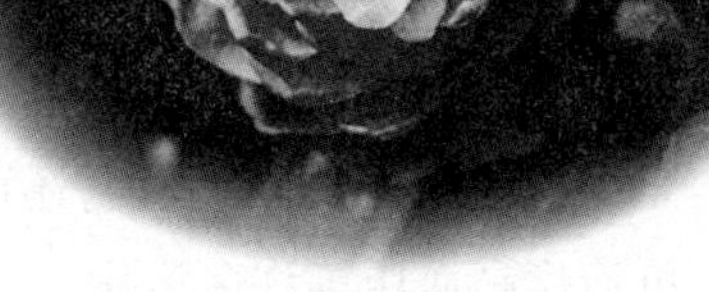

山茶

水中芙蓉——荷花

荷花在中国有着悠久的历史。它盛夏开花，衬映在碧绿的叶片之中，

荷花

风送阵阵清香，驱散了夏季的炎热。宋代诗人杨万里咏诗赞叹："毕竟西湖六月中，风光不与四时同，接天莲叶无穷碧，映日荷花别样红。"

荷花为睡莲科植物，它的地下茎横行于湖塘内的泥中，称为莲鞭。莲鞭的顶端数节，在夏秋间钻入湖底泥土的深处，逐渐膨大而成为人们喜欢食用的藕。在莲鞭的节上，发生须根，扎根湖底；萌生叶片和花茎，挺立于水面之上，风姿绰约。宋代理学家周敦颐在他的《爱莲说》中道："出淤泥而不染，濯清涟而不妖。"因此，荷花自古以来被我国人民推崇为洁身自爱、品格高尚的象征。

荷花浑身是宝，莲子是一种滋补品，藕是营养丰富的蔬菜，荷叶清香宜人，是做特色食品的辅料，它还可入药，可治疗高血压等许多疾病。

知识链接

出淤泥而不染

荷花是我国十大名花之一，在人们心中，荷花是高尚纯洁的象征。那么荷花为什么能"出淤泥而不染"呢？原来，在它们外表层布满了蜡质，而且有许多乳头状的突起，突起之间充满着空气，挡住了污泥浊水的渗入。当它们的叶芽和花芽从污泥中抽出来的时候，由于它们的表层有蜡质保护着，污泥浊水很难沾附上去，即使有少量的污泥沾附在叶芽或花芽上，也被荡动的水波冲洗干净，待到挺出水面时，自然是光洁可爱的花叶了。

"花中西施"——杜鹃

"花中西施"出自大诗人白居易的诗句："花中此物是西施，芙蓉芍药皆嫫母”。意思是杜鹃乃花中西施，相比之下，芙蓉、芍药都不过是老太婆了。

杜鹃

杜鹃多数为小乔木或灌木，也有高大的乔木。杜鹃花是个大家族，全世界有850多种，主要分布在亚洲、欧洲和北美洲，大洋洲仅有一种，非洲和南美洲则无分布。我国是杜鹃花的主要产地，有460余种，分布极广，从宝岛台湾到大兴安岭，从东海之滨到青藏高原，到处都有它的倩影。因其生长环境多样，形成的种类繁多，形态相差极为悬殊。靠近雪线的仅几厘米，匍匐于岩石之上，花小得几乎不能见，而分布于云南高黎贡山的大树杜鹃，竟高达20余米，绣球似的花序直径达20多厘米，团团如血似火，十分壮观。

云南产的杜鹃居全国之冠，有250余种。每年春夏之交，姹紫嫣红，开满群山，见者咋舌惊叹。1919年，英国人在腾冲县高黎贡山上发现一株树高25米、干围2.6米、树龄280年的大树杜鹃，曾轰动一时，被称为世界杜鹃花王。殊不知，当年英国人所发现的，还不是世界最大的杜鹃花树。1982年3月上旬，在高黎贡山上发现一株更大的杜鹃花树。这株树高25米以上，基部直径3.07米，树龄500年以上，比英国人当年发现的更高、更大、更老，是至今发现的世界杜鹃花树之王。经现代医学研究，杜鹃中的黄杜鹃、满山红、紫花杜鹃等18种杜鹃，均可提炼制药，可治感冒、慢性气管炎等症。

“花中贵族”——牡丹

牡丹色、香、韵、形俱佳，历来被中国人民称作“花中之王”，誉为“国色天香”。牡丹是毛莨科落叶小灌木，高的近2米，一般为1米左右。复叶，小叶多三裂或五裂,枝干遒劲。花单生枝端，开后硕大，雍容华贵，有红、黄、蓝、白、粉、绿、紫等色，香气浓郁，沁人心脾，花形千姿百态，艳压群芳。牡丹原产我国西北部，经历代精心栽培，至今品种达近千种，栽培地区也十分广泛。“洛阳牡丹甲天下”，古都洛阳自古就以培植牡丹著称。大诗人白居易曾云：“惟有牡丹真国色，花开时节动京城。”北宋诗人欧阳修曾著有《洛阳牡丹记》，为后人留下第一部牡丹专著。曹州，即今山东菏泽也盛产牡丹，保留和培育出一些牡丹珍品，清余鹏年著有《曹州牡丹谱》，介绍了许多名贵的牡丹品种。

白牡丹

牡丹典雅富丽，冠绝众香，辛亥革命前，曾被誉为我国的国花。近几年，在全国性的国花评选活动中，与梅花争艳，同为中选呼声最高的花种。牡丹的根皮，简称丹皮，可供药用。丹皮含有牡丹酚原苷，经水解后产生的牡丹皮酚，有解热镇痛、抑菌和降压的功效。

康乃馨

相传古希腊有一位美丽的少女，以编织花冠为生。出自她巧手的花不计其数，并博得了许多人的赞誉，然而也招致了同行的嫉妒而被杀害。太阳神阿波罗怜悯这位少女，将她变为了一朵秀丽芬芳的康乃馨，用以装点祭坛。

多姿多彩的康乃馨为多年生草本花卉，它的茎和叶均呈绿色且稍微粉白，茎上通常有一朵单花，有时也有数朵簇生。康乃馨的花形呈皱褶状且层层重叠，花瓣边缘如细锯齿。康乃馨的花色极为繁复，除大红、粉红、肉红、黄、白等单色外，还有镶边及斑点等复色品种，皆带甜蜜的芳香。1907年5月，美国人安娜小姐在母亲的追悼会上献康乃馨纪念，从此逐渐演变为以康乃馨象征母爱的世界性习俗。

康乃馨

人们将每年的5月份的第二个星期天作为母亲节。这一天，人们会买许多康乃馨送给自己的母亲。不过，康乃馨也不可以乱送，尤其是男性。

花中皇后——月季

绚丽、芬芳而又带刺的月季，既平易近人又不可亵玩，在众香国里享有“花中皇后”的美誉。

月季属蔷薇科，小落叶灌木，枝条直立，多数带有皮刺。羽状复叶，小叶3～5片，光洁无毛。花或单生，或数朵并生，开在枝条顶端，有红、白、绿、黄、紫及洒金等色，花朵硕大，花型千变万化，散发出醉人的清香。花期长，北方户外培植的月季从4月到12月，陆续开花，每次开花也不易凋谢。

月季于17～18世纪从中国传入欧洲，引起了西方园艺家的重视与兴趣。经过与西方原有蔷薇属的植物反复杂交，产生了风靡世界的现代月季，品种更为优良和繁多，花有红、白、绿、黄、紫等色，品种达万种以上，月季适应性强，遍布世界各地，受到各国人民的喜爱。我国的许多城市，如北京、天津、西安、大连等都把月季定为市花。

中国是月季的故乡，几乎无人不识月季花。它花期长，从2～12月，都会陆续开花，因此民间叫它“月月红”。宋朝诗人杨诚斋有两句写月季的诗说：“只道花无十日红，此花无日不春风”，道出了月季花期长的特点。

月季除作为主要的观赏花卉外，花叶都可作药用，有活血化淤，拔毒消肿的功效。

月 季

蒲公英

在野外到处可以见到蒲公英这种普通的植物。蒲公英的叶子平铺在地

蒲公英的花朵是由许多小花聚集而成的，当这些小花凋谢之后，一个个长着绒毛的种子，就生长出来了。它们互相簇拥在一起，像一个可爱的大绒球。蒲公英的每一朵小花都会形成一粒单独的种子，种子上长着一撮冠毛，可以带着种子随风飘散。

面上，每片叶子就像一根不完整的羽毛。春天一到，蒲公英的半球形花朵就在花梗上开放了。

蒲公英是一种美味的野菜，它的叶子可以做成爽口的凉菜。用手将蒲公英的叶和梗掐断，断裂处会流出白色乳汁。

不同的植物，会以不同的方式传播种子。蒲公英的果实上有一丛蓬松的白绒毛，活像一个个小伞兵。当风吹来的时候，小伞兵撑着各自的降落伞随风四处飘落。这恰恰是它们旅行到远方生根发芽的好机会。

蒲公英的花在朝阳下绽放，到了晚上或碰上雨天，花朵又重新聚合成花苞。一朵蒲公英花通常能开3～4天。当蒲公英花凋谢之后，花梗就倒伏到了地面上；当种子成熟后，为了传播种子，花梗又重新挺立起来。

郁金香

郁金香也被称为“花中皇后”，荷兰人因其神秘幽远的美感而将它奉为国花。当春天到来的时候，郁金香的叶子中间会抽出一支长杆，郁金香的花就开在长杆顶端，花朵像一只高脚酒杯，大而鲜艳。花由6片花瓣组成，这些花瓣环叠在一起，有白色的、黄色的、红色的，还有紫红等色。郁金香的花期为4个月，白天开放，夜间或阴天闭合。

郁金香

郁金香耐寒，不耐热，初夏时节像在夏眠，秋季是栽植的好季节。据不完全统计，目前郁金香的种类有8000余种，15个大类。常见的种类有：荷兰小姐、阿普多美、夜皇后、帝王血、蓝鹦鹉、金色旋律等等。

郁金香一般采用鳞茎繁殖、分球繁殖等方式，如果大量繁殖或育种时则可播种。我国长江流域、黄河流域地区因为夏天炎热较早，常使鳞茎早衰，不利于生长发育，所以球根逐年缩小退化，不宜繁殖栽培。

百 合

百合是由地下的鳞茎长成的。秋天，将百合的球形鳞茎种下，春天，鳞茎中便抽出细长细长的花葶和纤细单薄的叶子。夏天来到的时候，百合的花葶上便开出雅致馨香的百合花。百合花有白、绿、黄及红黄四种颜色，白色的最为常见和著名，它象征着纯洁和美好。

百合常常被作为礼物送给新婚夫妇，以表示对新人的祝福。

传说亚当和夏娃受到蛇的诱惑吃下禁果，因而被逐出伊甸园。夏娃悔恨之余，流下了悲伤的泪水，泪水流到地上后便化成了洁白芬芳的百合花。

百合是百合科中百合属的佼佼者，具有很高的观赏价值。它姿态优美，叶片青翠娟秀，茎干亭亭玉立，不愧为世界名贵花卉。

雪莲花

在我国西南地区，有一个被称为世界屋脊的地方——青藏高原。这里林立着高大雄伟的大山，山上终年覆盖着白皑皑的雪，永远是个银白色的世界。在海拔5000米以上，植物就越来越少，只能生长一些生命力极顽强的少数植物。这里自然条件很不适宜植物生长：岩石风化，土壤质量恶劣，即使夏季也是狂风怒号，雨水也在很短的时间内变成冰冷的雪。

雪莲花

可是，就在这个贫瘠的地方，有时你会意外地看到在这银白色的世界里，会有白色、紫红色的雪莲花正在怒放!

为什么雪莲花能在这环境恶劣的“世界屋脊”上这样顽强地生长，开放出美丽的花朵呢?

首先，雪莲把自己个子缩得矮矮的，紧贴在地面上，这样就可以顽强地躲过高山上特有的狂风摧残；它的根又柔韧又长，深深地扎进石块缝间的土壤之中，为雪莲尽可能地多吸收一些水分和养分；雪莲身上还穿着一身白色“棉衣”，那厚厚的绒毛从花茎到叶，从头到尾把雪莲包裹起来，这白色绒毛反射掉一些高山上的强烈日光，又防寒冷，又能保湿，把雪莲很好的保护起来。

雪莲能在“世界屋脊”上生长、开花，是它长期同这恶劣环境作顽强抗争，经过大自然的选择才做到的。雪莲是一种名贵中草药。它可以帮助人们除寒痰、壮阳补血、治疗脾虚等。

花中香祖——兰花

迎风摇曳的兰花为多年生草本植物。它叶片修长，四季常青，有“看叶胜看花”之说。早春时期，兰花由叶丛间生长出许多花葶，每个花葶上端开花一朵，花为淡黄绿色，清新淡雅。兰花常生在幽谷深涧，且幽香袭人，所以久有“花中君子”“香祖”“天下第一香”之誉。

兰花的根簇生，肉质，圆柱形。叶线形，很柔韧，有平行的条纹。花没有花萼、花瓣的区别，萼片与花瓣总称花被，花开在由叶丛中抽出的花茎顶端，形状纤巧，清香四溢。

我们常见的兰花生于地上，有名的品种有春兰、蕙兰、兜兰（又称拖鞋兰）、建兰、报岁兰、夏兰、蝴蝶兰、卡特兰、石斛兰、万带兰等。这些兰花花朵较大、色彩艳丽、花形奇特。

兰花

仙人掌

仙人掌是生长在沙漠地带的多刺植物。仙人掌的刺就是它的叶子，它的刺长在它的茎上，茎里储存着大量水分。有的茎像树干，有的像肥厚的手掌，有的则是球形的。雨季的沙漠，仙人掌会一起绽放出鲜艳的大花。花落之后，仙人掌的种子就慢慢长大。成熟后的果实是红色或黄色的，它含有许多水分。

几乎所有的仙人掌植物都来自美洲。为了适应干燥的生存环境，它们演化成千奇百怪的形态。它们是多刺的珍珠仙人掌、仙人球等。许多仙人掌的茎干呈凹凸起伏状，这些突起的部分可以增加下雨时储水的容量。

仙人掌的叶子，实际上就是一根根尖刺，这样它就可以避免水分的大量蒸发，适宜在干燥缺水的荒漠地区生长。仙人掌身上毛茸茸的刺可以反射强烈的阳光，借以降低体表温度。

仙人掌具有顽强的生命力，极易栽培。大多数植物的水分都是通过树叶被蒸发掉的。仙人掌也不例外，它的树叶表皮中水的气门由两个细胞护卫着，它们可以改变自己的形状来开合气门，这样，水分就会通过树叶被蒸发掉。

有些仙人掌的种子很甜，可以生吃，它的茎呈碧绿色，颜色与叶子差不多。它和普通的茎相比，多了一项特殊本领，在茎的表面含有叶绿素。它能进行光合作用、制造养分，完全代替了叶子的功能。

茉莉花

茉莉为著名的芳香植物，很早就自国外引入，在我国至少有1400多年的栽培历史。

茉莉是从波斯即今日的伊朗一带，首先传入中国南方的两广地区。它喜欢温湿环境，北方难以越冬， 故多分布在华南，北方人则不熟悉。

茉莉花除用于观赏、制茶外，还可用于制作化妆品、提取香精、调味、制酒，叶片可以当蔬菜，还可入药，根能镇痛麻醉，叶能清热解表，花能理气开郁，全身都是宝。

八仙花

八仙花又叫琼花、绣球花。在植物学上它是“绣球花属”的种类。 绣球花的种类中有一半以上原产中国和日本。英国人的庭院中现在最常见的绣球花，是1788年一位名叫班克的爵士从东方引入的。这种植物要求充足的水分、温暖的气候。如果空气湿润，对它的生长就更加有利。在日本，有的绣球花的叶可用来泡茶，人们誉之为“天堂之茶”。绣球的根，在北美用来医治结石带来的绞痛，当地人给这药物一个相当神秘的名称：东方树皮。

绣球花有明显的皮孔与叶迹。叶大而稍厚，对生，椭圆形至宽卵形，长7～20厘米，宽4～10厘米，边缘除基部外，有锯齿，上面鲜绿色，下面黄绿色。伞房花序顶生，球形，直径可达20厘米。花极美丽，白色、粉红色或变为蓝色，全部都是不孕花。

马蹄莲

马蹄莲是多年生肉质草本植物，有很强的观赏性。在很多国家，马蹄莲被看作是吉祥如意的花，如东非的埃塞俄比亚人民对其尤其推崇，并把它奉为国花。在英国，马蹄莲被视为庄严、圣洁的天使，成为葬礼上的必不可少的花卉，伴随着逝者的灵魂升入天堂。马蹄莲有许多好听的名字，如观音莲、慈姑花、喇叭花、佛焰苞芋等。

晶莹洁白的马蹄莲让人感觉到圣洁与宁静。它那很像花瓣的大苞片将黄色的肉穗花序环绕其中。苞片除了白色外，还有鲜艳的玫红色、柔和的桃红色以及带有玫红色边缘的白绿色花冠，它们含蓄地挤在中央的花柱上，散发着淡淡的香气。

马蹄莲的表现欲很强，它的花苞张扬地大开着，以致大多数人都把它当成花瓣，其实，它只是一个变了形的叶子。

小马蹄莲，花多、四季开花；红柄马蹄莲，叶柄基部红色，花色洁白；绿柄马蹄莲，叶柄基部绿色，花色黄白；银星马蹄莲，叶面有银色斑点，花色白色或淡黄色；黄花马蹄莲，叶面有半透明白色斑点，花色深黄；红花马蹄莲，花色粉红至深红或紫色；黑心黄马蹄莲，叶面有白色斑点，花色深黄。

马蹄莲虽然美丽，但它的花却含有大量草酸钙结晶和碱等，误食者会引起昏迷等中毒症状。

菊花

“飒飒西风满院栽，蕊寒香冷蝶难来。”唐末黄巢的菊花诗传神地描绘了菊花傲寒独立的君子之风。

菊花原产于我国，由野菊花培育而来。经过历代园艺匠人的培植，现在种类繁多，观赏性越来越强，成为世界上普遍栽培的花卉。我国宋代就有《菊谱》之类研究菊花的学术专著问世，后世对菊花的栽培、造型更为讲究。金秋时节，各地纷纷举办菊展，给人以美的享受。

菊花是中国的名花之一，被称为“伟大的东方名花”。菊花属于菊科植物，这类植物以众多艳丽的花卉为人类所喜爱。如菊科植物中的大丽花、波斯菊、紫菀、雏菊、翠菊、金光菊、金盏花、百日菊、松果菊、杂色菊、矢车菊等，都为园林增加了异彩。

菊科中的向日葵是风行世界的油料作物。菊科中还有著名的蔬菜莴苣、块茎含菊糖的食用植物菊芋、甜度为蔗糖300倍的甜叶菊。

菊科也是药用植物宝库：有散风清热、明目舒肝的杭菊花（产于杭州），清热解毒的怀菊花（产于河南怀庆府，即今天的焦作），清热凉血的青蒿，可治肝炎的茵陈蒿，驱蛔虫良药山道年蒿(蛔蒿)，活血通络的红花，补脾健胃的白术、苍术，清热解毒的蒲公英，以及雪莲、鬼针草、石胡荽、水飞蓟、牛蒡、苦荬菜、旱莲草等等。

菊科还有天然杀虫药除虫菊，可提取橡胶的橡胶草等许多具有较高经济价值的植物。自汉朝开始，菊花成了九九重阳花的重要角色。在这天，人们除了登高望远、赏菊外，还畅饮菊花酒。16~17世纪，荷兰人将菊花引入欧洲，后被欧洲人称为“黄金之花”。

人们平时看到的菊花，实际上是由无数个小花紧紧生长在一起形成的，而真正的菊花却是其中的一片花瓣。

菊花在我国各地普遍栽培。从它众多的别名可见我国人民对它的喜爱之情：秋菊、黄花、更生、帝王花、金蕊、节毕、朱赢、九花、白帝、帝女花、治蔷、鞠花、女茎、日精等等。

水果集锦

猕猴桃

猕猴桃起源于我国野生藤本植物，因形状如梨，颜色似桃，猕猴很喜欢吃，所以取名猕猴桃。我国发现和栽培猕猴桃已经有1000多年的历史。

猕猴桃别称羊桃、藤梨、仙桃等，属猕猴桃科，为落叶木质藤本植物。它分布广，产量高，果形大，质量好。植株如葡萄藤，雌雄异株，夏季开花，花朵芳香，诱蝶传粉，蜜腺发达，花期长达4～6个月，是理想的蜜源植物。结浆果卵圆或圆柱形，9～10个月成熟。单果重50克左右，最大的有170克。果肉黄白色或绿色，果肉中有黑褐色芝麻状种子500～1200粒，可用种子繁殖。

中华猕猴桃浑身是宝，果实营养丰富，含糖量8%～14%，含酸量1.4%～2%，还含多种氨基酸。每百克鲜果肉中维生素C含量为150～420毫克，比柑橘高5～10倍。鲜果酸甜适度，清香可口。国外把猕猴桃视为珍品，用果肉作宴席冷盘，备受欢迎。近年来，它还被列入太空人的食谱。猕猴桃还可加工成罐头、果汁、果酱、果脯、果干等多种食品。

猕猴桃

草　莓

草莓是个“多胞胎”，是由同一朵花中许多雌花发育成的，许多小果长在一起形成一个果实。

草莓的茎既不爬藤，又不直立，而是平卧在地上，这种茎叫匍匐茎。匍匐茎上有节，当茎与土壤接触后，节上便会长出不定根，并长出新的植株，这是草莓常用的繁殖方法之一。

草莓是多年生草本双子叶植物，属蔷薇科草莓属。其果实肉厚汁浓，清香适口，有“水果皇后”的美称。

草莓最早在英法等国家栽培。我国虽有草莓植物的分布，但是长期未能驯化栽培，直到20世纪初才由西方引入种植。草莓植株矮小，有粗短的根状茎，花白色或淡红色，花谢后花托膨大成多汁的聚合果，果色红色或白色，球形、卵形或椭圆形。

草莓营养丰富，每百克鲜果肉中含维生素C 60毫克，比苹果、葡萄含量还高。果肉中含有大量的糖类、蛋白质、有机酸、果胶等营养物质。此外，草莓还含有丰富的维生素B以及钙、磷、铁、钾、锌、铬等人体所需的矿物质和部分微量元素。草莓是人体所需的纤维素、铁、钾、维生素C和黄酮类等成分的重要来源。

草莓的食用方法很多，可根据不同的口味制成草莓酱、草莓粥、草莓蜜茶等风味各异的小食品。

随着气候的转暖，草莓身着艳装，捷足先登水果市场，成为人们争相购买的时令佳果。据北魏《齐民要术》载：“莓，草果，亦可食。”由此可见，我国栽培草莓至少有1500年的历史。

我国医学认为草莓有药用价值，其味甘、性凉，具有止咳清热、利咽生津、健脾和胃、滋养补血等功效。在西方，食用草莓被人们推崇为时尚，他们还把草莓当成防治心血管疾病和癌症的灵丹妙药，可见经常食用草莓对健康大有益处。

草莓植株可以通过结籽进行繁殖，也可以通过匍匐茎生成若干新植株。

苹 果

苹果属多年生乔木，一般树高3～5米，树干灰褐色，单叶互生，椭圆或卵圆形。我国种植苹果已有3000多年的历史。我国现在广泛栽培的苹果原产于高加索、黑海与里海之间。全世界苹果大约有35个品种。我国苹果主产区集中分布在北方地区，尤以山东、辽宁、河北、河南、陕西、山西等省突出。苹果种植面积居世界首位。主要栽培品种为：“祝光”、“红

苹果

玉”、“元帅”、“金冠”、“黄香蕉”、“富士”、“北斗”、“国光”等。最具代表性的有：四川早熟的“黄魁”，6月上旬就可上市；北方的“金帅”，果大核小，气味芳香；南北闻名的“香蕉苹果”，果大汁多、浓香爽口；中熟的“红玉”，艳丽无比，贮藏后有浓香；晚熟的当家品种“大国光”，全国种植比例占一半以上。

现在苹果的种植，向矮化密植的方向发展，被公认为世界上苹果生产发展的趋向。树体矮小，管理工作都可以站在地面上做，省时省力，而且栽培的棵数增多，单位面积产量就高得多，并且使树冠内通风透光增强，光照充足，能使果树早熟丰产，苹果色泽也好，含糖量高，品质优良。要想使苹果早熟高产，就必须使用矮化密植的种植方法，使苹果树长得矮些，栽得密些。

苹果含有微量元素锌，而锌是构成与记忆力息息相关的核酸和蛋白质不可缺少的元素。儿童缺锌，就会导致大脑发育不良。因此，儿童应多食苹果，以满足正常生长发育的需要。

荔 枝

荔枝属无患子科的常绿乔木，高约20米，是长寿而高产的果树，是我国名贵的特产水果。

荔枝原产华南。至今海南岛及云南等地仍有大量野生树种。据史料记载，我国栽培荔枝已有2000多年的历史。我国作为荔枝原产地和重要生产国，主要产区广泛分布于南方各省，尤以广东、福建、台湾、广西、四川等省区栽培较多。

荔枝树根发达，喜高温，好光照，需水多。经过2000多年的培育，中国已有70多个名产品种。荔枝绝品是莆田的“冻紫”，有鸡蛋那么大，果壳紫色，果浆甜中透酸。荔枝佳品是广东增城的“挂绿”，它的果形如鸡卵，肉厚核小，质脆汁甜，入口留香，风味极佳。广东还有个特异的品种叫“水晶球”，白花、白壳、白肉、白核，而果浆红如血，味甘，香沁肺腑。还有早熟高产的“三月红”；迟熟而肉厚浓甜的“糯米糍”等。

荔枝树木材坚硬，通称酸枝，是贵重的木材。荔枝果色、香、味、形俱佳，营养丰富，是一种高级滋补果品。

香 蕉

香蕉气味芳香、口感细软香甜。它与苹果、葡萄、柑橘并称为世界四大水果。

香蕉属芭蕉科，是多年生草本常绿树。起源于东南亚的马来西亚、印度和我国的南方，已有数千年的栽培历史。我国香蕉产区主要分布于华南、云南及台湾等地。

香蕉种类繁多，全世界有50多个种类，300多个栽培品种。可根据用途分为三大类：观赏类香蕉，如美人蕉、红花蕉和琉球芭蕉等。其次为果蔬类香蕉，分香蕉和甘蕉两种。第三种是纤维类香蕉，多产于菲律宾。

香蕉的营养价值很高，除了含钾特别丰富外，还含大量维生素A、B、C。据英国科学家研究，香蕉特别是青蕉中有促使胃黏膜细胞增长的物质，有防止胃溃疡的功效。香蕉除生食外，还可酿酒、制果子露等。叶鞘纤维可供造纸、制绳及麻类代用品等。

香蕉是人们非常喜欢的一种水果，在我们吃香蕉的时候，会发现香蕉里没有籽。在植物界里，植物开花结果，是自然规律，香蕉开花以后，它结的果实里面真的没有籽吗？

香蕉的野生祖先能结出又多又硬的籽，果肉却很少，没什么食用价值。在人工栽培、选择下，野蕉逐渐

香蕉的吃法也很多样，一些拉丁美洲国家将香蕉同菠萝一起烘制成美味可口的布丁；阿拉伯人喜欢用它做酥皮饼馅；乌干达和坦桑尼亚人还用它制啤酒和酿酒等等，非洲国家还把香蕉当主食。

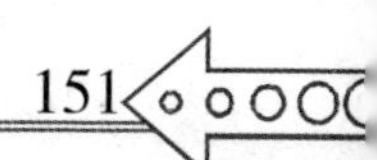

朝人们所希望的方向发展，时间久了，它们就改变了结硬果的本性，结出了像我们今天吃到的香甜可口香蕉。严格说来，我们平时吃的香蕉里也并不是没有种子的，我们吃香蕉时，果肉里面可以看到一排排褐色的小点，这就是种子，只不过是没有得到充分发育的退化的种子罢了。香蕉用吸芽和地下球茎繁殖。

热带果王——芒果

芒果，是著名的热带水果，被誉为“热带果王”。原产于亚洲南部的印度、马来半岛等地，后来逐渐被迁居到其他热带、亚热带地区。

芒果是一种常绿树，高可以长达20米，寿命也较长，可以活300~400年。每年2~3月开花结果，5~7月果实成熟。每当成熟时节，芒果总是挂满枝头，黄色的果皮上泛着浅浅的红晕，让人垂涎欲滴。新鲜的芒果兼有杏、凤梨、柿、蜜桃的滋味，尝一口回味无穷，盛夏季节吃上几个，更让人觉得清爽可口，消暑解乏。

芒果

芒果同印度人的关系特别密切。四千多年前印度人首先发现并培育栽种了芒果。据说，有个虔诚的信徒曾将自己的芒果园献给释迦牟尼，好让他在树阴下休息。在很多佛教寺院里，我们至今还能看到不少芒果树的叶、花、果的图案。

第一个把芒果从印度介绍到中国来的人是唐代的玄奘，因为在他的《大唐西域记》里，曾有芒果这种植物的记载。现在我国广东、海南、台湾、云南等地都有大量栽培。芒果含有丰富的维生素，营养价值很高。它的树皮可以做染料，花和叶还可以治疗痢疾等疾病。

杨 梅

杨梅属常绿乔木植物。小枝较粗壮。叶革质，雌雄异株，穗状花序单独或数条丛生于叶腋。核果球形，径10～15毫米，有乳头状凸起，成熟时呈深红色或紫红色和白色，味酸甜。

栽培杨梅，分布于我国长江以南各省区。朝鲜、日本也有。杨梅一身是宝：果实为著名水果；树皮含单宁，可做染料；根皮入药用，能散瘀止血；种仁可榨油；叶可提取芳香油。

菠 萝

菠萝别名凤梨，是春夏交替时人们最喜爱的水果之一。菠萝为多年生常绿草本植物，它的茎非常短，叶子呈剑状，根据品种的不同，叶子边缘有的有刺，有的则无刺。它的花序从叶子中抽出，形状为椭圆形，颜色为紫红色。果实由吸芽和冠芽进行无性繁殖而来。因其香甜味美，不但可以即食还可以制成罐头，因而有“罐头之王”的美称。

菠萝除了可以鲜食外，还可以作蜜饯、糖果、果浆、清凉饮料，还可制成菠萝酒、菠萝醋、菠萝色拉和柠檬酸、酒精、乳酸等，以及加工制成罐头。菠萝含有对人体有益的丰富的果糖、葡萄糖、氨基酸、有机酸和维生素C等成分，其果汁可分解脂肪与蛋白质，具有助消化作用，饭后食用，大有益处。

春夏交替时，街头的水果摊上，堆满了削好的新鲜菠萝，菠萝香甜嫩脆，美味可口，而且能补益脾胃，是人们喜爱的水果之一，但是食之不当，容易患菠萝过敏症，严重时还会引起中毒。所以在食用菠萝时，要提防其中的有害物质带来的过敏反应，以防中毒。

菠萝

柑 橘

我国栽培柑橘的历史悠久，是柑橘的主要原产地，名贵的品种很多。最大的是柚子，直径可达25厘米；最小的是“金豆”，果径不到1厘米。常见的有沙田柚、温州蜜橘、黄岩早橘、南丰蜜橘、福建红橘，新会甜

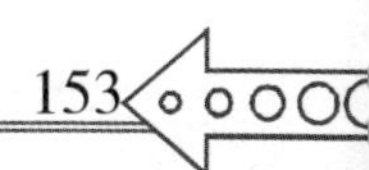

柑橘

橙、柠檬、香圆、佛手、代代、金弹、枳等。全国现有21个省种植柑橘，经济栽培区集中在四川、台湾、广东、广西、福建、浙江、江西、湖南、湖北、贵州和云南等11省区。

柑橘喜欢高温多湿的气候条件，抗寒力不强，最佳生长温度为15℃～35℃，如气温低于15℃，将停止生长。所以柑橘在我国南方各省才能生长。

柑橘的营养价值很高。它含有蔗糖、葡萄糖、果糖、柠檬酸和苹果酸等，其中糖与酸的含量比值是8∶1，因而具有独特的风味。柑橘的果实中还含有15种维生素和钙、磷、铁、镁、钾等矿物质，柑橘除鲜食外，还可加工成果汁、果酱、果酒及罐头。果皮可制蜜饯，提取香精，制果胶。在医用方面，柑橘性凉，味甘、酸，有生津止渴、开胃理气、醒酒利尿之功能。

柠　檬

柠檬是芸香科柑橘属常绿灌木植物。具硬刺。叶小，矩圆形至椭圆状矩圆形。花单生或簇生于叶腋内，花瓣外面淡紫色，内面白色。果实椭圆形，黄色至橘黄色。

柠檬现在欧洲、意大利等地有大量栽培。其果实可作水果食用。味酸，能消食开胃。种仁可榨油。

梨

梨树属蔷薇科，梨属。这个属中共有25种，我国产14种。所以中国是世界梨树种类最多的国家。

我国是梨属植物的起源中心之一。早在2000年以前，已经广泛栽种梨树。《礼记》记载的14种果树中就有梨，到了汉初，我国果树栽培技术有了较大的发展，据考证当时已对梨树采用嫁接技术。现国内水果总产量中梨占20%左右，年产量仅次于意大利，居世界第二位。

我国栽培的梨树品种，有六个系统：秋子梨、白梨、砂梨、新疆梨、川梨和西洋梨，共三千多个品种。中外闻名的名贵品种有很多，华北广植的鸭梨，果形倒卵状，果梗处凸起似鸭头，被誉为“梨中状元”。安徽砀山的酥梨，果实酥甜，贮存后有浓香。山东的莱阳梨，古为贡品，肉质细嫩。贵州的大黄梨，酸甜浓郁，有果中珍品之称。广西龙津的四季梨，四季结果；四川苍溪大雪梨，单果平均重1500克，名列世界前茅。

梨味甜，多汁，营养丰富，是深受广大群众欢迎的水果之一。除鲜食外，还可制作梨脯、梨汁、梨膏、梨酒和制作罐头等。梨果也是重要的中药，在医学上有帮助消化、消痰止咳、退热解毒等功效。

栽培量最大的果树——葡萄

葡萄是当今世界栽培面积最大、产量最多的水果。它具有结果早、产量高、寿命长、树姿优美、适应性强、容易繁殖等特点，是绿化城乡、改善生活的理想果树。

葡萄的果色艳丽，汁多味美，营养丰富。果实含糖量达10%～30%，并含有多种维生素和钙、磷、铁等营养物质。有增进人体健康和治疗神经衰弱及过度疲劳的功效。

葡萄是当今世界产量最高的水果之一。它的花是一串一串的小黄花，果实也是一串一串的，每一串一般有几十颗甚至上百颗，因而有“高产冠军”之美誉。

葡萄属葡萄科，是落叶木质藤本攀援果树。它靠卷须盘卷他物生长。根系发达，能贮藏大量营养。果实因品种不同，有黄绿、红紫、蓝黑诸色；多数为椭圆形或圆形浆果。

葡萄的品种繁多，全世界有8000多种，我国有500种以上。著名的品种有紫红浑圆、珠光宝气的“龙眼”、晶莹剔透、清香四溢的“无核白”等。“无核白”产于吐鲁番盆地，是晾制葡萄干的上等原料。市场上出售的鲜食品种以“巨峰”较多，它原产日本，果皮黑紫色，肉软多汁，子少味甜，果穗重达600克，果粒大，单粒最大重16克。巨峰是生产果树，也是早期结果的长寿树，可连续高产30年之久。

葡萄除鲜食外，还可加工成葡萄干，酿制葡萄酒。葡萄皮还可制取工业原料酒石酸，可用于照相业。葡萄核可榨油，提炼单宁。

瓜中上品——西瓜

西瓜是葫芦科一年生草本植物。瓜瓤多汁而甜，有深红、粉红、黄色或白色。在骄阳似火、令人口干舌燥的夏季，吃上一块清爽甜蜜的冰镇西瓜，一股凉意便会油然而生，让人觉得浑身上下舒服极了。这时候，你可曾想到，西瓜的故乡在哪里吗?

过去有人说，西瓜的故乡在意大利南部，有的说在印度。1849年，英国旅行家达维德·李文斯顿来到南非贝专纳的卡拉哈里沙漠。他无意中发现那渺无人烟的地面上，竟遍地覆盖着累累的野生西瓜。一群群大象和犀牛都在吮吸着它的汁液，狮子、羚羊、田鼠也在“瓜分”和享受这大自然的恩赐。这一惊人的发现，说明西瓜的故乡在非洲。

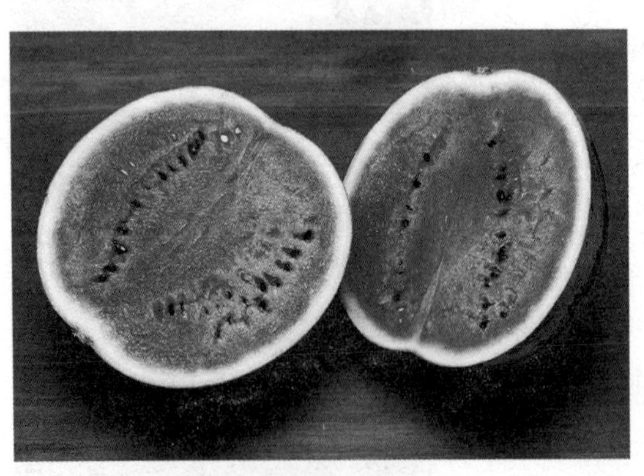

鉴别西瓜成熟的小窍门

1.成熟西瓜的瓜皮溜光透亮，瓜脐下陷，且西瓜与土地接触的那一部分变成了黄色。

2.用手指弹弹，如果声音沉闷则是熟瓜，如果声音听起来像是敲木鱼，则可能还未成熟。

3.将一个西瓜放入水中，如果瓜往上浮，那十拿九稳就是熟瓜了。

野生西瓜分布于非洲中部的沙漠地带，3000年前传入希腊，公元初期传入罗马和地中海沿岸各国。大约在公元10世纪我国五代时期，西瓜由中亚细亚经“丝绸之路”传入我国。因瓜种来自西部，所以取名“西瓜”，到了宋代，西瓜已传播到大江南北。

西瓜的营养十分丰富，含有蛋白质、磷酸、苹果酸、果糖、蔗糖、葡萄糖、氨基酸、胡萝卜素等营养物质。西瓜籽的蛋白质含量超过米、麦。它的皮、瓤、汁、籽都可入药，有甘凉、清暑、解渴、利尿的功效，是防暑消夏的最佳果品。

近年来，人们又培育出许多新奇的西瓜，如黑龙江培育出一种摔不破的西瓜，广东试种成功方形西瓜等。日本培育出正方形的无籽西瓜，不仅式样美观、品种优良，而且便于搬运，很受国际市场的欢迎。

养颜果品——桃

桃属于蔷薇科李属果树。原产于我国西北高原，后传至全国和世界各地。目前，已跃居世界落叶果树总产量的第四位，成为一种世界性的重要水果。

桃的栽培历史已有3000年以上，品种繁多，时至今日，全世界桃的品种已超过3000个，仅我国就有300余种。主产区分布于浙江、江苏、陕西、山东、河北等省。

桃分观赏和食用两大类。观赏桃，枝叶风流，婀娜多姿，花朵艳丽，灿烂炫目，主要品种有美人桃、撒金桃、红碧桃、人面桃、花粉桃、瑞仙桃等。食用桃中，又分离核桃、粘核桃、光桃及毛桃。这些桃形状、色泽、味道各有不同。著名的品种很多，如杭州的蟠桃、陕西的金桃、南京的时桃、山东的肥城桃、上海的水蜜桃、河北的六月鲜等最为珍贵。

桃子果味细腻，汁多甜润，易于消化，营养丰富，含有蛋白质、脂肪、粗纤维、胡萝卜素、多糖、维生素和多种矿物质。桃还是一种传统的中药材，其花、叶、果、仁、根、皮皆可入药，具有生津、活血、润肠、消积、解劳热、健皮肤、祛痰、利尿之功效。

桃

蔬菜荟萃

洁白的花球——花椰菜

花椰菜又名菜花、花菜。为十字花科芸苔属甘蓝种中以花球为产品的一个变种，一年生或两年生的草本植物，它的食用部分是由无数柔嫩的变态花和短缩的花枝组成的洁白紧实的花球。风味鲜美，富含维生素C、蛋白质、钙、磷等。我国南方及全国大城市郊区栽培普遍，种植面积逐年扩大。

花椰菜

芋 头

芋头是天南星科芋属植物。块茎通常呈卵形，长20～60厘米；叶柄绿色或淡紫色，长20～90厘米。很少开花，佛焰苞长达20厘米，下部筒状，上部披针状，内卷，黄色。肉穗花序下部为雌花，上部为雄花。

原产于亚洲南部，现热带各地广泛种植，我国南方也广泛栽培。块茎可食用。

物美价廉的大白菜

大白菜原产我国北方，是东北、华北等地冬春两季的重要蔬菜。它是二年生植物，第一年秋季为营养生长期，从短缩的茎上长出多数有短柄的叶，形成叶球。第二年春季转入生殖生长期，进行抽薹、开花、结实。白菜是半耐寒性植物，适于在冷凉的气候条件下生长。在生长期间，要求有较强的光照。北方的秋季比南方晴朗，阳

大白菜

光充足，昼夜温度的差异大，这是北方白菜的产量比南方高的原因。

大白菜的营养价值很高。经测定每100克白菜中含钙100毫克，铁2～7.2毫克，维生素C 40多毫克，胡萝卜素1～2毫克。另外，还含有较多的钼和锌等微量元素。实为一种物美价廉的大众菜。

大白菜还可入药。中医认为：白菜具有清热解毒、消食下气、通肠利胃、宽胸解烦的功效。白菜根与葱根煎汤饮，可防治感冒和气管炎。

黄瓜

黄瓜原产在印度热带潮湿地区，现在我国已经广泛栽培。据载“张骞出使西域得此种”，故又叫胡瓜。

黄瓜的营养价值很高，还可入药，它含有多种维生素、蛋白质、碳水化合物及磷、钾、铁、镁、钙等，有开胃增进食欲的作用。其中维生素C，能增强抗病能力和预防坏血病；丰富的钾盐，还能治疗肾脏病和水肿病等症；鲜黄瓜中含有抑制糖类物质转化为脂肪的丙醇二酸，肥胖者常食，可起到减肥的目的；鲜黄瓜汁具有润肤去皱的美容效果；它还含有促进蛋白质吸收的酶，与肉类同烹，可提高蛋白质的吸收率；它还有生物活性酶，能促进肌体代谢。黄瓜的藤、叶、果实都可入药，自然干燥的黄瓜藤，有扩张血管、减慢心率、降低血压的功效；其叶晒干研末，可治腹泻；老黄瓜皮可治疗初期浮肿。

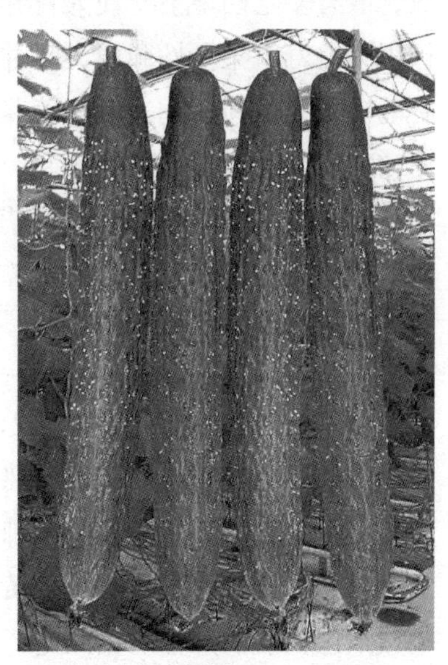

黄瓜

黄瓜属葫芦科一年生草本植物，喜温、喜光，异性同株。它的茎蔓，靠茎卷须攀援在别的物体上生长，在栽培时需设立支架扶持。

益寿蔬菜——胡萝卜

胡萝卜原产于中亚细亚，13世纪传入我国，它又名红萝卜、黄萝卜、

胡萝卜

黄根、赤珊瑚等，属于伞形科胡萝卜属二年生草本植物。肉质根富含胡萝卜素，颜色越深，含量越高。一般每100克新鲜胡萝卜含3.63毫克，食用后经胃肠消化分解成维生素A，可防治夜盲症和呼吸道疾病。专家们发现，维生素A可以使已经开始分化为癌细胞的细胞重新转化为正常细胞，这就是欧美各国人民爱好胡萝卜的道理。

胡萝卜内还含有维生素B、C、尼克酸以及钙、磷、钾、铁等元素，可降低血压、防治贫血，增进胎儿、儿童的生长发育。它所含的糖，可直接被人体吸收利用。维生素A和B有润泽皮肤、平展皱纹、消除斑点的功效，故有多吃胡萝卜，使人青春常在的说法。胡萝卜有“小人参”之称，被视为益寿蔬菜，性微温，味甘辛，有下气补中、利胸膈、调胃肠、安五脏的功效，民间多用来治疗营养不良、小儿软骨症，也可治小儿百日咳和便秘，生吃可治高血压。

胡萝卜的肉质根有黄色、紫红色、青绿色、白色、橘红色；形状有圆形、圆筒形、扁圆形、圆锥形等。

辣椒——营养辣袋

辣椒富含维生素C、赖氨酸，素有“营养辣袋”之称。

辣椒又名番椒，原产南美热带地区。它是一年生的草本茄科植物，在南方热带地区为多年生植物。辣椒的果形多样，有长角、椭圆、扁圆、纺锤形等；果皮颜色有红、绿、黄、紫等。世界上最辣的辣椒是中国云南景颇族地区出产的辣椒。据测定，它的辣度至少相当于朝天辣椒的10倍。

辣椒的辣味来自“辣椒碱”。辣椒不仅是大众喜爱的调味蔬菜，而且还有健胃、祛风、行血、散寒、解郁、导滞之功。适当食用辣椒，可以刺激味蕾，增进食欲，促进消化。但是胃病、高血压、眼疾患者应禁食辣椒；肝炎、肾炎、肺炎、咽喉炎、疖肿患者以少吃为宜。

五色椒

五色椒又叫指天椒、佛手椒、珍珠椒，茄科辣椒属草本植物。茎半木质化或半灌木状，高40～60厘米。浆果直立，指形，圆锥形或球形，有红、黄、白、紫等色。

五色椒原产于美洲热带，现各国广为栽培。果实可食用和作调味品。做草药用，能祛风散寒、舒筋活血、杀虫等。还可栽培用于观赏。

消暑解热的冬瓜

冬瓜又名白瓜、水芝、枕瓜等。原产于我国南部和东印度。冬瓜的抗寒性较差，耐热性较强，北方常在春季栽培，6～7月份收获，贮存后作为八九月淡季的蔬菜上市，幼嫩冬瓜只有少量供应市场，采用地膜覆盖栽培约增产40%。目前选用品种，早熟品种有一串铃冬瓜，个头较小；中熟品种有柿饼冬瓜、菊花冬瓜、车头冬瓜。其中车头冬瓜个儿大，单瓜重可达15～25千克，亩产5000～6000千克，耐贮存，栽培面积较大。

冬瓜质地清凉，水分多，味清淡，有消暑解热的功效，种子和瓜皮均可入药，冬瓜籽对肠痈、肺痈、小便淋痛有疗效，瓜皮可治疗水肿症，冬瓜适熟食和制果脯，是我国夏秋主要蔬菜之一。

冬瓜

南　瓜

南瓜是我国乡村习惯种植的食用瓜之一。由于它叶腋侧边生有一种卷须，因此具有攀援爬行的本领。南瓜茎蔓呈五棱形，无硬刺。叶子为五角状心脏形。花冠裂片大，黄色；果实有长圆形，扁圆形等形状，果面平滑

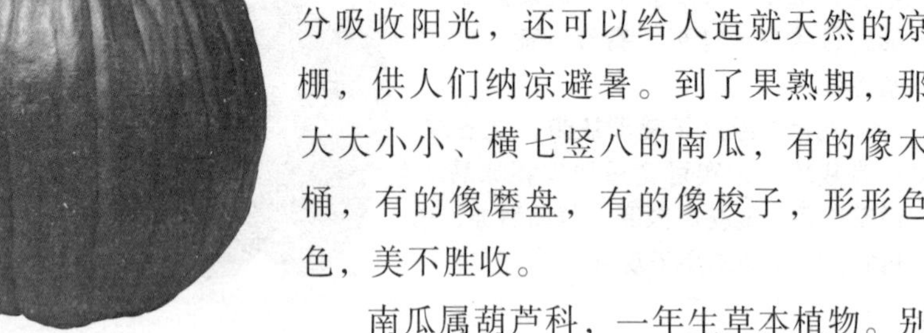

或有瘤；老熟后外皮粘有白粉。人们常常将它种在田边的棚架下，有意让它向上爬。当它茎叶繁茂时，宽宽的叶子就会爬满棚架，不但能充分吸收阳光，还可以给人造就天然的凉棚，供人们纳凉避暑。到了果熟期，那大大小小、横七竖八的南瓜，有的像木桶，有的像磨盘，有的像梭子，形形色色，美不胜收。

南瓜

南瓜属葫芦科，一年生草本植物。别称番瓜、饭瓜。南瓜是当今国内外公认的保健食品，除果实供食用外，其嫩梢、花朵、种子均可食用。

南瓜有补中益气、润肺化痰等作用。近年来研究表明，南瓜中含有丰富的果胶，可延缓肠道对糖和脂质吸收，微量元素钴是胰岛细胞合成胰岛素所必需的微量元素。

蔬中良药——大蒜

大蒜又名蒜、胡蒜，原产欧洲南部和中亚。我国栽培大蒜已有2000多年历史，全国各地均栽培。食用部分分为幼嫩的青蒜、长大的蒜薹和成熟时的蒜头。青蒜和蒜薹可炒食，蒜头可生食、腌渍和佐餐调味。另外，蒜中含植物杀菌素，这种物质具有极强的杀灭各种真菌、细菌、病毒的能力。科学家曾做过一个试验：将大蒜捣烂，用吸管吸取蒜汁，滴入装有许多白喉杆菌的培养皿里。过一会儿在显微镜下观察凡蒜汁流淌过的地方，白喉杆菌都死光了。蒜素的杀菌威力非常强大，几乎是青霉素的100倍。在第二次世界大战期间，前苏联医生用大蒜制剂拯救了无数反法西斯战士的生命。大蒜的这种抑制和杀灭细菌的药用功效，可治疗痢疾、肠炎、百日咳、感冒鼻塞、肺虚久咳等疾病。据美国医学家研究发现，大蒜还能降

大蒜

低血液中的胆固醇含量，防止动脉硬化，增强人体的抗癌免疫力。经常吃大蒜的人不会患冠心病，因为大蒜中的硒能保护心脏，降低胆固醇，治疗高血压。大蒜中的锗能提高人体中巨噬细胞的消化能力，巨噬细胞不但能吞吃有毒病菌，还能把癌细胞一个个吃掉， 起到抗癌、防癌的作用。

大蒜有紫皮蒜和白皮蒜之分。紫皮蒜瓣少而大，辛辣味浓，其蒜薹产量高，休眠期较长，多春季播种。白皮蒜辛味较淡，其蒜薹产量较低，耐寒性强，休眠期较短，多秋季播种。

知识链接

为什么大蒜食品很流行？

大蒜还含有许多微量元素如锗、硒等，对防止心脑血管疾病和癌症有很多好处。经常吃大蒜的人不大会患冠心病，因为大蒜中的硒能保护心脏，降低胆固醇，治疗高血压。锗能提高人体中巨噬细胞的消化能力，巨噬细胞不但能吞吃有毒病菌，还能把癌细胞一个个吃掉，起到抗癌、防癌的作用。正因为大蒜对人体有这么多好处，所以国际上十分风行大蒜食品，如大蒜面包、大蒜果酱、大蒜冰激凌、大蒜蛋糕、大蒜酒等。

美味佳菜——茄子

茄子又称酪苏、矮瓜、昆仑紫瓜等，原产于热带的印度，在我国栽培已有1000多年的历史。茄子适应性强，各地均有栽培。采用小高畦和沟畦栽种地膜覆盖栽培，产量、经济效果非常显著，有亩产达5500千克的历史最高纪录。露地茄子的采收期从初夏延续到晚秋，是夏秋季供应市场的主要蔬菜之一。

茄子的果实为浆果，以嫩果的果皮、胎座的海绵薄壁组织为食用器官。果实的颜色有紫色、绿色、暗紫色、赤紫色、青色、白色等；形状有圆球形、长条形、扁圆形、倒卵圆形等。它含有多种维生素、蛋白质、糖类、钙、铁、锌、硒等营养物质，食法多种多样，还具有一定的医疗价值。

菜中之王——菠菜

菠菜又称赤根菜、波斯草等。它原产于波斯，唐代传入我国种植，为藜科菠菜属中绿叶为主要产品的一二年生草本植物。在蔬菜中菠菜的营养价值最高，据测定每千克菠菜中含钙1030毫克、维生素C380毫克、蛋白质25克、脂肪3克，还有丰富的铁质和胡萝卜素等，可炒食、凉拌或做汤，食用后对胃和胰腺的分泌功能有良好作用，还可预防维生素缺乏症。但菠菜含有较多的草酸，食用过多会影响钙的吸收。

菠菜在北方地区是常年性的绿叶菜。按不同季节和食用方式分为：越冬大根茬菠菜、越冬小根茬菠菜、埋头菠菜、大叶菠菜、汤菠菜、青头菠菜及红头菠菜等。

菠菜直根发达，红色，味甜可食。抽苔前叶片簇生于短缩茎。雌雄异株，属风媒花。根据果实上刺的有无，分为有刺和无刺两个变种。种子寿命一般3～5年。菠菜的适应性强，生育期短，一年四季均有栽培，它对土壤的要求不严格，耐酸性较弱，对氮磷钾的吸收比例为2：1：2.5。若用地膜或旧农膜覆盖栽培越冬根茬菠菜，防寒保苗，促早熟，能增产30%以上。对病虫害防治，主要采取选用抗病品种菠菜播种，轮作倒茬，适当稀播，加强雨后排水及喷洒农药等措施。

“金色苹果”——番茄

番茄又称西红柿、洋柿子，原产美洲的秘鲁、厄瓜多尔等地，约17世纪传入我国。它的形状如柿，来自西方，故称西红柿。它营养丰富，既作水果，又作蔬菜，有“金色苹果”之称。

番茄含有丰富的矿物质、碳水化合物、维生素、有机酸等营养成分，每100克含20～30毫克维生素C，由于它受着酸的保护，在烹调中不易被破坏；含磷、钾、镁、铁等矿物质，能调节人体的生理功能，增进营养，含番茄素，能助消化、利小便、通大便。适量多吃番茄，可解除疲劳，增进心肌功能，对心脏病患者有好处。

番茄是一年生草本植物，全株生有软毛，能分泌有臭味的汁液，因此它很少遭到虫害。它是喜温、喜光植物，不耐霜冻，生长期间要求充足的光照和水分。目前，我国大部分地区采用塑料大棚栽培番茄，这样既能消除季节的影响，又能使其较大幅度提高产量。而在日本、英、美等发达国家，多采用无土栽培法栽培番茄，有的每公顷番茄的产量可达90万千克。

科技发明

改变人类生活的多媒体技术

近十几年，随着计算机技术的飞速发展，出现了多媒体计算机。从此，它开始变得声像并茂、丰富多彩。

一般的计算机只能处理数字、文字和简单的图形信息，无法处理声音和复杂的图像信息。这是因为计算机处理的信息都必须先进行数字化，而声音和图像数字化后，它们所占的空间就会十分庞大，使得计算机中的硬件支撑不了。多媒体技术采用把声像信息进行压缩、还原的手段，使有一定硬件水平的计算机能成功地同时处理文字、声音和图像。

一般一个多媒体系统应该具有：处理声音和图像信号的能力，高品质的图像显示能力，声音和图像信号的输入输出能力，以及采用高级交互式操作方式。因此，多媒体计算机除具有一般计算机的功能外，还能播放光盘电影、当高级音响、作图像传真机、玩电子游戏、创作图画、虚拟现实世界来学习驾驶等等，多媒体计算机将会成为家庭的信息和娱乐中心。

多媒体计算机与现代网络通信技术相结合，将会出现可视电话、电视学校、电视医疗和电视会议等新的电信服务形式。它如果与数据库、图书馆联网，你就可以轻而易举地把它们都“搬回家”。多媒体技术的出现是计算机领域的一场划时代的革命，它的应用前景将覆盖人类活动的所有领域，对人类社会生活的影响也将十分深远、巨大。

多媒体计算机

Internet能做什么

1995年4月，我国北京大学的两名学生为挽救病危的同学，通过Internet向世界发出了求援的信息。这一信息迅速传到与Internet联网的无数台计算机上，并立即有许多关于诊断和治疗病情的电子邮件反馈回来。参照其中的建议，医生们迅速确诊了病因，采取相应措施挽救了这些年轻大学生的生命。Internet一般意译为“互联网”，但越来越多的人直接叫它Internet。

20世纪70年代末个人电脑开始普及以来，应用计算机写作、处理数据资料、玩电子游戏等都已为人们所熟悉。但这些应用只开发了计算机的一些简单功能，用现代通信技术把单个计算机联成网络，协同工作，它们的功能将会有很大的提高。Internet就是诞生于美国、如今已遍布世界大部分地区的一个计算机网络。它的发展极为迅速，目前全球已有无数个系统，无数台计算机联到了这个网上。人们普遍认为Internet是一条“信息中速公路”，是未来信息高速公路的雏形。

电脑怎样工作

电脑系统有4个基本部分，一个输入装置，如键盘、鼠标或操纵杆，将信息键入，然后由像大脑的电脑CPU来完成任务。信息又被传送到输出装置，如屏幕或打印机，以展示结果。最后，记忆系统储存程序和数据。

Internet现已成为许多行业和个人不可缺少的工具。人们通过电子信箱、文件传送、远程登录、信息服务和网络新闻等Internet提供的服务发送和接收电子邮件，查阅远在异国的大型图书馆里的资料，点播自己喜欢的电视节目……

中国现已成为Internet大家庭中的一员。Internet已走进各行各业和千家万户。

小小芯片的威力

20世纪40年代，第一台电子计算机诞生时，每秒钟可运算5000次。当

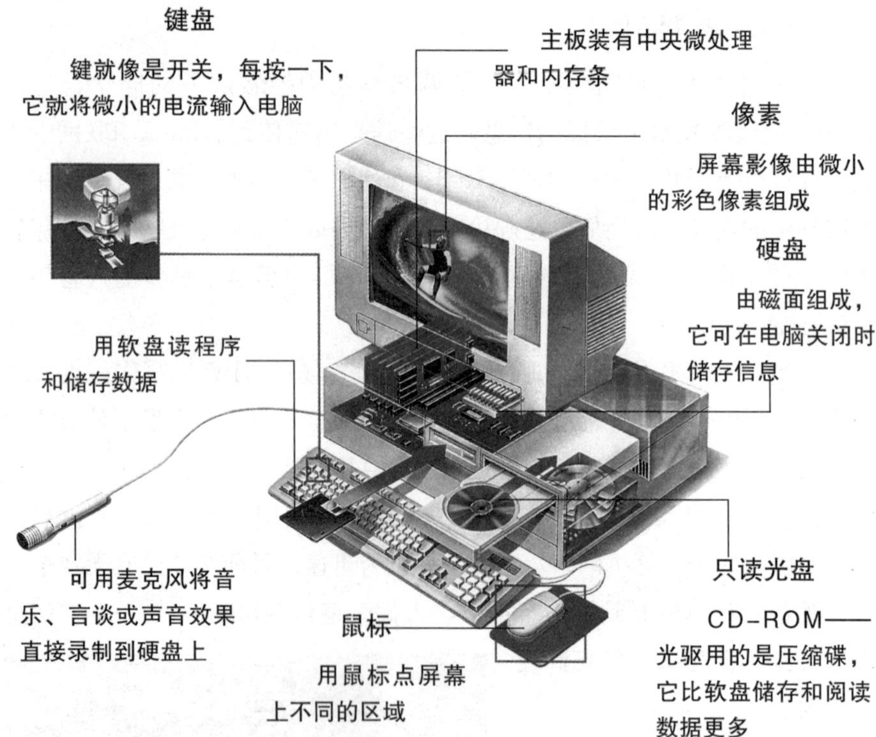

时有人曾做过一个实验：在发射一颗炮弹的同时，让它计算这颗炮弹的飞行轨迹和落地点。出人意料的是，在炮弹还未落地时，它已算出了全部的数据。这一结果，使人们感到电子计算机的威力。但当时的电子计算机非常笨重，体积有几间房子那么大。如今，一台家用电脑的运算速度，比起40年代的电子计算机要快几十万倍，威力更大，可体积只有普通电视机那样大。

如果我们打开家用电脑的机箱，可以进一步看到电脑的核心部位——中央处理器，英文缩写为CPU，人们称它为电脑的“脑”。它是一块小芯片，面积还不到一个平方厘米。小小芯片怎么会有这么大的威力？

其实，芯片虽小，里面的结构却异常复杂。将芯片放在电子显微镜前，放大几万倍，可以发现：小小芯片上有无数个小区域，小区域与小区域间由密密麻麻的细线相连；这些区域包含几十万个晶体管和电阻、电容，它们组成了数万个逻辑电路。整个芯片看上去像一张错综复杂的“城市平面图”。

由于小芯片上集合了数万个逻辑电路，所以人们称它为大规模集成电路。小芯片由半导体材料做成，它是当代高科技的产品。现在一块指甲大小的芯片上，已可以集成几十万个逻辑电路，其本领更大，功能更全，真是威力无比。

宇航服

宇航员要能够走出宇宙飞船来到宇宙空间，安全地工作，就必须穿戴一种特殊的密闭服装和密闭头盔。这就是我们所说的宇航服。穿上它不仅可以抵御强烈的阳光辐射，而且还能适应高温、极低温以及真空等宇宙空间极为恶劣的自然环境。

宇航服不仅能使宇航员身体的各个关节部位活动自如，而且为了不使宇航服在真空条件下像气球一样膨胀起来，里面还加进了一些非常结实的纤维。宇航服由几层具有特殊作用的材料制成，它具有隔离高热高冷、防止宇宙辐射、通风调温、给人体表面充气加压等作用。除此之外，它还有提供充分的氧气装置和能与外界自由通话的无线电通讯系统。总之，宇航服是一种能在宇宙空间工作的较理想的服装。

宇航服

宇航服的样式多种多样，作用也不同，有在宇宙飞船内穿用的，也有在宇宙飞船外穿用的。

能思维的机器人

能思维的机器人可以在人不宜进入的危险场所工作。宇航员、潜水员、炸弹排除专家和在危险场所工作的其他人员，早已使用机器人来帮助工作了。但是这些机器人都不具备“思维功能”，所以专家们不得不在一个较为安全的地方遥控指挥他们工作。现在许多机器人安装了智能系统，能够自己进行工作，例如一组拆卸炸弹的机器人能够处理引爆工作，代替专家本人完成工作。

什么是超导

我们平时使用电水壶烧水时，都有这样的体验：时间一长，电源线会发热。这是因为电阻在作怪。电流在导线中流动时，克服电阻就要消耗电能，这部分能量以发热的形式白白地损失掉。发电厂发出的电是通过电缆输送到各个地方的，电能在长长的输电导线上的损失就更大了。我国目前约有15%的电能损耗在输电线路上，每年损失的电能达到900多亿度。如果导线没有电阻，那该多好啊!

1911年的一天，荷兰莱顿大学的昂尼斯教授正全神贯注地研究水银的低温性能。他先把水银冷却到-40℃，液体水银很快凝固成一条水银线；然后，他再在水银线中通以电流，并继续降低水银的温度。当温度降到近-269℃(4.2K)时，奇迹出现了，水银的电阻突然的消失——电阻为零。这时电流在零电阻的导线中畅通无阻，不再消耗电能。

人们把这种零电阻的现象叫作超导现象，把具有超导电性的物质称为超导体。每一种超导体只有当温度降到一定数值时，才会发生超导现象。这个从正常电阻转变为零电阻的温度，就称为超导的临界温度。

之后，人们发现近30种金属元素和上千种合金及化合物都具有超导现象。在各国科学工作者的努力下，超导临界温度的纪录不断被打破。1988年，我国科学家发现了超导温度为-143℃(130K)的钛钡钙铜氧化物。在低温超导材料的研究中，我国同美、日一起名列世界前茅。

微型机器

研究人员在硅片上用蚀刻法制造微型机器获得相当大的成功。工程师用离子光束喷射硅片，便能制成微型机器，这种机器的体积只有1毫米的千分之几。这些“微型齿轮”比一颗花粉还要小。

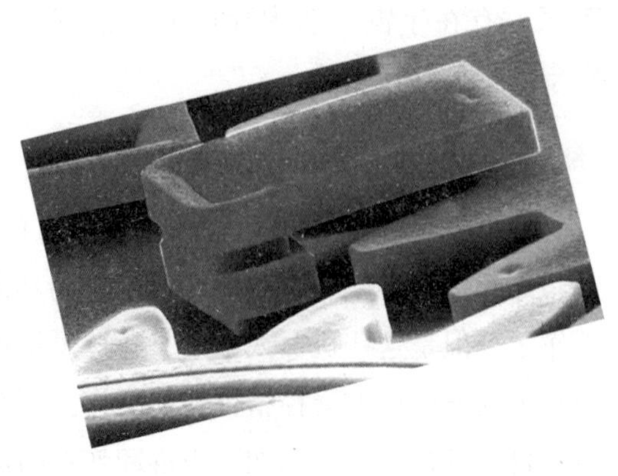

“善解人意”的记忆合金

一位从事美国海军军械研究的科学家在研制新的舰艇材料时，发现了一个有趣的现象。把一根在常温下硬如钢铁的镍钛合金丝放入冷水中，它奇迹般地变成可以随意弯曲成任何形状的柔软合金了。但若将它放回热水中，弯曲的镍钛合金丝会突然伸直，回复到原先的形状。由此，科学家们把具有记忆形状能力的合金称为“形状记忆合金”。

形状记忆合金在某一温度下变化时，它的化学成分并没有改变，原子也没有扩散，只是它的晶格结构发生了变化，但这种晶格结构仍与原来的形状维系着一定的关系，所以当温度回复，合金就恢复到原先的形状。根据这一原理在加工时首先把合金材料加工成一定的形状，然后把它放入在300℃～1000℃的高温中进行热处理，这样合金就能记住加工后的形状了。当然，不同的合金材料进行热处理的具体工艺各不相同。形状记忆合金有它特殊的用途：在工业生产中利用记忆合金制作输送管道的接头，能够非常有效地防止漏油、破损、脱落等事故；在航天领域用来制作大型抛物面天线，当航天器受到热照射时天线会自动展开，而在发射时它可以是很小的形状；医学领域中，它可以用来固定断骨和制作人造心脏的收缩用元件；记忆合金还将大大方便人们的日常生活。目前，已进入实用的记忆合金主要是含镍51%、钛49%的合金。可以预计，记忆合金在各行各业中大显身手的日子为期不远了。

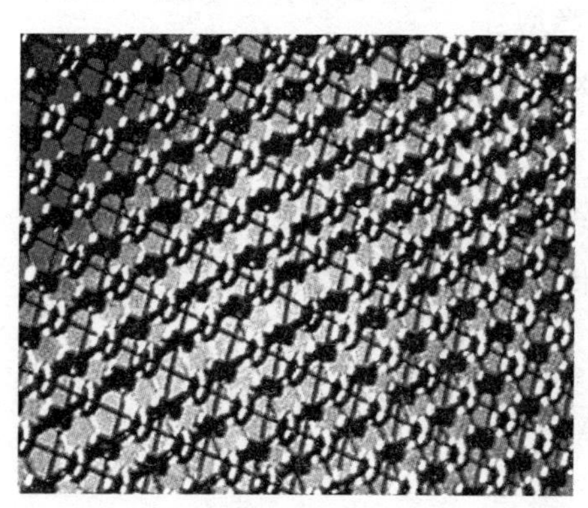

形状记忆合金

由镍钛合金制成的物体被敲瘪后，只要通过简单的加热便会恢复原形。这是因为镍钛合金是一种能够记忆原来尺寸和形状的合金(SMA)。它是由镍、钛和其他金属混合而成，它们的原子紧密地连在一起。一旦镍钛制品被敲瘪、扭曲，只要稍微加热就会使它们的原子返回自己原先的排列里去，所以镍钛被用来制成眼镜框架、飞机部件、牙齿的支架和钳子。

基因工程的崛起

俗话说，种瓜得瓜，种豆得豆。一切生物都是按照遗传规律，将自己的特征世代相传。生物遗传的物质是细胞内的染色体，而染色体是由DNA双螺旋链状大分子所组成的。DNA是生命的基本物质，记录着遗传密码，而基因则是DNA的片断，每一个基因决定着生物的每一个相应的性状，如眼睛的大小、个子的高矮等等，这就是人们常说的遗传基因。

过去人们要想获取新的生物品种，只能采取性杂交的方法，如让驴和马交配，可以生出兼具驴、马特征强壮耐劳的骡子，但这种方法有很大的局限性，差异大的物种不能杂交，如驴和牛，小麦和大豆等，杂交的骡子也不能繁殖后代。

后来科学家们设想，如果将一种生物的DNA中的某种基因切割下来，再连接到另一种生物的DNA链上，将DNA重新组合一下，能否培养出前所未有的新生物类型呢?经过多年的努力探索，科学家们终于找到了重组DNA的方法。他们将生物细胞内的遗传基因分离、提取出来，并进行人工“剪裁”“拼接”，然后再把重新“组装”好的基因移植到另一种生物的细胞内，使后者获得了一些原本不属于自己的特性，并遗传给后代。这一工程称之为“生物工程”、“基因工程”或“遗传工程”。

基因工程的崛起，是生物科学的一场革命，为生物遗传学、医学等领域带来了一系列神奇的变化。

嵌合体

科学家把两种不同动物的DNA组合起来培育出了某些奇怪的品种。例如，他们把一头绵羊和一头山羊的DNA杂交，生产出一种特殊的动物“绵山羊”。由两种不同的种类杂交后产生的动物叫做“嵌合体”，它能用于许多领域的研究。例如科学家把绵羊的DNA与大象的DNA混合起来，用于研究史前生物的情况。

这是一头特殊的“绵山羊”(一半绵羊，一半山羊)

造纸术的发明

1957年5月，在陕西西安市郊灞桥发现了一座古代墓葬。在清理文物中，发现有一些米黄色的古纸，最大的差不多有10厘米见方。纸上面有明显的被麻布压成的布纹。经考古工作者分析研究，断定它不会晚于西汉武帝，离现在已有2100多年了。因在灞桥发掘，故名灞桥纸。

蔡伦像

1965年，我国有关单位对灞桥纸进行了反复检验，确定造纸的主要原料是大麻纤维，但也混有少量的苎麻。灞桥纸是世界上现存的最早的植物纤维纸。过去，历史书都说纸是东汉蔡伦发明的，灞桥纸的发现，说明早在西汉时代，我国劳动人民已经发明用植物纤维造纸了。

我国虽然在西汉时代就有了植物纤维纸，但是，那时候麻缕也跟丝绵一样，是用来做衣服的，不可能大量用在造纸上。同时，麻缕制的纸又厚又糙，很不适宜写字。东汉时，蔡伦看到大家写字很不方便，竹简和木简太笨重，丝帛太贵，丝绵纸不可能大量生产，于是，他就研究改进造纸的方法。他提出用树皮、破布、破渔网来做原料。这些原料来源广泛，价钱便宜，有的还是废物利用，因此可以大量生产。后代人用木浆造纸，就是受到蔡伦用树皮造

印刷术

纸的启发。蔡伦改进造纸方法成功，是人类文明史上一件大事。从此，纸才有可能大量生产，为书籍的大量印刷创造了物质条件。

谁发明了印刷术

在雕版印刷书籍以前，社会上已经广泛应用印章和拓碑。我们祖先就是在拓碑和印章这两种方法的启发下，发明了雕版印刷术。

当时雕版印刷术的方法是这样的：把木材锯成一块块木板，把要印的字写在薄纸上，反贴在木板上，再根据每个字的笔画，用刀一笔一笔雕刻，刻成阳文(凸出为阳文，凹进为阴文)，使每个字的笔画突出在木板上。印书的时候，先用刷子蘸上墨，在雕好的板上刷一下，接着用白纸复在板上，另外拿一把干净的刷子在纸背上轻轻地刷一下，把纸拿下来，一页书就印好了。因这种印刷方法是在木板上刻好字再印的，故称为“雕版印刷”。

现在保存下来的我国最早的雕版印刷书籍是公元868年刻印的《金刚经》。这也是世界上现存最早的雕版印刷书籍。北宋庆历年间(公元1041～1048年)，我国的毕昇发明了活字印刷术，它的技术与现代印刷术基本一致，比德国人谷登堡发明活字印刷术早400年。但遗憾的是毕昇的活字印刷术近代以前在我国并未得到普及。

谷登堡印刷机

蒸汽机的发明

瓦特是英国著名科学家，蒸汽机的发明者，生于1736年。他是英国一位造船工人的儿子，他从小就喜欢动脑子研究问题。有一天，瓦特正在炉旁烧水，当水沸腾的时候，蒸汽把壶盖顶起来，把壶提下来，壶盖就落下去了，再把壶放回炉子上，壶盖又被顶了起来。这一上一下，引起了他极大的兴趣。他想：“如果把壶里的水增加几千倍、几万倍，力量一定是很大的……”他的这个想法十分可贵，为他后来发明蒸汽机打下了思想基础。

20岁时，瓦特在苏格兰的格拉斯哥城的一所大学里当修理工，为了进一步研究蒸汽机，他自学了意大利文和德文，学习了各种机械制造技术。有一次，瓦特在修理钮可门大汽机时，发现这台大汽机的同一汽缸既要加热又要冷却，从而白白浪费了热量和时间，瓦特心想：难道就不能消灭这些浪费现象吗?

1763年5月的一个星期天，瓦特在格拉斯哥的牧场上散步，突然产生了一个奇妙的想法：汽缸中的热蒸汽在向上推动活塞后，再将它引向另外一个小室进行冷却，这样，同一个汽缸不就可以不需要既加热又冷却了吗?

接着，瓦特立即开始着手实验，他在蒸汽机上安装了活塞门，同时发明了自己的曲柄装置，把直线运动变为旋转运动。这样，瓦特的蒸汽机终于试制成功了。

富兰克林与避雷针

想象是人类一种特有的能力，它可以使尚待创造的东西，首先以概念的形式出现。丰富的想象可以使人获得创造。美国著名的科学家富兰克林，就是以他对电学的强烈兴趣和丰富的想象力，揭开了雷电之谜，从而成为电学的先驱者。

富兰克林发明避雷针

1751年的一个夏天，大雨倾盆，雷电交加。突然，一个霹雷击中了距富兰克林住处不远的教堂，响声过后，教堂里冒出了浓烟。虽然水火不容，但大雨并没有扑灭这熊熊烈火，教堂在雨中迅速燃烧……对于这突如其来的“上帝之火”，人们双手合十，虔诚地祷告：“上帝呀，救救我们的教堂吧!”

富兰克林既不相信上帝，也不愿做那毫无意义的祷告。富兰克林认为：雷电也是电，是自然界的电。富林克林具有丰富的想象力，他把电想象为一种电流体，这种流体充塞于一切物体中，只要把雷的电导入地下就安全了。

于是，富兰克林开始进行了试验：他在高楼的顶部立了一根金属棒，用一种不导电的材料加以固定，在金属棒的尾部连接一根金属线通到地下。就这样，他将避雷针的试验装置准备好了——这就是世界上最早的避雷针。后来，每当雷雨交加时，雷电驯服地沿着富兰克林设计的避雷装置流向地下，从此避免了雷电给人们带来的灾害。

避雷针的发明，揭开了雷电的奥秘，使人类战胜了“上帝之火”。

自行车是谁发明的

自行车是我们生活中最熟悉不过的东西，人们往往都要骑着自行车上下班，另外我国还是世界上拥有自行车最多的国家，被称为“自行车王国”。

自行车的发明，距今已有200多年历史了。它的发明者是法国人多·西夫拉克。

那是1790年的夏天，一场大雨过后，天气凉爽了，天空就像洗过一样蓝得让人心旷神怡。多·西夫拉克吹着口哨，愉快地在雨后的路上悠然散步。

突然，一辆四轮马车从他身边疾驰而过，西夫拉克来不及躲避，被溅了一身的泥水。他的心情一下子就被搞得很糟。回到家里，他一边换着衣服，一边想：宽大的四轮马车行驶在窄窄的马路上，会给行人带来很多不便。如果能有一种体积小、重量轻的交通工具，那该有多好啊!

现代自行车赛

西夫拉克平时很喜欢做木匠活，他想了一会儿，就设计了一个方案。他拿出工具和木料，制成一辆只有前后两个轮子的自行车。

西夫拉克制造的两轮车好像是前后安装了两个木头轮子的木马，中间有一根托架，连接着两个轮子。人骑在上面，两手扶住木马的头，用双脚蹬地，借助蹬地的反作用力使车子前进。当时的人们把这种车子叫“休闲马”。它并没有什么实际的用途，大多被人们当做一种玩物。

直到1839年，自行车才被一个名叫阿克帕特里克的苏格兰铁匠做了一次重大改进。他在自行车的左右安上了脚蹬和驱动装置，赋予它一定的实用性，从此以后，自行车渐渐成为人们重要的交通工具。

震撼世界的发明——发电机

早在几千年前，人们就发现了电现象和磁现象，但却把它看成互不相关的两件事。英国科学家法拉第成功地利用电和磁之间的联系制造出世界上第一台发电机。

法拉第家境贫寒，小学没有毕业就去当了学徒。在工余时间他如饥似渴地自学了电学和化学。他还常常亲手做实验，以检验书中内容的正确性。因此他被吸收为皇家研究所的一名实验员。

法拉第的口袋里常常塞满铜丝、铁片等物，一有空就摆弄起来。他制

马可尼与“无线电通讯”

德国的赫兹是“电磁波的报春人”，他1888年成功地进行了电磁波的发生和接受实验，而当别人提出利用电磁波进行无线电通讯的设想时，他却一口否定了这种可能。可是事隔不到10年，物理学造诣远不及赫兹的马可尼却成功地发明了无线电通讯，并由此而获得了诺贝尔奖金。

19岁时，生长在意大利的马可尼就听到了赫兹发现电磁波的消息，于是开始了对无线电通讯的研究。在实验室里，马可尼用银粉末和镍粉末制造出了粉末检波器，并且坚持每天做实验，经过一个多月的努力，终于完成了电磁波的发送和接受实验。

在这之后，马可尼又进一步开动脑筋，将赫兹振荡器挂在高柱子上，并且一端连接一金属板作天线，另一端连接埋入地下的金属板作地线，通过对连接有天、地线的通信装置的观察，得出了天线越高，装置的灵敏度也越高的结论。1895年，他在自家窗户和2400米远的山丘之间进行了通讯试验，获得了成功。

造了许多线圈、仪器，力图把磁变成电，但都一一失败了。

1831年，法拉第做了一个实验:他在一个环形的闭合线圈里串联了一个电流表。在实验中他发现，每次把磁铁放入或抽出线圈，电流表的指针就会摆动。做了好多次这样的实验，他终于明白：导体切割磁力线产生了电流。法拉第在此基础上设计和制造出了世界上第一台发电机。从此人类进入电器化时代。这是19世纪人类最伟大的发明。

爱迪生的伟大发明

爱迪生是世界上最伟大的发明家，他一生的发明有1000多项，其中最有名的是电灯、留声机和电影。爱迪生是一个美国铁路工人的儿子，他非常喜欢做各种实验，制造出许许多多巧妙的机械，尤其对电器特别感兴趣。自从法拉第发明发电机后，爱迪生就下决心要制造电灯，为黑夜带来光明。爱迪生先后克服了两大难题：一是找到了能耐热的材料，他前后试验了1600种各种各样的材料；二是把灯泡中空气抽掉，让它成为真空。另外他发现只有白金丝性能最好，但白金价格贵得惊人，必须用便宜的材料来代替。经过艰苦的努力，他终于找到炭丝来做灯丝，把它放到灯泡中，用抽气机抽去空气，通上电，电灯亮了，而且连续光亮达45小时。这样，世界上第一盏炭丝白炽灯问世了。爱迪生又试验了6000多种植物纤维，他选用竹丝加工得到炭化竹丝，改进后的电灯竟可连续发光1200小时。以后，另一位发明家用钨丝代替炭丝，电灯效率就更高了。随着日光灯、碘钨灯(小太阳)等的相继问世，我们这个世界逐渐拥有了

纽约市早先一家商店的橱窗里陈列了托马斯·爱迪生与其许多发明样品在一起的塑像。因此，爱迪生这位著名的美国发明家的形象就被用于灯泡的促销活动。

发明电灯的实验

种类繁多的人工光源。

1889年，爱迪生和狄克逊费了很大心血，制造出了世界上第一台电影放映机。它的形状像长方形柜子，有一米多高，上面装着一只突起的透视镜，里面装有蓄电池和带动胶卷工作的设备，胶片绕在一系列纵横交错的滑车上，以每秒46幅画面的速度移动，画面通过透视镜的地方再安置上一面大倍数的放大镜。观众从透视镜的小孔往里看时，急速移动的画面便在放大镜下构成一幕幕连续活动的画面，形象十分逼真。5年后，第一家电影院在美国纽约百老汇大街上正式落成了。当时一场电影只能容纳10名观看者。电影院门口却人山人海，人们争相购票，非常热闹。

谁发明了电话

100多年前，电话和美国人贝尔的名字传遍了全世界。贝尔是怎样发明电话的呢?最早，有人在两个罐头盒的底部用一条绷紧的绳子连接起来，当一个人对着一端的罐头讲话时，空气的振动通过绳子传达到另一端的罐头。但是，怎样把一端的话音变成电讯信号，经传送后再在另一端还原为话音呢?

贝尔原是从英国移居到美国的大学教师。他和他的助手经过反复的研究和试验，终于在1876年发明了最初级的电话。这种电话的体积大得吓人，像个大箱子，发话人必须大喊大叫，而且只能在小范围内通话。

这样的电话必须改进。这一任务由大发明家爱迪生承担起来了。他对贝尔的电话结构进行了大的改造，用碳粒接触来控制电流强度。这样，电话机越来越小，声音也越来越清晰了。电话的发明不是一个人劳动的结果，而是许许多多人的共同创造发明，贝尔和爱迪生是其中最有功劳的人。现在，随着激光电话和电视电话等的出现，电话越来越成为人类生活中十分方便的通讯工具。

贝尔发明的第一部电话机

摄影术是谁发明的

内普瑟制造的第一架照相机是一个不透光的木盒，在其前部有一个叫做可变光阑的活动装置。白蜡板插在盒子的后部，可变光阑打开后便拍摄影像。虽然它与现在的照相机相距甚远，但基本上仍是一个不透光的盒子。

第一张幸存下来的照片是法国人约瑟夫·尼瑟福勒·内普瑟在1827年拍摄的。为了制作这张照片，内普瑟给一块白蜡板涂上了沥青。这块板先在照相机里曝光几分钟，然后用化学药品加以处理，使其表面慢慢地显现出影像。

19世纪时，发明家们试图改进和简化摄影术。他们使曝光时间大大缩短，并且找到了使图像更清晰、更鲜明的化学药品，但照片仍在用金属或玻璃制成的重板上拍摄。这种情形由于美国人乔治·伊士曼的工作才出现了突破。

伊士曼想创作一个使用简便的小照相机。1884年，他研制了“卷轴软片”，即一种赛璐珞软片的细长带，软片上面涂抹了光敏化学药品。接着他在1888年生产出了一种新型照相机。他给它起名为“柯达”，这是一个他希望在任何语言中都可以立即辨认出来的名字。这是第一架真正使用方便的照相机。使用时仅仅需要将照相机对准拍摄的东西，让快门发出“咔嗒”声并且把胶片顺卷到下一张上。正如伊士曼所说的那样，“你只要揿下按钮，剩下的事由我们来干。”

降落伞是谁发明的

降落伞是近代才正式发明并开始广泛使用的。然而它的产生却经历了一个漫长的历史时期，是无数人辛勤努力的智慧结晶。

早在1517年，发明家达文西就曾经画过降落伞的设计图。法国人白朗沙尔是第一个使用降落伞的人。

1785年，白朗莎尔先用狗做了一次跳伞实验，但他本人做跳伞实验时却跌断了一条腿。

第一个成功地使用降落伞的人是法国的加纳林。1797年，他在巴黎使用自己研制的降落伞，成功地进行了6000米高空气球跳伞的公开表演。

跳伞运动员的跳伞造型

1912年，美国人白瑞第一个完成了飞机跳伞。1919年，美国空军最先将降落伞作为飞机的必需装备。

计算机是怎样发明的

19世纪时，英国发明家查尔斯·巴贝奇曾得到洛夫莱斯伯爵夫人埃达(亦以埃达·奥古斯塔而出名)的协助，设计了一部巨大的机械“计算发动机”。它满是控制杆和嵌齿轮。有些人把这部机器看作第一台计算机。

真正意义上的计算机是约翰·莫利奇与约翰·埃克尔特领导的一群美国科学家研制出来的。他们在1942～1946年间建造了该计算机，并给它取名为“ENIAC”(即电子数值积分计算机)。它远远不同于如今强有力的台式机。它的重量达到好几吨，体积有几间房子大，可是仅能存储少量的数字和字母。

ENIAC的极小存储量意味着它很难使用。另外它还非常不可靠，因为它装有约1.8万个电子管。这些电子管很容易过热，并且需要经常更换，但那是一个开端。ENIAC能在0.2毫秒内算出两数之和，这意味着它1天能做的计算相当于人类一个数学家花1年时间所做的。

1981年，辛克莱ZX81型电脑作为第一代家用电脑投入世界市场。

后来计算机的发展是从使它用起来更为方便着手的，人们在计算机中存入了“程序”，或者说发布一系列让计算机做什么的指令；寻找到了增加计算机存储量的途径；加上了诸如键盘这样的器械，这样使计算机所需数据的输入变得更为容易。

谁发现了血液循环

公元2世纪，古罗马的著名医生盖仑认为血液的流动是以肝脏为中心的。他说，血液在肝脏里形成，贮存在静脉中，一部分流到各个器官，一部分流到右心室，再通过心脏中隔流到左心室，变成动脉血分配到全身各部，逐渐被身体所吸收。他还认为这一切都是上帝有意安排的。

1000多年以来，盖仑的这些论点被奉为神圣不可侵犯的经典。

时光流逝到16世纪中叶，比利时的维萨里和西班牙的塞尔维特在解剖动物的心脏中，发现心脏中隔很厚实，血液根本透不过去，右心室的血液是经肺部流到左心室的，推翻了盖仑心脏中隔有筛孔的论点。科学冲击了神权。维萨里和塞尔维特受到教会的迫害。结果，维萨里被迫逃亡，塞尔维特被绑在火刑柱上活活地烧死。

研究血液循环的重任落到了英国医学家哈维的肩上。哈维想，不搞清楚心脏的构造与功能，不知道血液在体内怎样运动，怎么能给病人做出正确的诊断呢?治病又以什么为依据呢?于是，他毫不畏惧，大胆实践，寻找答案。为了了解心脏的构造和血液的运动，哈维花费10多年时间，用青蛙、鱼、蛇、鸡、鸭、狗等80多种动物，进行了大量的解剖实验。最后，他确认：血液流动是循环式的，流向只能从动脉流入静脉，再流回心脏，而心脏的跳动就是循环的动力。哈维用解剖刀揭示了血液循环的机理，打开了近代生物学研究的大门。

哈维的发现

哈维发现心脏有左右两个泵。全身的血液经静脉流向心脏的右边，再泵至肺部并在那里吸收氧气；然后回到心脏的左边，并通过动脉泵至全身。心脏内部的瓣膜确保血液沿正确的路线流动。

军事航天

丰富的军事知识

防毒面具的发明

防毒面具最早出现在第一次世界大战中，它是俄国著名的化学家捷林斯基发明的。

1915年4月，德国军队在伊伯尔战役中使用了化学武器，施放18万千克氯气，使协约国有1.5万人中毒，5000人死亡。

俄国著名的化学家捷林斯基为了寻找反毒气战的办法，亲自上前线调查研究。他发现当氯气袭来时，凡是用军大衣蒙住头或把头钻进松软土里的士兵都幸免于难。经过分析，他发现军大衣的呢毛和土壤颗粒有吸附有毒物质的作用。后来，他进一步研究、实验，发现木炭既能吸附有毒物质，还能使空气畅通。于是，捷林斯基研制出防毒效能很高的活性炭。1916年，第一具士兵使用的防毒面具诞生了，经战场实地使用，防毒效果很好。在战场上，由于10万俄军使用防毒面具而免于不幸。这之后，各国争相仿制。于是防毒面具成为士兵的常备军用品。

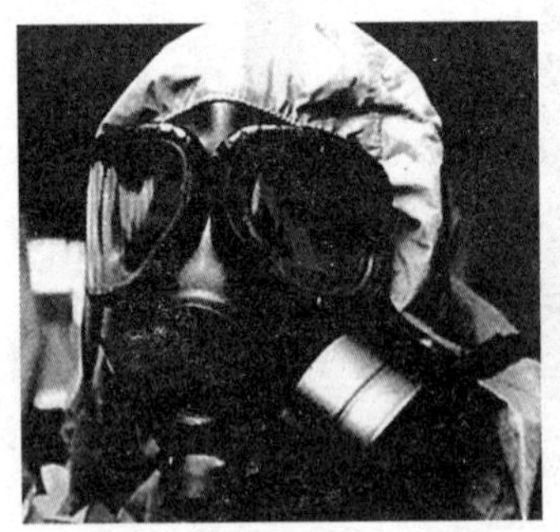
防毒面具

防弹衣

防弹衣是第二次世界大战后问世的，一般来说有下面几种：一种是硬式防弹衣，用钢板或钢丝制成；也有用陶瓷制作的，这种防弹衣很像古代武士的铠甲，既笨重又不舒适。一种是柔式防弹衣，是用几十层凯夫拉纤维织物和其他面料加工制成的，当枪弹击中柔式防弹衣时，凯夫拉纤维便被拉抻，将弹丸的冲击力分散到织物中的其他纤维上，从而减轻或消除所受的伤害。还有一种是软硬式防

防弹衣

弹衣，是在柔式防弹衣预留的夹层中，再放置一定厚度的陶瓷板，“刚柔相济”来加强防弹的功能，这种软硬式防弹衣主要用于重火力场合。现在新型的防弹衣款式多种多样，如防弹背心、防弹T恤、防弹衬衫、防弹皮衣等等。其美观不比普通衣服逊色。

迷彩服的由来

迷彩服与普通军装相比，伪装效果特别好。不同的彩斑乍看上去似夏日树木的阴影，又像秋天的落叶。军服的色彩酷似大自然的背景，使人难于发现。当然这些图案并不是随意涂抹的，在设计上也很有讲究。每块彩斑的边缘线条都呈不规则曲线，因为自然界中没有笔直的树叶、草木。如果在右臂上有一个绿色图案，那么在另一只袖子上就不能出现大小、形状、颜色相同的图案。不仅如此，为了防止暴露自己，服装的单独部位也不允许用一种彩斑，颜色的选用也不能使用部队习惯用的色彩，这样才易于伪装自己，迷惑敌人。

另外，制作迷彩服的颜料也有讲究，通常在各种颜料中掺进了特殊的化学物质。这种化学物质具有反射红外线的能力，使服装的红外线反射能力与自然景物大致相等。这样，各种侦察器材就更难于发现隐蔽集结的部队了。正是由于现代迷彩服有这些优点，许多国家的军队都选用把野战服和伪装服合为一体的迷彩服，以提高野外作战的隐蔽效果。

海军帽为什么要带飘带

1805年，拿破仑率法国军队入侵英国，英国海军舰队在统帅纳尔逊率领下跟拿破仑军队展开了激烈的战斗，打败了拿破仑舰队。战斗中，纳尔逊将军负重伤身亡。英国皇家海军为他举行了隆重的葬礼。发葬时，命全体水兵帽后都缀上两条黑纱，以表示哀悼和敬重。自此以后，英国海军士兵帽就缀上了两条黑色飘带。

以后，世界上其他国家建立海军时，借鉴了英国皇家海军的服装样式，并把海军士兵帽上的两条黑色飘带也学了去。现在，这种帽子已成了世界各国的正式海军帽。

转轮手枪

转轮手枪是带有转轮式多弹膛的手枪，属于转膛枪的一种。转轮上通常有5～6个弹膛，在发射过程中转轮自动转动，逐个对正枪管发射。转轮手枪分单动式和双动式两种。单动式转轮手枪发射时，需先用手压倒击锤，同时带动转轮转动到位，再扣扳机击发；双动式转轮手枪发射时，在手扣扳机的同时，击锤自动待击，转轮转动到位并自动击发。双动转轮手枪也可以单动射击。后期转轮手枪大多采用双动式。转膛枪的出现，大约可追溯到火绳枪的早期。自从1835年美国人S·柯尔特改进成功了第一支真正成功的转轮手枪之后，转轮手枪曾风行一时。由于转轮手枪使用可靠，处理瞎火弹十分方便，至今在一些国家仍有使用，左轮手枪是转轮手枪常见的一种类型。装弹时其转轮从左侧摆出，故名左轮手枪。

S&W公司生产的11.2口径转轮手枪

此枪握把设计独特。

转轮手枪结构简单，动作可靠，但与自动手枪相比，它存在容弹量少、初速低、枪管与转轮之间会漏气和冒烟的缺点。尽管大多数国家用自动手枪取代转轮手枪，但一些国家特别偏爱转轮手枪，这是因为它非常可靠，尤其是在遇到瞎火弹时，只需再扣一次扳机即可实现下一发弹的发射。

微声手枪

俗称“无声手枪”，是射击时噪声及枪口焰、烟很小的手枪。由于采用了枪口消音器和其他一些技术措施，削减了射击时的噪声和火光，使用时可以隐蔽射击行动，成为侦察兵和特工人员使用的特种手枪。

有关枪械射击时噪声和火光的主要来源和削减办法为：一则对膛内高温高压的火药气体喷出枪口时产生的

知识链接

枪械家族有哪些成员

枪一般指的是利用火药燃气发射弹头、口径小于20毫米的单管射击武器。枪的外形和结构各异，用途也不尽相同。在日常生活中，我们常见的有手枪、步枪、冲锋枪、机枪等。根据战斗性能区分，大体有步枪、手枪、冲锋枪、重机枪、轻机枪、通用机枪、高射机枪、微声枪、信号枪等种类。

巨大膛口噪声和火光，主要以安装枪口消音器来削减；二则对抗开锁时膛尾的噪声，常采用增加枪机自由行程、使用半自由枪机、加大自由枪机质量或采用前冲击发等延迟枪机开锁时机的办法来削减；三则对高速射出的弹头，在空气中形成的飞行噪声，因其主要是由弹丸速度接近或超过音速所致，故而削减办法是控制弹丸速度，使其不超过音速。枪口消音器的作用，则在于将膛内喷出的高温高压火药燃气，封闭在网式、封闭式或隔板式消音器筒内，消耗它的能量，再缓慢排出枪外。一般可把150～170分贝的枪声降低到60～90分贝，枪口处基本无火光。微声手枪的弱点是体积较大，重量较重，射程较近，因此使用范围仍很有限。

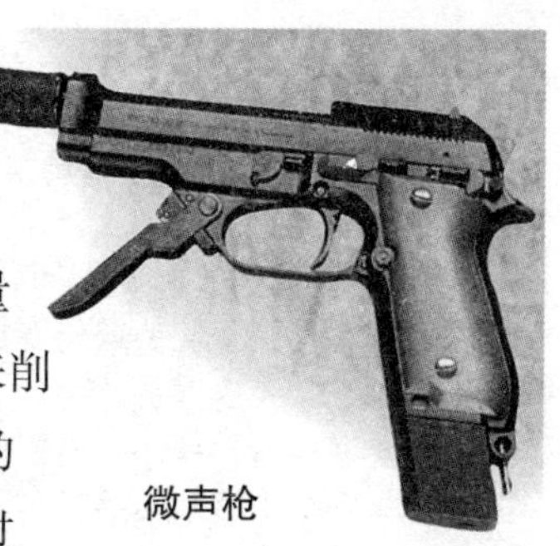
微声枪

隐形手枪

隐形手枪是把形状设计制造成日常用品的手枪。这种手枪结构设计巧妙，制作精细，便于携带，容易混过侦检，是间谍人员常用的武器，因此又叫“间谍手枪”。它口径小，射程近，是面对面的杀伤武器。它的制作原理千差万别，外观与日用品一样，有钢笔、提包、钥匙、打火机、手杖、烟斗、香烟盒、照相机等许多种外形。为防止使用时暴露自己，有的还装有消音器。有的还可发射剧毒弹头、喷射毒液、高压电流等非常规枪弹。隐形武器也有向大型化发展的实例，国外曾发现伪装于旅行包中的冲锋枪和伪装在高级轿车中的机枪。

冲锋枪

冲锋枪，顾名思义是供士兵冲锋时使用的一种轻型自动枪械。科学地说，它是以双手握持，发射手枪弹的全自动武器。双手握持射击是它与手枪的主要区别；而发射手枪弹则是它与自动步枪的主要区别。它产生于第一次世界大战，但广泛应

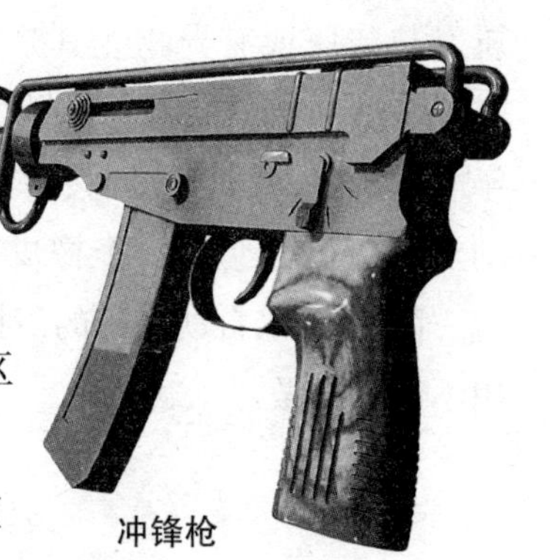
冲锋枪

知识链接

现代冲锋枪

又称突击步枪，尤其是小口径突击步枪的广泛使用，使传统的冲锋枪退出了步兵班的装备序列。为满足特种部队和警察的使用要求，各国研制了不少结构新颖、性能优良的新型冲锋枪。

用于西班牙内战与第二次世界大战。由于它在西班牙内战中发挥了很重要的作用，所以有“冲锋枪加手榴弹，近战金不换”的说法。二战中全世界共生产了2000万支各式冲锋枪，其中有波波沙41、M3、司登、MP38与MP40等型号。

受人青睐的AK自动步枪

俄罗斯的AK自动步枪由卡拉什尼科夫设计，是目前世界上各国军队装备使用最多的一种步枪，特别是在东欧和亚洲各国军队中都能看到它的身影。在几年前的阿富汗战场，无论是塔利班，还是北方联盟，其士兵的主要装备也是AK步枪。为什么AK自动步枪在世界各国军队中装备如此之多呢?因为这种自动步枪构造简单、可靠、耐用、轻盈，不论谁都会使用。如果把它放入水中几个星期再拿出来，给它推上子弹，照样能“嗒嗒嗒嗒”地射击。而美国的M16自动步枪，如在水中存放几个星期，就可能因生锈、卡壳不能使用。在越南战争期间，美国兵在战场上一旦从战死的越南人身上捡到一支AK自动步枪，就会把手中的M16扔掉。

AK自动步枪是为极端气候条件下——炎热的沙漠或冰天雪地作战而设计的。它采用气体传动，枪栓和活塞是不会氧化的。在连续射击导致金属发热膨胀或有异物尤其是灰尘进入枪内时，步枪的机械结构仍能继续工作。1991年海湾战争期间，美国兵给自己的M16自动步枪的枪管套上一个橡皮套来防止灰尘，而装备AK自动步枪的伊拉克士兵就用不着这样做。

AK–47式7.62毫米突击步枪

越来越小的步枪口径

早期的燧发枪(步枪原型)口径平均13.7毫米，到19世纪60年代，大多数军用步枪口径已减小到11毫米。1942年，德国StG44突击步枪首先使用7.62毫米步枪弹。随后，前苏联的AK-47、美国的M14、比利时的FNFAL等均采用7.62毫米步枪弹。20世纪60年代越南战争爆发以后，东南亚的丛林地形使得M14步枪和北约弹的弱点充分暴露出来。

美军越来越感到没有必要如“大榔头打苍蝇”那样使用大威力的北约弹和如此笨重的步枪。美军通过研究得出结论：步枪的作战距离无需超过400米，用高射速、小口径的轻弹头代替大威力的7.62毫米弹头，可提高杀伤效果，而且经济性更好。同时，采用多发弹头组成“齐射”方式，即一次发射多发小口径弹头，其命中的可能性比发射一发大威力枪弹高得多，抵消了实战中的瞄准误差，还能使士兵携带更多的弹药。因此，美军于60年代中期换上了5.56毫米的M16小口径步枪。到20世纪80年代，北约的绝大多数国家完成了第二次世界大战后步枪的第二次换装。前苏联也于1974年发展了5.45毫米的AK-47小口径突击步枪。

机 枪

机枪旧称机关枪，是以枪架(座)或两脚架为主要依托、连发射击为主的枪械，主要用于较远距离上歼灭或压制有生目标、火力点以及毁伤地面或低空薄壁装甲目标，为步兵提供火力支援，在装甲车、飞机、舰艇上也有使用。

机枪(Machine gun)一词首先出现在1829年。18到19世纪依靠人力工作的连发多膛枪可视为现代机枪的先河，如加特林机枪。1884年，马克沁发明的马克沁机枪开创了枪炮史上自动武器的新纪元。加特林、马克沁、勃朗宁、路易斯等都是机枪的主要发明人。

21世纪狙击步枪将采用激光测距仪、弹道计算机等装置使狙击步枪成为步兵的“灵巧炸弹”。

机枪真正开始显出威力是在第一次世界大战。1916年在法国索姆河畔，英、法联军正与德军对峙。一天，当英、法联军向德军阵地发起攻击时，德军阵地的马克沁重机枪，口吐火舌，使英军一天内死亡6万人，以致后人称重机枪为“步兵火力的支柱”，甚至称重机枪是“步兵的绝对武器”。从索姆河战役开始，重机枪的威风持续了40年。

轻重两用通用机枪

通用机枪又称轻重两用机枪。这种机枪枪身用两脚架支撑时作轻机枪使用，用三脚架支撑时作重机枪使用。有的还能配用高射枪架，实施对空射击。大多数国家多以轻机枪状态装备使用，枪架作为附件编配。

世界上第一种通用机枪是德国在二战前研制成功的MG34式7.92毫米通用机枪。1942年德国又定型了MG42式7.92毫米通用机枪。MG42式通用机枪大量采用冲压件，对战后各国通用机枪的发展有很大影响。

德国MG42式通用机枪

火箭炮布雷

在现代地面战场上，为了阻滞浩浩荡荡开来的装甲战车和坦克集群，往往需要在很短的时间内，迅速布设一个地域宽广的雷场。这靠人工或一般的布雷器材是无法实现的。如果能够利用几十管的火箭炮将地雷像炮弹一样发射出去，那问题便迎刃而解了。根据这种需要，人们研制出了用火箭炮发射的火箭布雷弹。

火箭布雷弹的外形与普通火箭弹很相似，所不同的是战斗部里装填的不是炸药而是地雷，这些地雷有的像接力棒，有的像小钢球。当火箭炮将火箭布雷弹发射出去十几秒钟以后，弹内延期药点燃，推出机构把地雷从战斗部的弹筒内抛出。在气流的作用

知识链接

火箭炮的优点和缺点

火箭炮可以单发射击也可以齐射，能在若干秒内将全部火箭弹一齐发射出去。其火力猛、威力大是一般火炮无法比拟的。火箭炮的主要弱点是精度较差，而且重新装弹需要较长时间，因此不便持续作战。

下，地雷上的降落伞开始张开，空气阻力增大，使地雷由水平运动逐渐改为垂直下降，一簇簇带伞的地雷降落在一片广阔的布雷区内，从而构成了一个反坦克雷场，使敌军机械化装备陷于进退维谷的困境。一门多管火箭炮，18秒钟可发射几十枚火箭布雷弹，施放几百个地雷，形成一个近10公顷的雷场，难怪军事专家称它有“撒豆成兵”的本领。

制导炮弹

制导炮弹是一种高新技术炮弹，它使火炮这类间接瞄准杀伤武器具备远距离精确打击点目标(装甲目标)的能力。目前，制导炮弹主要采用激光半主动制导方式，有的采用红外/激光复合制导方式。由于炮弹带有制导装置，能自行寻找目标，从而大幅度提高精度和首发命中率，炮弹散布误差可达1米以内，首发命中率可达90%。

制导炮弹通常由激光导引头、控制舱(制导装置舱、控制执行机构)和战斗部组成。前方观察员将目标信息和激光编码用无线电装置通知火炮阵地。炮手接到射击指令后，根据激光指示器的编码和目标距离，在弹上的选取孔上装定激光编码，调节定时器，将弹推入炮膛。炮弹发射后至惯性制导阶段，定时器将弹翼打开，使炮弹增加升力，可提高射程。当炮弹飞抵距目标约3千米时，激光目标指示器照射目标。导引头探测目标反射的激光回波，制导炮弹命中目标。

自行火炮

自行火炮是指与车辆底盘结合为一体，能自行运动的火炮。主要用于配合坦克部队和摩托化部队作战，及时为其提供火力支援。主要特点是：越野性能好、机动灵活，

早期自行火炮

二次大战期间，战场的流动性很大，步兵和坦克兵都需要有自行能力的火力支援，因此，自行火炮就应运而生。早期的自行火炮只是简单地把原有的牵引炮和现成的坦克底盘或其他车辆组合在一起。因此方向射界和高低射角都受到较大的限制。

现代自行火炮

现代自行火炮具有良好的战略、战术和火力机动性。可以伴随坦克作战，并以精确和迅猛的火力支援机械化师和步兵师。它利用自动导航和指挥、控制、通信系统以及自动瞄准和装填系统实施独立作战，实现“打了就跑”的战术。它是陆军现代化的重要标志。

占领和撤出阵地快、射击反应快。自行火炮由武器系统、装甲车体和底盘部分组成。武器系统包括武器、装填机构和火控系统。武器包括火炮(加农炮、榴弹炮、加榴炮等)。装填机构有半自动和全自动两种。第一代自行火炮已装备有夜视设备和以弹道计算机为中心的自动化火控系统。装甲有钢质装甲、铝合金装甲或简易的复合装甲。底盘有轮式和履带式两种。它们装有动力、传动、行走和操纵装置。履带式底盘一般采用坦克或装甲车辆的底盘或它们的改进型，以及专用底盘。

坦克的发展历程

第一次世界大战时期，坦克的使命主要是克服堑壕铁丝网障碍物，引导步兵冲击，消灭敌人的步兵，摧毁机枪掩体和土木质发射点，而不是与敌人的坦克相对抗。因此坦克配备的主要武器是机枪和短炮管榴弹炮，且火炮口径多为37～57毫米。装甲厚度一般为1～16毫米，采用铆钉连接。动力装置多为66～110.3千瓦的汽油机，最大速度为6千米/小时左右。

二次大战促进了坦克技术的迅速发展，坦克的性能得到全面提高，结构形式趋于成熟。并逐步摆脱了坦克从属于步兵和骑兵的观念，开始重视坦克综合性能的提高，使其成为地面作战的主要突击兵器。这一时期坦克的发展方向有两个，一个是以前苏联T-34为代表的结构紧凑、坚固实用型的坦克，另一个是以德国的“虎”式和“黑豹”式坦克为代表的火力和防护性能普遍较强而机动性能较差的坦克。英、法等国坦克虽也有很大发展，但与同期苏、德坦克相比均稍逊色。苏联T-34坦克装有长身管火炮，采用铸造炮塔、焊接车体、倾斜装甲结构，并以柴油机为动力装置，在世界坦克的发展史上居于十分显赫的地位，它是现代坦克的先驱。

第二次世界大战以后，坦克进入了一个新的发展时期。一般将二战后的坦克划分为三代。其中1945～1959年间发展的坦克叫做第一代，1960～1979年间发展的坦克叫做第二代，1980～1995年间发展的坦克叫做第三代。虽然具体的划分方法有所不同，但是多数军事家对战后发展了三

“黑豹”（TV）坦克

被认为是“大战中德国生产的最好的坦克之一”。

代坦克这一点是公认的。

20世纪60年代以后，在发展主战坦克的同时，一些国家从现代条件下协同作战，尤其是从核条件下加强步兵与坦克的协同作战出发，研制了步兵战车，将坦克和步兵战车混合编组后，坦克的高速冲击和纵深追击可以得到步兵的协同和支援，战斗力大大增强。

战斗机

我国称“歼击机”。它是主要用于歼灭敌空中飞机和飞航式导弹的飞机。它是航空兵进行空战的主要机种，也可用于对地(水)面目标攻击。主要特点是：速度大、上升快、升限高、机动性好，作战火力强。现代歼击机多为单座，装1～2台喷气式发动机，还有领航、通信、救生等设备和火力控制系统、电子对抗系统以及其他自动化电子设备，可自动搜索和攻击目标。主要装备武器有航空机关炮，还可携带空空和空地及空舰导弹、火箭弹、航空炸弹等，一般悬挂在机翼或机身下方，有的歼击机的外挂点多达10余个，可挂导弹、副油箱、电子干扰吊舱等。现代歼击机的性能，高空最大速度可达到3000千米/小时，超低空允许最大速度可达1500千米/小时，升限为21 000米左右，飞行速度在2.0马赫左右。最大航程，不带副油箱时达2000千米，带副油箱时达4000千米，低空作战半径超过600千米。

新型歼击机的特点是：瞬时转弯角速度增大，最小速度减小，具有全方向、全高度、全天候攻击目标的能力，机载设备自动化程度高、可靠性好、维护简便。中国从20世纪50年代中期开始生产歼-5、歼-6、歼-7型喷气式歼击机，现在又研制了歼-10等高空超音速歼击机。

潜 艇

潜艇是能潜入水下进行战斗活动的舰艇。主要由艇体、操纵系统、动力装置、武器系统、观察、通信、导航等设备组成。艇体由耐压壳体和非耐压壳体构成。耐压壳体为圆柱体和截头圆柱体构成的钢质固壳。主要是能够在水下承受外部海水压力，保证艇员的正常工作和生活。非耐压壳体为包围固壳并构成潜艇外形的外壳，一般都呈良好流线型，以减小水下运动时的阻力和保证良好的操纵性。主要武器有弹道导弹、巡航导道、鱼雷和水雷等。主要特点是：具有良好的隐蔽性，较大的自给力、续航力和突击威力，能远离基地长时间地独立在海洋进行战斗活动。现代潜水艇水下排水量从数十吨至2.6万余吨，下潜深度100～500米，最大达900米。水下航速8～42节。主要任务是袭击敌大、中型舰船和岸上战略目标；并可担负侦察、反潜和布雷等任务，还可输送少量人员、物资上陆。按战斗使命可分为战略导弹潜艇和攻击潜艇；按动力装置可分为核动力潜艇和常规动力潜艇；按排水量可分为大、中、小型和袖珍型潜艇。

核武器

核武器也称原子武器，是利用核裂变或核火箭聚变反应瞬间释放巨大能量达到大规模杀伤破坏效应的武器的总称。核武器通常由核战斗部、投射工具和指挥控制系统等组成。可用于实战的核武器系统，主要是核战斗部。

核武器系统因运载工具和使用目的不同，可分为很多种类，如弹道核火箭、巡航核导弹、防空核导弹、反潜核导弹、深水核炸弹、核航弹、核炮弹、核地雷等。按作战使用的不同，又可分为战略核武器和战术核武器。战略核武器用于袭击敌方的战略要地和防御己方的战略要地，其爆炸当量一般比较大；战术核武器是指在战役中可直接使用的核武器，其爆炸当量一般比较小。核武器的杀伤破坏半径与其威力的立方根成正比。核武器的爆炸威力多用梯恩梯(TNT)炸药威力来衡量，称为TNT当量。

普通炮弹、炸弹装的都是化学炸药，通过爆炸形成的气浪、弹片来造成对目标的杀伤破坏。由于气浪和弹片作用的距离有限，故能杀伤的半径仅为十几米，至多百米范围内的目标。而核武器则不同，它里面装的是核装药铀235、钚239或热核装药氘、氚或氘化锂等。爆炸释放的能量是由瞬间的核裂变或核聚变产生的，属原子能，比一般化学反应产生的能量要大得多。1千克铀235核装药全部裂变放出的能量，相当于2吨梯恩梯化学炸药爆炸时产生的能量，而1千克氘氚聚变反应放出的能量又是1千克铀235释放能量的4倍。因此，原子弹、氢弹爆炸产生的冲击波、光辐射、贯穿辐射和放射性沾染的杀伤半径可达几千米至几十千米，并能对目标造成综合性的杀伤和破坏，其威力自然比普通炸弹和炮弹要大得多。

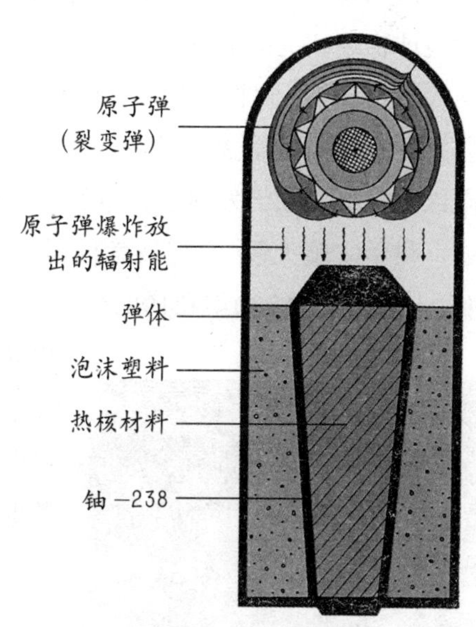

氢弹结构原理示意图

自从1945年美国将2颗叫“小男孩”和“胖子”的原子弹投在日本广岛、长崎以后，人类以巨大的代价，第一次感觉到了核武器的空前威力。

有趣的航天知识

民用火箭的种类

民用火箭的种类很多，这里让我们给主要民用火箭画个像。

气象火箭　它把科学仪器送到低于120千米的高空，探测那里大气的温度、压力、密度和流动速度，以预测气象变化。这是很重要的气象探测，因为那里是气象卫星和一般探测气球都到不了的盲区。1960年2月19日，我国发射成功T-TM气象火箭。

地球物理火箭　它把科学仪器送到120千米以上的高空，探测那里的各种地球物理状况的数据资料。

生物火箭　它将生物和科学仪器送到高空，观测生物的生理等变化，研究高空环境对生物的影响。这是为载人航天活动服务的，在人类进入太空以前，科学家们发射了大量的生物火箭，而且至今仍在发射。

科学实验火箭　它把科学仪器和实验材料送到高空，进行各种科学实验。如日本在1980年和1981年，用火箭将小型炼钢炉送到高空，利用短暂的失重状态进行炼钢实验。1988年，日本还两次用德国火箭将微重力实验装置送到240～270千米高空，利用6分钟的微重环境，进行半导体材料实验。

日本H-2运载火箭

邮政火箭　为交通不便的边远地区运送信件和物资，特别是运送紧急需要的药品、救灾物资和工程抢险材料等。1992年，俄罗斯曾用火箭将哥伦布航行到美洲500周年的纪念品发送到美国。

观察和摄影火箭　用火箭把电视摄像机送到空中，然后用降落伞吊挂着对地面摄影，这比卫星对地面拍照更清晰、灵活和及时得多，可用于观察火山爆发、森林火灾、地震和洪水等灾情，对体育比赛进行现场摄影和报道等。

体育运动火箭　即模型火箭，它是一种重要的体育器材，深受青少年的喜爱，模型火箭竞赛已成为一项国际性的体育竞赛活动。模型火箭运动参加者，可以动手制作模型火箭，可以用模型火箭进行科学探测、实验和研究，把体育与教学、科研、科学普及活动结合起来，对小学、中学、大学和自学计划中的数学、空气动力学、物理学、工艺学、甚至文学的形象教学都有很大帮助。

人造卫星的分类

从人类发射第一颗人造卫星以来，迄今已有170多个国家和地区开拓了卫星应用，发展速度令人吃惊。目前，世界各国发射的卫星总数为5000颗左右，其中绝大多数已停止工作或坠入大气层而被烧毁，仍留在轨道上继续工作的卫星虽然为数不多，但名目繁多，按运行轨道分，有低轨道卫星、中高轨道卫星、地球同步轨道卫星、地球静止轨道卫星、太阳同步轨道卫星、大椭圆轨道卫星和极轨道卫星等。按用途分，可分为科学卫星类、技术试验卫星类和应用卫星类等三大类。其中每一类又可按具体的用途范围再进行分类，如用于科学探测研究的卫星有空间物理探测卫星和天文卫星等；大家比较熟悉的直接为国民经济、军事和文化教育服务的应用卫星有通信及广播卫星、气象卫星、测地卫星、地球资源卫星、导航卫星、侦察卫星等。

各式各样的卫星，不仅用途不同，其外形也呈现出千姿百态，但不论什么卫星，其基本组成通常都是由专用系统和通用系统两大部分构成。专用系统的组成将视卫星担负的任务而定，如通信卫星有无线电接收和转发设备等通信专用系统，侦察卫星必须有高空照相机、可见光和红外扫描辐射仪等遥感设备，科学探测卫星必须装有相应的探测仪器等。照明发电类卫星则必须有太阳光反射

我国的第一颗卫星
(1970年4月24日发射)

与接收等聚能转换系统等。而通用系统则是各类卫星都不可缺少的组成部分。通常包括结构、温度控制、姿态控制、无线电遥测、遥控、跟踪和能源等分系统。

肯尼迪航天中心

美国佛罗里达州卡纳维拉尔角肯尼迪航天中心，被人们称为人类通向太空的大门。它濒临大西洋，由于地理条件优越，1947年被辟为火箭试验发射场。这里是在美国本土最接近赤道的地区，又在美国的边缘，面临浩瀚的海洋，其东南方向有巴哈马群岛和西印度群岛，适宜于建立一系列监控站，是各种航天器理想的发射场所。从美国第一颗人造卫星到举世瞩目的航天飞机，都是从这里启程飞上太空的。

肯尼迪航天中心南北长56千米，东西宽20千米。中心包括技术阵地和发射阵地两大部分。在技术阵地建有火箭及卫星、飞船组装检测厂房。特别引人注目的是装配大楼，其容积360万立方米，高160米，楼内备有各种先进的测试仪器和显示、记录设备。发射阵地建在5千米外，拥有发射控制中心和发射台。整个航天中心有23个发射阵地，其中著名的39号发射阵地有A、B两座发射台，许多大型航天器都从这里飞出地球。

我国的卫星发射中心

酒泉卫星发射中心

位于甘肃酒泉，是我国运载火箭、科学试验卫星的发射试验基地。通常向东南方向发射，将科学试验卫星送入轨道。该发射场也可进行中、远程运载火箭的发射试验。酒泉卫星发射场包括测试区、发射区以及各种测试设备和保障设施，还有运载火箭和航天器的装配测试厂房、发射台、勤务塔、脐带塔、发射指挥控制中心、推进剂贮存和加注设施、计算中心、测定站等。为发射服务的一系列生活设施也是应有尽有。北京时间1999年11月20日6时30分，我国一枚新型运载火箭自酒泉卫星发射中心起飞，成功地将中国第一艘载人航天试验飞船送入太空。为实施载人航天工程，酒泉卫星发射中心专门建设了垂直总装发射工位。我国的“神舟”系列载人飞船都是从酒泉卫星发射中心成功发射的。

西昌卫星发射中心

位于四川西南部的西昌市，主要发射方向也是东南。西昌发射中心是我国低纬度航天器发射点，1984年起主要发射试验通信卫星。运载火箭主要是由我国研制的长征号，有“长征”1号、“长征”2号和“长征”3号。1970年4月24日，“长征”1号火箭把我国第一颗人造卫星“东方红”1号送入轨道。从此，我国也成了世界上为数不多的能发射人造卫星的国家。1984年4月8日，“长征”3号火箭又成功地发射了我国第一颗地球静止卫星的试验通信卫星。

太原卫星发射中心

位于山西太原以北的岢岚县，1968年建成投入使用，当年12月8日，我国第一代中程火箭的全程飞行试验在这里成功进行。为适应国内外发射任务的需要，1979年建成了7号发射塔，主要执行“长征”4号和“长征”2号丙改进型运载火箭的发射任务。1988年和1990年，“长征”4号火箭两次成功地发射了“风云”1号气象卫星。1999年5月10日，“长征”4号乙运载火箭在这里成功地将第二批“风云”1号气象卫星和“实践”5号小卫星送入轨道。“长征”2号丙改进型在这里已发射了7次。

侦察卫星

侦察卫星，就是窃取军事情报的卫星，它站得高看得远，既能监视又能窃听，是个名副其实的“超级间谍”。

1990年8月2日，伊拉克突然袭击并占领了科威特的国土，由此拉开了一场持续半年之久的海湾战争。40多万美国及盟国军队云集海湾，伊拉克的重要机场、武器库、战略设施受到了美国导弹和飞机的狂轰滥炸，损失惨重。美国何以能准确地掌握伊拉克的军事机密呢?其中侦察卫星功不可没。

美国KH-12侦察卫星

侦察卫星利用光电遥感器或无线电接收机，搜集到地面的目标辐射、反射

知识链接

海湾战争中的侦察卫星

海湾战争中，为多国部队服务的军事卫星至少有32颗，其中不少是侦察卫星。“锁眼11”侦察卫星是美国最新型的数字成像无线电传输卫星，它不用胶卷而是用电荷耦合器件摄像机拍摄地面场景图像，然后把图像传送给地面。地面收看的效果犹如看电视片。它的地面分辨率为1.5～3米，它最早发现伊拉克军队向科威特推进的行动。

还有一种更先进的“锁眼12”（KH–12）侦察卫星，它的地面分辨率高达0.1米，足可以清点沙漠中伊军的坦克、帐篷和人员。这种卫星具有一种“斜视”功能，即当卫星不能直接飞越海湾地区上空时，也能通过改变其光学系统的指向来摄取旁边地域的图像。

侦察卫星上的红外设备还可以在夜间拍照。“长曲棍球”号侦察卫星是一种雷达成像型卫星。海湾地区地表沙漠多，最适合雷达全天候监视。雷达成像卫星与可见光照相侦察卫星不同，它不受光照条件限制，可以昼夜工作，不间断地提供地面目标图像。这些卫星传回了大量数据，在处理、分析这些情报的美国图像照片判读中心里堆积如山，使处理人员每天工作长达18小时以上。经过处理的信息输入美国海、空军的导弹制导系统中，其结果是伊拉克一个个精心伪装的战略要地大多进了多国部队的轰炸清单。

2001年10月，为了打击阿富汗塔利班，美国又发射了一颗“锁眼11”侦察卫星，监视塔利班的行动。

或发射出的电磁波信息，用胶卷或磁带记录下来后存贮在卫星返回舱里，待卫星返回时地面回收。或者通过无线电传输的方法，随时或在某个适当的时候传输给地面接收站，经光学、电子计算机处理后使用。

侦察卫星根据执行任务和侦察设备的不同，分为照相侦察卫星、电子侦察卫星、海洋监视卫星和预警卫星。在预警卫星出现前，人们用巨型雷达探测，由于地球曲面的阻挡，只有当导弹爬高到250千米高空时，雷达才能“看”到目标，预警时间只有15分钟，常常由于来不及准备而被动挨打。预警卫星可以把预警时间提到30分钟。海湾战争中，美国的爱国者导弹拦截伊拉克的飞毛腿导弹，预警卫星起了极大的作用。预警卫星运行在地球静止轨道，并由几颗卫星组成一个预警网。

资源卫星

资源卫星，是勘测和研究地球自然资源的卫星。它能“看透”地层，发现人们肉眼看不到的地下宝藏、历史古迹、地层结构，能普查农作物、森林、海洋、空气等资源，能预报和鉴别农作物的收成，考察和预报各种严重的自然灾害。

资源卫星分两类：一是陆地资源卫星，二是海洋资源卫星。资源卫星一般采用太阳同步轨道运行，这能使卫星的轨道面每天顺地球自转的方向转动1°，与地球绕太阳公转每天约1°的距离基本相等。这样既可以使卫星对地球的任何地点都能观测，又能使卫星在每天的同一时刻飞临某个地区，实现定时勘测。

世界上第一颗陆地资源卫星是美国在1972年7月23日发射的，名为“陆地卫星”1号。它采用近圆形太阳同步轨道，卫星距地球920千米高，每天绕地球14圈。卫星上的摄像设备不断地拍下地球的情况，它拍的每幅图像可覆盖地面近20 000平方千米，是航空摄影的140倍。世界上的第一颗海洋资源卫星是美国于1978年6月发射的，名叫“海洋卫星”1号。它装有各种遥测设备，可在各种天气里观察海水特征，测绘航线，寻找鱼群，测量海浪、海风等。美国用这颗卫星拍摄的图片，绘制了世界三大洋的海底

知识链接

神奇的资源卫星

中国在修建大同—秦皇岛的铁路时，原先认为桑乾河为不可通的地段，铁路须绕行 40 千米。而每千米的铁路建设费高达 900 万元人民币，还要占用数千亩良田。后来设计人员研究了资源卫星提供的卫星图片，认为桑乾河的地质条件可以让铁路通过，这样一下子就减少了国家 4 亿元的投资。

美国夏威夷群岛上的居民一直找不到充足的淡水，人们祈求资源卫星来帮忙。通过研究资源卫星提供的图片，专家们发现某些岛屿沿海处的温度辐射比周围要低 10℃。根据图片坐标去实地勘探，结果发现那里竟是地下淡水的入海处。就这样，资源卫星一下子为夏威夷的人找到了 200 多处地下淡水源。

世界上最长的河流叫亚马逊河，长期以来该河流域的资源状况一直是个谜。因为那里是一个原始森林密布、野兽出没、人迹罕至的地方，它的面积有 500 万平方千米，大约占南美洲巴西国土的 60%。如果要进行人工勘测，可能需几千人工作 100 年以上，耗资 70 亿美元。这么大的投资，使得人们无力去解开亚马逊之谜。然而 20 世纪 80 年代中期以后，人们并没有费太大的劲，利用卫星就对世界第一大河流域的地形地貌、土壤植被、森林、矿藏等等资源了如指掌了，并且发现了这条大河还有一条几千千米长的大支流。

地形图，为人类发展海运、开发海洋提供了资料。可惜的是，它只工作了105天，就因电源系统短路而失去了作用。

气象卫星

天有不测风云。在大自然中，天气变化无常，有时晴空万里，有时电闪雷鸣，有时风急雨骤。人类为了掌握天气变化的规律，探知大自然的奥秘，建立了成千上万个气象观测站；但由于地理条件的限制，气象观测并不能满足天气预报的要求。气象卫星的出现，带给人类的不仅仅是观测手段的变化，更是气象预报技术的革命。

气象卫星鸟瞰大地，能从太空观测到地球大气和地面上的事物，如大海、大陆、高原、沙漠、盆地、湖泊、植被、冰雪覆盖区域等，还有各种不同气团的云系都能反映在观测仪器上，形成图像。另外，还能获得一些定量探测资料，如大气温度、湿度、气压、臭氧含量、大气辐射和高空风向风速等。卫星把这些资料传到地面站。地面接收系统得到这些资料后，必须用容量大、速度快、功能全的计算机进行处理。图像资料的处理是一个很复杂的过程。处理后得到的黑白灰度不同的云图，才能供分析使用。

气象卫星可分为太阳同步轨道气象卫星和地球静止轨道气象卫星。太阳同步轨道气象卫星每天对全球表面巡查两遍，可以获得全球气象资料。地球静止轨道气象卫星可以对全球1/3的地区连续进行气象观测，及时将气象资料传回地面。气象卫星具有一些明显的优势：观测范围广、次数多、时效快、完整、连续和系统；不受自然条件和国界的限制，也不受时间和空间的限制，可以准确地预报台风、暴风雪、暴雨等灾难性天气，而且可以监视森林火灾。

“阿波罗”登月工程

“阿波罗”工程是指美国于20世纪60年代至70年代初组织实施的载人登月工程。实施这一工程的目的，是实现载人登月飞行和人类对月球的实地考察。“阿波罗”工程在世界航天史上具有划时代的意义。工程始于1961年5月，至1972年12月第6次登月成功结束，历时11年，共耗资255亿美元。整个工程组织了2万家企业、200多所大学和80多个研究单位，共有

30多万人参加。

为了登月，方案论证了飞船登月飞行轨道和确定载人飞船的总体布局。从“阿波罗”号飞船的3种飞行方案中选定月球轨道交会方案，确定由指挥舱、服务舱和登月舱组成的飞船总体设计方案。“阿波罗”号飞船使用大推力的“土星”5号巨型3级运载火箭作为飞船登月的运载工具。1969年7月20～21日，美国首次实现人类登月的理想。此后，美国又相继6次发射“阿波罗”号飞船，其中5次成功，总共有12名宇航员登上月球。

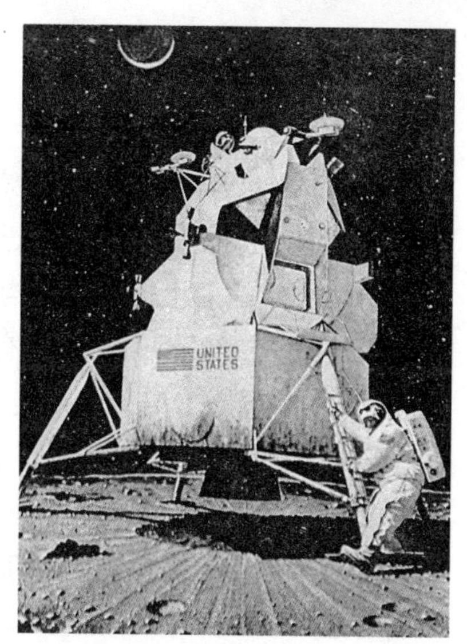

宇航员从登月舱到达月球表面

航天飞机水平降落

航天飞机每次上太空执行任务，总给人“虎头蛇尾”的印象。它挟着浓烟和烈焰，在震耳欲聋的轰鸣声中升空。返回地面时，却像滑翔机一样无声无息地降落，还不如一架大型客机降落时热闹呢！根据前面的介绍，我们可以注意一下发射时的航天飞机：它身上绑着比自己还要大的外燃料箱，还有两枚助推火箭。在这些“贤外助”的帮助下，航天飞机先上升到几十千米高空，扔下两枚耗尽燃料的助推火箭(它们用降落伞回收后重复使用)。再上升到100多千米高度时，又抛弃庞大的外燃料箱，这时航天飞机本身的发动机才足以把它送上几百千米高的轨道。航天飞机挂了那么多“外挂”，当然无法像飞机那样水平滑跑起飞，而且它受到的空气阻力也远远超过大型飞机。再说火箭发动机又是急性子，只能短时间工作。因此，航天飞机必须在最初一两分钟里垂直上升，尽快冲出稠密的低层大气。当它返航时，早已摆脱了累赘的外挂物，就能像滑翔机一样飘然降落。

用能够重复使用的航天飞机发射卫星，比用一次就报废的传统运载火箭便宜。但航天飞机只能在造价昂贵的发射台上升空，每次飞行后要重新装配，不能在短期内重复使用。所以在21世纪，它将被更先进的空天飞机所取代。

国际空间站

已在太空使用的、迄今为止最大的航天器——国际空间站，是航天史上最伟大的杰作，代表了当今人类航天技术的实力和水平。

国际空间站采用桁架式结构，其结构之复杂和规模之大令人咋舌。它在长达108.5米的桁架上安装有太阳能电池帆板和散热器，其中心部分是居住舱、实验舱，它们是由美国制造的。此外，还有俄罗斯制造的服务舱、研究舱和太阳能电池帆板，日本的实验舱、欧空局的哥伦布轨道设施和加拿大的移动服务系统。空间站宽度达88.4米，几乎有足球场那么大，相比之下，与其对接的航天飞机犹如一个足球。国际空间站重472吨，太阳能电池帆板面积为4000平方米，覆盖的面积超过两个足球场，当它划过夜空时，将像钻石般晶莹剔透，可以用肉眼直接看到。

国际空间站的部件有100多个，需要多次发射升空，并在太空将它们组装起来。预计美国航天飞机和俄罗斯运载火箭共需发射45次，宇航员要进行舱外活动1100小时，其技术难度和风险是巨大的。建成后，空间站上可居住6～7名宇航员，可以在太空运行10年。它的轨道平均高度为350千米，运行时速为2.8万千米，绕地球一圈只用90分钟，运行期间可看到地球总表面积的85%。

国际空间站的建站计划长达10年，分为三个阶段。1994～1998年6月为第一阶段，主要是完成技术攻关和建站的一系列准备工作。1998年6月～1999年6月为第二阶段，进行主要装置的发射，建成核心部分，可具备3名宇航员在轨工作、开展科学研究的能力。此阶段共需进行15次发射。从1999年7月到2006年12月为第三阶段，这阶段将全面完成所有装配任务，将美、俄、加、欧空局、日制造的各种舱段和桁架结构按顺序发射并组装起来， 还能具备6～7名宇航员在轨工作的能力。此阶段共需发射30次。国际空间站已成为真正的太空研究试验机构。

文化艺术

有趣的民俗风情

春节贴春联的由来

春联，就是写有关春节的吉语。它是用结构相同、字数相等、词性相对的一对句子或句子成分来表达相反、相似或相关意思的一种修辞手法。这是中华民族艺苑中一朵绚丽多彩的奇葩。

春联的渊源，可追溯到2000多年前战国时期的“桃符”。那时每逢过年，人们总是用两块桃木板刻上神荼、郁垒两位神将的像，挂在门旁，以驱鬼避邪。这是因为相传在东海度朔山上有一棵大桃树，树下有神荼、郁垒二神，能避百鬼。到了宋代，过春节贴联语已成了一种普遍习俗。王安石在《元日诗》中说：“千门万户曈曈日，总把新桃换旧符。”

改用红纸书写春联，始于明朝。因为明太祖朱元璋不仅自己酷爱对联，而且也要别人喜欢。在明朝初年的一个除夕，他传旨文武百官和平民百姓，每户都要张贴春联一副。圣旨传出后，他又在京都微服察访，发现有户人家未贴春联，进门一问，才知道姓苗的这户人家因无人会写字，又请不到别人代写，正在为这事发愁。朱元璋听了，便笑着说：“我给你们写一副吧!”于是他根据户主阉猪这一职业，在主人铺开的红纸上挥笔写下“双手劈开生死路，一刀割断是非根”这副对联。此后，各朝仿效流传

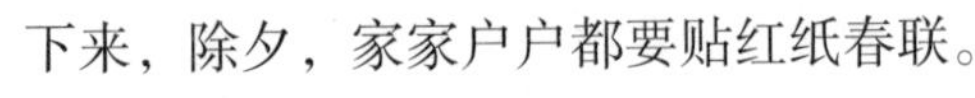
下来，除夕，家家户户都要贴红纸春联。

春节时中国家庭都要贴红纸春联

另外关于对联还有一个传说：相传中国古时候有一种叫“年”的怪兽，长头尖角，凶猛异常，“年”兽长年深居海底，每到除夕，就爬上岸来吞食牲畜伤害人命，后来终于被一个白发老人制伏了。原来“年”兽最怕红色、火光和炸响，白发老人驱逐“年”兽的法宝就是贴红对联和放鞭炮。从此，每年的除夕，家家都贴红对联，燃放爆竹，户户灯火通明，守更待岁。

拜年习俗的由来

拜年是中国民间的传统习俗，是人们辞旧迎新，相互表达美好祝愿的一种方式。古时“拜年”一词原有的含义是为长者拜贺新年，包括向长者叩头施礼、祝贺新年如意、问候生活安好等内容，遇有同辈亲友，也要施礼道贺。拜年一般从家里开始，初一早晨，晚辈起床后，要先向长辈拜年，祝福长辈健康长寿，万事如意。长辈受拜以后，要将事先准备好的“压岁钱”分给晚辈。给家中长辈拜完年以后，人们外出相遇时也要笑容满面地恭贺新年，互道“恭喜发财”“四季如意”“新年快乐”等吉祥的话语，左右邻居或亲朋好友亦相互登门拜年或相邀饮酒娱乐。

宋人孟元老在《东京梦华录》中描写北宋汴京时云：“元月一日年节，开封府放关扑三日，士庶自早相互庆贺。”明中叶陆容在《菽园杂记》中说：“京师元旦日，上自朝官，下至庶人，往来交错道路者连日，谓之‘拜年’”。清人顾铁卿在《清嘉录》中描写：“男女以次拜家长毕，主者率卑幼，出谒邻族戚友，或止遣子弟代贺，谓之‘拜年’。至有终岁不相接者，此时亦互相往拜于门……”

在古代，上层士大夫有用名帖互相投贺的习俗。当时士大夫对有些关系不大密切的朋友就不亲自前往，而是派仆人拿一种用梅花笺纸裁成的，写有受贺人姓名、住址和恭贺话语的卡片前往代为拜年。

明代人们以投名谒代替拜年。这里所言的“名谒”即是现今贺年卡的起源。贺年卡用于联络感情和互致问候，既方便又实用，至今仍盛行不衰。

大约从清朝时候起，拜年又添“团拜”的形式，清人艺兰主在《侧帽余谭》中说：“京师于岁首，例行团拜，以联年谊，以敦乡情。”

“耍狮子”的由来

耍狮子是中国一种流传广泛，并深受老百姓欢迎的娱乐节目。在古代每逢过年、过节，街头巷尾就会出现耍狮子的热闹场景。

那么，耍狮子的习俗是怎么形成的呢？

相传，在公元76年(汉朝时期)，在西域(即现在的新疆和新疆以西的地区)有个小国家，名叫大月氏国。

当时汉朝很强大，大月氏国较弱小，因而大月氏国必须向汉朝皇帝进贡。大月氏国的国王很不服气，有一天，他就派人向汉朝进贡了一头“金毛雄狮子”。大月氏国的国王还扬言：“你们汉朝要是有人能驯服这头猛兽，我们就继续向你们进贡；假如你们没人能驯服它，我们就将不再向你们进贡，并和你们断交。”

汉朝皇帝闻听此言，很着急，赶紧选了三个最勇敢的人驯狮。哪知金毛狮野性极大，三个驯狮者使出浑身解数，也未能制伏它。

有一天，在驯狮的过程中，被激怒的金毛狮野性大发，横冲直撞，向人猛扑过去，眼看一场狮吃人的悲剧就要发生了。这时，一个在旁的宫人，情急之中，抄起一根大木棒，向狮子猛打过来。在他人的协助下，宫人打死了狮子。

狮子死了，该怎么向皇上交代呢？为了逃避惩罚，宫人便剥下狮子皮，让他的两个兄弟装扮成狮子，由他自己引逗着跳舞。

宫人与他的兄弟们表演得很逼真，不仅汉朝皇帝以为金毛狮真的被人驯服了，就连大月氏国的国王也信以为真了。

此事传出了汉宫，老百姓拍手称快，他们认为耍狮子为国争了光，于是争相仿效，以表示欢庆与喜悦。

从此，耍狮子便流传开来，并传至今日了。

赛龙舟和吃粽子

在我国湖南一带流传着这样一首儿歌：“五月五，是端阳，门插艾，香满堂。吃粽子，洒白糖，龙舟下水喜洋洋。”端午这天，家家户户门上插艾，吃粽子，到江边湖畔参加或参观龙舟竞赛。

相传，这些民俗活动是为纪念伟大的爱国诗人屈原的。屈原是两千二百年前的楚国三闾大夫、诗人，由于奸臣诽谤，昏庸的楚王不但不采纳他联齐抗秦的主张，反而放逐了他。公元前278年，秦军攻破楚国的国都。屈原听到这一消息，非常悲痛，五月五日他怀石投入汨罗江，以身殉国。人们从四面八方划着船赶来抢救，并把粽子投入江中给鱼虾吃，免得伤害屈原的尸体。这就是端午节划龙舟吃粽子来历的传说。

其实，早在屈原之前，就有类似的风俗了。因为爱国诗人屈原品德高尚，诗篇感人，人们敬重他，便把这些活动和救屈原联系起来。从此，这传说很快传遍南北各地。到了宋代，朝廷正式把五月五日定为端午节。

吃年糕风俗的由来

年糕是中国民间的一种传统食品，每到春节期间，好些地区都有吃年糕的习俗。年糕是用糯米掺豆沙、红枣、青丝等制成的，它除了可以蒸、炸之外，还能炒和煮着吃。

年糕的种类也比较多，中国的北方城镇有白糕、黄米糕，江南有水磨年糕，西北地区有糯粑粑等。中国人过年吃年糕的习俗已有2000多年历史了，而说起它的起源，还与一段感人的传说有关呢!

在春秋时期，苏州是吴国的都城。吴国国王夫差为了抵抗敌国——越国的入侵，就对他手下的大将伍子胥说："赶快召集百姓，筑一道坚固的城墙把苏州城围起来。这样，越国就很难攻下苏州了。"

伍子胥非常有才干，在他的领导下，不久，一座坚固的城墙就修好了。吴王见了大喜，说："从今天起，我就可以放心享乐了!"从此吴王整日在宫中寻欢作乐、喝酒游玩，把治理国家的大事全抛在了脑后。

伍子胥见吴王如此昏庸，非常担心，他几次来见吴王，劝说道："一个君主应该以国事为重，倘若沉迷于酒宴，国政必然荒废。一旦敌国入侵，国家就很危险了。"吴王不仅听不进伍子胥的忠言，反而勃然大怒，说伍子胥制造国家会灭亡的危言，命令伍子胥自杀谢罪。

伍子胥悲愤交加，临死时对身边的人说："吴王昏聩，吴国必将灭亡。当苏州城被围后，若遇饥荒，可在城门下掘土三尺，自会找到食物。"

伍子胥死后不久，越国果然大举进攻吴国。吴军大乱，连连溃退，最终苏州城被层层包围起来。被围数月之后，苏州城

打糍巴招待远方的客人

文化艺术

中的军民因缺吃少食，开始大量饿死。这时，忽然有人记起了伍子胥的遗言，于是拆墙挖地，发现做墙基的砖不少是用糯米浆制成的。人们用它煮食充饥，度过了艰难的岁月。

为了纪念伍子胥，从此每逢过年，人们就用糯米制成砖形的糕，并叫它“年糕”了。

西藏的雪顿节

雪顿节是西藏的传统节日。在藏语中，“雪”是洁白的酸奶的意思，“顿”是宴会的意思。“雪顿”就是“酸奶宴会”。后来，雪顿节上以演藏戏为主，因此人们又把它称为藏戏节。

随着时代的变迁，“雪顿”节已不再是过去单纯的宗教活动，它已发展成为一个全西藏的野营、游戏、聚会、交易、狂欢的节日。藏历6月30日早上，拉萨哲蚌寺的晒佛仪式揭开了雪顿节庄严隆重的序幕。成千上万的朝拜者和看热闹的人们形成一股股人流，在天亮以前涌向晒佛场。晒佛场上鼓乐喧天，长号齐鸣，惊天动地，气氛庄严肃穆。

在藏传佛教中，佛的画像叫“唐卡”。哲蚌寺珍藏一幅巨大的“唐卡”，是释迦牟尼的画像。这幅画像是用补花的手法，将不同的染色布缝制在一块很大、很厚的丝织品上。每年藏历6月30日早晨，需要上万人将“唐卡”抬上山坡，等太阳出来，将画像摊在山坡上晒一个小时。这幅已经晒过无数次的“唐卡”，它的质地、色彩依然如新。

晒佛过后，人们三三两两地向树荫下，草地上散去。他们把毛毡铺在地上，席地而坐，摆上酸奶、酥油茶、青稞酒、抓羊肉、烧牛肉、水果、啤酒，又吃、又喝、又唱、又跳，尽兴娱乐。这个活动，先从哲蚌寺开始，然后遍及全西藏，凡是群众聚集、聚居的较大城镇、乡村和寺庙都有欢度雪顿节的场面，都有民间藏戏团演出和交易会的活动。特别是罗布林卡的活动更为突

藏戏

出。罗布林卡是“宝贝花园”的意思。是历代达赖的避暑夏宫，在这里成套的藏戏要一连演出几天，观看的人里三层外三层，连戏台周围树上都爬满了人，树荫下，草地上，人们各找乐趣，尽情欢乐。

中秋节——团圆的节日

中秋节，是我国各族人民的传统佳节。古人把一年分为四季，一季中又分成孟、仲、季三个月。八月份是秋季中的仲季，而十五又是这个月中间的一天，所以农历八月十五就叫中秋了。

秋天是一年中的黄金季节，瓜果满市，粮棉丰收。“月到中秋分外明”，据说中秋之夜的月亮，是一年中最皎洁明亮的。我国民间把中秋圆圆大大的月亮作为团圆的象征。所以每到中秋之夜，按照传统习俗，家家在庭院摆上桌子，买来月饼、瓜果，合家团聚，边赏月边吃瓜果、月饼，祈祝花好月圆，人寿年丰，所以中秋节又叫“团圆节”。

中秋节成为人们喜爱的传统佳节，还广为流传一个“嫦娥奔月”的美丽神话传说。传说在远古的时期，中国大地上出现了10个太阳，酷热使人死亡，森林焚烧，川泽干涸，人间一片灾难。那时的君王尧帝请求上天赐恩，玉帝派大神后羿和他的妻子嫦娥到人间处理。原来10个太阳，都是玉帝的儿子，本来奉命每天出来一个太阳，因为他们骄傲不听话，10个太阳一起出现。后羿到人间后，看到人间的灾难，忍无可忍，用弓箭向太阳射击，把9个太阳射死，只留下一个太阳。老百姓都歌颂后羿为民间铲除大害，称他为英雄。可玉帝不高兴了，他见后羿射死自己的9个儿子，大发雷霆，不许后羿、嫦娥夫妇俩再回天上。后来，嫦娥偷吃了丈夫的仙丹，便身不由己地飘上了寒冷的月宫。嫦娥奔月，触犯了玉帝的旨意，玉帝一怒，将她变成兔子，每月为天神磨药来弥补罪过。月亮上的广寒宫里，除住着嫦娥外，还有一位因为修仙犯了错误，被罚到月亮里砍伐树木的吴刚。吴刚登上月宫，被罚去砍伐月中的桂树，这桂树很奇怪，随砍随长，永远也砍不断，吴刚只好一直不停地砍树，到现在还没有停呢。

中秋之夜，在清朗的明月下，你一面吃着月饼，一面赏月，不妨仔细看看，月亮里是否有嫦娥变成的兔子在磨药和吴刚在伐树？

傣族的“泼水节”

泼水节是傣族同胞送旧迎新的节日，和内地广大地区过春节一样。它是傣历的新年。因为节日的泼水活动很特殊，所以人们称之为“泼水节”。傣历是阴阳合历，它以地球的公转计算年，以月亮的圆缺复始计算月，岁首常在六月（公历四月）。傣历规定太阳进入金牛宫（即每年的四月二十或二十一日谷雨节开始）的那一天为“泼水节”。

节日的活动极为丰富，有放高升、赛龙船、丢包、泼水等等。放高升在新年的头一天，它象征着美好的日子永远高升。赛龙船实际上是一项有益的体育活动，它是在互相拜年祝福之后进行的，水面上十分热烈，十分壮观。丢包是未婚青年男女在节日期间的一种游戏。姑娘小伙子们借此互赠礼品，实际上是表达爱情的一种方式。“泼水”活动一般在第二天或第三天下午举行。人们提着水桶或端着水盆，在街口遇到行人就泼水祝福。有时边唱边舞边泼水。清洁的水象征着尊敬、友爱和祝福，谁被泼的水最多，谁就是最幸运的人。

泼水节在东亚、东南亚一些国家都很盛行。例如缅甸、泰国，他们泼水节的活动都是世界有名的。

圣诞节的由来

每年的12月25日，是西方重要的节日——圣诞节。那么，圣诞节是如何起源的呢?

据传说，圣诞节的起源与耶稣诞生有关。耶稣是基督教的创始人，相传，在2000多年前的12月25日的凌晨，耶稣诞生了。

公元354年，罗马天主教会规定：12月25日为纪念太阳神诞生的日子。太阳神是古罗马人最崇拜的神灵。为了感谢太阳对人类的赐福，人们在12月25日这天要举行各种庆祝活动，向太阳表达尊敬和谢意。

人们将纪念耶稣的诞生和感谢太阳神的恩赐结合起来，就把12月25日定为圣诞节了。

圣诞节从354年开始出现，并逐渐扩大到世界许多国家。后来，有些国家一度禁止人们信奉耶稣、过圣诞节。

如今，禁令已解除，在许多国家，圣诞节则成了一个全民欢庆的大节日。

圣诞节是从12月24日夜间开始，“报佳音”是此夜最有趣的活动。

“报佳音”习俗的来历也与耶稣诞生有关。据传，在耶稣降生时，有一个天使向牧羊人报告了耶稣将降生的喜讯。

“报佳音”的活动是这样的：当深夜来临时，教会的唱诗班就挨家挨户，走到信奉耶稣的人家门前，高声唱圣诞颂歌。这时主人会打开门，欢迎众人进屋享用茶点。随后，主人会加入唱歌的队伍，跟着他们一起去别的人家唱颂歌。这样，“报佳音”的队伍会愈来愈大，而活动也往往持续到天明。

圣诞老人

圣诞树是圣诞节不可缺少的装饰品。在圣诞来临前人们会选择绿色的、外形呈塔状的小松树、小柏树，在上面挂满各种礼品和好看的彩灯，来增加节日气氛。这就是圣诞树。

在圣诞节，还有一个重要的人物会出现，他就是圣诞老人。

感恩节的由来

每年11月的第四个星期四，是美国的感恩节。感恩节是美国人民的盛大节日，晚餐异常丰富，其中必备的菜便是火鸡肉和南瓜饼，因而感恩节又名火鸡节。

那么，感恩节是怎么来的呢？

感恩节起源于1621年。1620年9月，102名英国清教徒为了摆脱宗教和政治上的迫害，乘木船漂洋过海，历尽艰险，经过65天的航行，在11月21日抵达美国马萨诸塞州科德角的普利茅斯。移民们初到普利茅斯，就遇上了严寒的冬天。他们缺乏装备、缺乏经验，加上又有传染病流行，夺走了这里过半数人的生命。这年冬末，只有50名移民侥幸地活了下来。

第二年春天，附近村庄的印第安人，给移民们送来了很多生活必需品作为礼物，并教移民们捕鱼、狩猎，种南瓜、玉米、笋瓜、蚕豆和饲养火鸡等。这一年，移民们收获了累累硕果，闯过了生活的难关。

移民们为了感谢“上帝”，并加强同印第安人的友谊，特地在11月底的一天，大开筵席，邀请印第安人一起参加。印第安人欣然应允，并提前送来了鹿和火鸡。这一天除了相互欢宴之外，还举行多种活动，有摔跤、赛跑、射箭、唱歌和跳舞等。夜晚人们燃起篝火，歌舞狂欢，搞得喜气洋洋，十分成功。以后，这个欢乐的节日在普利茅斯流传下来，并逐渐推广到美国各地和北美一些国家，人们都把它称作“感恩节”。

复活节的由来

复活节又称“复活主日”“耶稣复活瞻礼”“主复活节”。这是基督教纪念耶稣复活的节日。据传说，耶稣被钉死在十字架上后，又复活升天。《新约全书》中说，耶稣在绞架上被钉死以后，第三天清早坟墓上的石头忽然挪开了，两个天使坐在原来安放耶稣的地方。耶稣站了起来，对旁边的人说，他要升天了。于是，他的门徒奔走相告耶稣复活的佳音。

325年，“尼西亚会议”规定每年春分后第一个月圆后的第一个星期日为“复活节”。一般在3月21日至4月25日之间。

复活节那天，教堂用鲜花和蜡烛装饰起来，基督教徒到教堂举行宗教仪式。此外，各国还有独特的习俗，在英国要举行化装游行：有马戏团踩高跷的小丑，有受孩子们欢迎的米老鼠，有民族风格的乐队，有孩子们装扮的维多利亚女皇时代的王宫卫士。墨西哥有的地方焚烧犹大的模拟像。希腊有象征性的耶稣葬礼等。

这个节日总是与鸡蛋联系在一起。在美国，复活节第二天，总统邀请客人们带着孩子到白宫参加“滚彩蛋”游戏。孩子们在欢快的乐曲声中，拿着绘着彩色，象征兴旺发达、生活幸福的熟鸡蛋，在草坪上滚着玩。全国各地的公园也为孩子们举办“复活节”彩蛋游戏。最早的时候是将鸡蛋绘成彩蛋。许多地方对复活节的称呼都深受这一习俗的影响，例如把复活节叫做“佩斯鸡蛋节”。现在的彩蛋都用巧克力做成，这些蛋形巧克力就是给孩子们的礼物。基督教把鸡蛋看做“新生”的象征。此外，复活节小兔也是新生命的象征。

有趣的建筑、手工艺

帕特侬神殿

古希腊是欧洲古文明的发源地，雅典又是希腊文化的摇篮和中心。雅典城内的古代卫城建筑群遗迹，则被看做是古希腊灿烂文化的象征。

卫城古堡兴建于公元前800年的伯里克利时期，距今已有2800多年历史。它坐落在今天雅典市中心的一座小山冈上，高出阿蒂卡平原100多米，四壁陡峭，地势险峻。在古代，它既是战时的军事要塞，又是平时祭祀神灵的圣地。

位居古堡中心的帕特侬神殿建于公元前5世纪，正是希腊建筑艺术鼎盛时期。整个建筑结构严谨，比例协调。神殿呈正方形，有大理石廊柱，分前殿和后殿。在用白色大理石砌成的殿墙上，雕刻着各种神像和珍禽异兽。殿墙上部总长150余米的饰带，也是用大理石雕成的。东西殿顶人字墙的浮雕装饰，表现的是古代希腊神话的内容，例如东边人字墙的浮雕，描述的是雅典娜从万神之王宙斯头部诞生出来的故事。

雅典娜是希腊神话中的智慧、技艺和战争女神。她与海神波塞冬争夺雅典时取胜，成了雅典城的保护神。帕特侬殿原是祀奉雅典娜女神的神殿，殿里原有古希腊最伟大的雕刻家菲迪亚斯用黄金和象牙精心制作的雅典娜像。雕像头戴金盔，身穿战袍，护胸上嵌有女妖美杜莎的头。左手持矛，旁边立着一面有巨蛇盘绕的圆形盾牌；右手托着胜利女神妮克的小雕像。这座高达12米的雕像，一向被视为希腊艺术的瑰宝。遗憾的是，这件艺术珍品于公元146年被东罗马帝国的皇帝搬走了。这座神殿几经天灾人祸，有许多建筑被毁，更有许多艺术品被运走。

帕特侬神殿

罗马大角斗场

在古罗马城众多的巨大豪华的公共建筑中，最著名的要数罗马大角斗场。这虽然是残忍的娱乐场所，但在建筑上很有特色。

大角斗场呈椭圆形，长轴188米，短轴156米。中央是表演区，周围是阶梯形的看台，约有60排编号座位，可容纳七八万观众。观众分别从80个出入口进场，对号入座。看台的下面是混凝土拱券结构的通道和附属用房。

角斗场的外观雄伟而华丽，总高度达48.5米，分为四层，下面三层是透空的拱券，外面贴上各种式样的“古典柱式”。第一层是粗壮有力的“塔司干柱式”，第二层是风劲挺拔的“爱奥尼柱式”，第三层是纤巧华贵的“科林斯柱式”，第四层是石墙面贴壁柱。

角斗场的表演分人与人斗、人与兽斗、兽与兽斗三个项目，其中尤以角斗士之间的互相斗杀最为残酷。在公元前82年角斗场建成时的庆典中，一百天内杀死了5000头野兽。数百名角斗士成了这种残忍娱乐的牺牲品。在86米长、54米宽的表演区地面上铺满细沙，用来吸收表演者流出的大量鲜血。这里还有清洗场地用的自来水装置和排除污水或雨水的下水道。

奴隶们建造的角斗场建筑是伟大的。这种竞技场的形式被后人一直沿用下来，现代体育场基本式样与它很相似。

巴黎圣母院

巴黎圣母院是法国最古老、最出色的天主教堂。它坐落在巴黎塞纳河中间的一个小岛上，是法国第一座哥特式教堂。哥特式建筑是法国人民在罗马建筑的基础上创造的。它广泛运用线条轻快的尖拱券、造型挺秀的小尖塔、修长的立柱和簇柱以及彩色玻璃窗，造成一种神秘天国的幻觉。

巴黎圣母院原址是座公元9世纪被毁的古教堂。1163年破土动工，由教皇亚历山大三世和路易七世共同主持奠基。但整个教堂直到1345年才建成，历时182年。几个世纪以来，圣母院几经战火，面目已非，后来又曾加以重建。圣母院正面从下到上可分3层。底层有3座大门：左为“圣母门”，中柱上雕有圣母怀抱圣婴像，拱肩画面表现的是圣母故事。右为

“圣安娜门”，中柱上有5世纪巴黎主教圣马塞尔的雕像，拱肩上是圣母和两位天使，两旁是莫里斯·德·苏里主教和路易七世国王。中门表现“最后的审判”，中柱是天主耶稣在“世界末日”宣判每个人的命运:一边是灵魂得救，升入天堂；一边是罪恶不赦，下到地狱。底层3座大门的上方是“国王长廊”，在28个壁龛里排列着28座国王的雕像。长廊之上便是中层，两边各有一对窗户，中间是一个色彩华丽的玫瑰形圆窗，直径10米。上层有一排柱廊，把两侧的塔楼连成一体。教堂内部大厅长130米,宽50米,高35米，可容纳9000人进行宗教活动。 大厅正中安放着玉石雕塑的圣母像，圣婴横卧在她的膝上。

巴黎圣母院中的这些古建筑艺术的珍品，被雨果称为“没有任何作者名字的巨著”。而巴黎圣母院则被誉为法国教堂中“年高德劭的皇后”。

凡尔赛宫

17世纪后半叶，法国国王路易十四成了至高无上的统治者，号称“太阳王”。这时法国成为欧洲文明的中心，它的建筑突出表现了伟大的气概。

凡尔赛宫是西欧最大的宫殿。它在巴黎西南23千米处，由宫殿和花园组成，范围极大，围墙有45千米长。当时集中了法国最杰出的建筑师、艺术家和工匠进行设计和施工，常常有两三万名工人在工地劳动。为了把建筑材料供给凡尔赛，全国有六年不准使用石材。

宫殿南北长达580米，中央凸出部分为国王居住和活动的地方，北面紧接着一串大厅，是宫廷内部的公共活动场所。南面一串大厅是王妃卧室和活动场所。南北两翼为王子、宫廷贵族和官吏们居住和办事用房，中央部分的西面有一个长达73米、宽9.7米、高13米的大厅，名叫“镜厅”，它的装饰非常华丽富贵，墙面用白色大理石板贴面，镶有淡雅彩色大理

凡尔赛宫外景

石构成的图案，壁柱用绿色大理石做成，铜制的柱头，镀上厚厚一层黄金。西面是17个圆额大窗子， 东墙上有17面大镜子，用精雕细琢的镜框镶嵌起来。天花板是圆筒形的，上面有大面积的绘画。

宫殿的东面有三条放射形大道，使人产生身居法国中心的感觉。中央一条大道直通巴黎，与著名的爱丽舍田园大道相接。

宫殿西面是一个大花园，东西轴线长达3千米，南北向更长，是世界最著名的大花园之一。因为当时人们认为数学和几何学体现了美的法则，把植物修剪成几何形状能显示人类征服自然的力量，因此花园内的道路布置都是几何形。在花园的中轴线上，有明澈的水渠、水池。大大小小的喷泉、人工瀑布与生动的雕像结合，形成赏心悦目的对景。花园两侧有大片的密林，南端还有饲养珍禽异兽的动物园。

圣索菲亚大教堂

圣索菲亚大教堂建于公元532～537年，它原来是当时拜占庭帝国的一个东正教宫廷教堂。1453年信奉伊斯兰教的土耳其人打败了拜占庭帝国，便在教堂的四角加建了4个高高、尖尖的建光塔，这样便使这座东正教堂有了伊斯兰教特征，并改为清真寺。由于这座教堂表现了高超的建筑技术和建筑艺术，它成为以后许多新建的伊斯兰教清真寺仿效的样板。

现在，圣索菲亚教堂已成为土耳其的一座博物馆。

埃菲尔铁塔

如果将巴黎圣母院作为古老巴黎的象征，那么，埃菲尔铁塔就是现代巴黎的标志。人们只要看到艾菲尔铁塔，就知道这是巴黎了。

提起这座铁塔，据说在法国曾经引起一场争论。 为了保持传统市容，巴黎当局曾规定市中心新建筑的高度不得超过31米，其他市区不得超过37米。 因为巴黎广场中心的庄严的凯旋门高度也只不过48.8米高。可是这座铁塔却远远超出了规定的高度，高达320.775米，这引起一些社会名流的非议，叫嚷着要把铁塔拆毁。可是，由于这座在当时称得上世界最高建筑的铁塔，建成第一年就吸引了近二百万国内外游客，当年门票收入就相当于建塔投资的四分之三，这笔可观的旅游收入，就把“拆塔论”者的嘴巴封起来了。

埃菲尔铁塔位于巴黎塞纳河南岸马尔斯广场的北端，铁塔的形状呈四方“人”字形下粗上细放射状，气势雄伟。全塔重9000吨，由18000件预制钢结构件装配而成。

埃菲尔铁塔夜景

一百年前建这座铁塔，是为了庆祝1889年法国大革命100周年和在巴黎举行世界博览会。铁塔的设计者是法国工程师、世界钢筋混凝土建筑的奠基人埃菲尔，是他提出了建设世界最高铁塔的大胆设想，受到政府支持。埃菲尔不但亲自设计，而且亲自指挥40名工程师和300多名工人，于1887年元月开工，用两年零三个月建成，正好赶上法国大革命100周年的庆祝盛会，因而这座铁塔以埃菲尔的名字命名。这是埃菲尔一生中最得意的杰作。埃菲尔铁塔也使法国人民引为骄傲。

成为游览胜地的埃菲尔铁塔，可以乘电梯直上塔顶，上下铁塔还有1710级人行阶梯。在塔身57 米、115米、276米的三层平台设有游艺场和餐厅等，供公众游览和俯视巴黎市容。最高一层有望台，还设有邮政信箱，供游客向世界各地寄信，邮戳绘有埃菲尔铁塔图案，可以留作纪念。

有意思的是，铁塔的建造者好像预见到巴黎的电视事业、气象事业和环境保护事业要发展似的，这座铁塔后来竟成了最理想的、构造现成的巴黎电视发射中心、气象中心和污染监察中心。这恐怕是埃菲尔当初所没有预料到的。

巴黎凯旋门

与艾菲尔铁塔齐名的凯旋门，矗立在巴黎的戴高乐广场微隆起的圆形地基上。这座凯旋门是拿破仑一世于1806年2月2日下令修建的，由查理·格林设计，1806年动工，1836年7月29日落成。这座长方形建筑物，总高48.8米，宽14.84米，厚21.96米。四个长方形石柱， 托着华丽的长方形拱顶。凯旋门墙壁上有大型浮雕，最负盛名的是面向爱丽舍田园大街的那幅浮雕，它描绘的是威武雄壮的义勇军于1792年高唱《马赛曲》出征的场面。顶楼盾牌上雕有重大战役的名称。1920年11月11日，在凯旋门下修建了无名战士墓。游人经过此地，经常在墓碑前献上红、白、蓝三色鲜花，表示对这些法兰西英雄儿女的悼念。

为了纪念某一大战役的胜利而建凯旋门的风气始于罗马人。在巴黎，凯旋门不止一座。而戴高乐广场上的这座凯旋门，是其中最大的，它的规模也超过了著名的罗马君士坦丁门。

梵蒂冈教堂

梵蒂冈作为世界天主教教都，它的教堂也是世界最高最大最美的。

圣彼得大教堂长187米，宽137米，占地36 450平方米，可容纳2.5万人祈祷。规模之大，令人叹为观止。教堂从地面到顶尖十字架高138米，其中顶部大穹隆圆顶部分是45米，是世界上最高的教堂圆穹。人们走进大厅，就会立即产生一种神秘、庄严、肃穆的感觉，从而面对基督肃然起敬。

那象征苍穹的著名圆顶，透过玻璃窗向阴暗的教堂内洒下光辉，把铜制的中心祭台照得黄灿灿的，辉煌夺目。窗户嵌着花玻璃，天花板和四壁饰满壁画、雕刻，都是传世名作。

教堂内墙上布满以《圣经》为题材的壁画、雕塑，其中《母爱》是代表性的杰作。圣母玛丽亚横抱着从十字架上取下来的耶稣的尸体，右手搂着耶稣上身，左手微微伸开，低头望着儿子，整个神态流露出无限的慈爱和悲哀，她是那样含蓄，又是那么动人。

中央大厅内有一个教皇举行弥撒的祭台，那朦胧的光线使圆润的雕塑显现出活的生命，其中最突出的是《哀叹的圣母》雕像和圣彼得的铜像。教徒进入大厅，都要走到圣彼得铜像前面，俯下身来吻那只右脚，由于几十亿参谒者的"接吻"，铜像右脚尖已经磨损了一截。高达29米的华盖，置于大厅中央，由4根螺旋形描金铜柱支撑，四周垂挂金色的吊帘，波纹起伏，似迎风招展。华盖下是圣彼得的陵墓，墓前点着数十盏长明灯，昼夜不熄。

彼得为什么受到基督教徒们这样崇敬呢？有个传说是，彼得在罗马传教时，被罗马帝国暴君钉死在十字架上，扬尸于梵蒂冈。公元4世纪，罗马皇帝承认基督教为国教后下令在彼得墓地上兴建圣彼得大教堂。16世纪拆除重建，经历20位教皇，持续120年，才于1626年完工。

教堂建成后，教廷曾有不成文的规定：其他教堂都不得超过圣彼得大教堂的高度，罗马城内的一切建筑也不准超越这个高度，从而保持了古城空间的和谐统一。至于现代高层大楼，则一律建在南边的罗马新城内。

美国自由女神像

1886年，美国纽约港入口处耸立起一座15层楼高的自由女神青铜雕像。许多到过美国纽约的人都曾经为这座世界著名的自由女神像所吸引，所倾倒。

女神身披宽松的长袍，头戴漂亮的额箍，面容端庄慈祥。她双唇紧闭，一手高举火炬，另一只手捧着一部长度为7.23米的《独立宣言》，上写“1776．7．4”。这座雕像基座高47米，边长18.9米，整体总高93米，十分引人注目。它是纽约的象征。然而，这座自由女神像并不是美国本土的制品，而是由法国政府赠送给美国的。

1865年，美国政府宣布将于1876年举行庆祝建国100 周年的盛大活动。法国青年雕塑家巴尔托蒂获悉后，决定为美国人民雕塑一尊自由女神像。1869年，巴尔托蒂完成了塑像底稿设计。他的自由女神取材于1851年法国路易·波拿巴政变。当时，他亲眼目睹了一位手擎火把的少女，无畏地倒在血泊之中。这一幕活生生的惨剧深深地印刻在他的脑海里。他在创作时，还参考了在爱琴海滨的阿波罗青铜雕像，选择了一位名叫珍妮的美貌少女作为自由女神的模特儿，面容则是他自己母亲的形象。

1875年，雕像粗具雏形。在美国独立100周年纪念展览会上，巴尔托蒂展出了女神高擎火把的手臂，仅食指就有 2.44米，在美国引起轰动。

1885年，巴尔托蒂将“自由女神”的钢构件分别装了210箱，通过“伊泽尔”号轮船，运往纽约。

1886年10月28日，美国第22任总统克利夫兰亲自主持了自由女神像的揭幕典礼。

迪斯尼乐园

在世界各国的儿童心目中，美国动画片大明星米老鼠，也许比起世界上任何一位总统或影视红星，都要备受青睐。米老鼠这一形象，是由美国著名的动画片制作家沃尔特·迪斯尼在1928年的《威利汽船》一剧中创造的。1955年，他又建起了名噪全球的迪斯尼大游乐园。这是个宛如仙境的地方。

迪斯尼乐园位于美国加利福尼亚州洛杉矶的郊区，占地30公顷。游乐园内，有芦苇夹岸的河流和藤萝交织的热带原始森林，有原始的小木筏和18世纪流行的画舫，有美国西部开垦时期的小镇，有溪流、雪山、瀑布等园林山水，有最著名的灰姑娘城堡。在这之间，则是吊车、马车、火车、双层公共汽车、飞机、火箭等游乐交通工具。

如果你走进迪斯尼先生借以发迹的卡通馆，那些熟悉的卡通片角色——米老鼠、白雪公主、小象顿波或者唐老鸭，就会跑过来热情地招待你。

或者，你还可以乘坐潜水艇游览海底，观赏海底沉船后散失的成箱珠宝和由于地震陷落的海底古城；或骑着飞象，随爱丽丝一起漫游仙境；或乘太空船遨游太空，一览银河。

在园中，还有模仿北京天坛兴建的中国馆，馆中的立体电影厅——祈年殿中，放映着中美合拍的圆周电影《中国奇观》。在令人眼花缭乱的游乐园中，还有单纯追求刺激的“闹鬼之屋”。屋中鬼影憧憧，鬼哭狼嚎，令人毛骨悚然。它被人们誉为“童话的王国”、“儿童心目中的天堂”。迪斯尼乐园落成后，每年要接待游客1000万人次。1964年，在美国佛罗里达州的奥兰多市又建造了第二座迪斯尼乐园，设计者和建造者们独具匠心，发挥了丰富的想象力，各种游艺项目奇妙新颖，富有浓厚的趣味性、知识性和科学性，充分体现了“寓教于乐”的特色。

随后，日本东京建造了第三座迪斯尼乐园，法国巴黎也建造了“欧洲迪斯尼乐园”。此外，香港的“迪斯尼乐园”也于2005年建成启用。

源远流长的青铜器

青铜器源远流长，其起源至少可以追溯到公元前3000年左右。甘肃马家窑文化遗址出土的单范铸造的青铜刀，是我国现存最古老的青铜制品之一。在我国的青铜时代中，商周时期的青铜器，造型雄伟奇特，纹饰精湛华丽，铭文史实丰富，创造了辉煌的古代文明，是世界艺术史上的灿烂明珠。

青铜是金属冶铸史上最早的合金，通常是纯铜与锡的合金，也有与铅的合金。它硬度高，熔点低，有金属光泽，抗腐蚀性强。古代中国在采矿、冶炼和铸造技术上都达到很高水平。春秋时期齐国的一部《考工记》记载了钟鼎、斧斤、戈戟等六种不同含锡量的青铜器，是世界上最古老的青铜合金成分的文字记录。

我国铸造青铜器先后运用石范、陶范、金属范等方法，以陶质范块法发展最充分。陶范的选料配料、塑模翻范、花纹刻画，都极为考究，浑铸、分铸、叠铸等技术也渐渐熟练。之后，又发明了失蜡法，利用蜡范熔解后的空间，浇入铜液冷却即成。而复合金属合铸显示出当时人们已经能巧妙运用合金配比，镶嵌、鎏金技术使器表精美多彩。

中国青铜器品类繁多，大体可分为礼器、兵器、工具、农具四大类。从造型艺术上看，青铜礼器最为引人注目，有酒器、食器、水器和乐器，至今见于著录的有2万多件。每一种器物由于王朝的更替、典礼制度的变化、习俗的相互影响，以及生产技术的进步，又会演变出很多形式。仅酒器和食器两大类，就有近40种不同的名称，每种基本形式又有许多变化繁衍的式样，约有几百种之多。

毛公鼎——铭文最长的金文典范

除了有丰富的造型和精湛的纹饰外，中国青铜器的另一重要特征就是铭文。青铜器铭文的内容，有王室祭典、克商建邦、方国征战、分封诸侯、西周官制、土地交换、纠纷诉讼、族氏徽记、诏令等。这些铭文真实地记录了当时社会政治、经济、战争等各个方面的情况，为后人提供了丰富的历史资料。

青铜器铭文始于商代早期，目前所见最早的是“父甲”铭文。商代晚期的铭文仍较简单，一般都是记载作者名、族氏和祭祀对象。叙事的极少，仅二三十件。西周早期，铭文显著发展，长篇铭文不断出现，如西周大盂鼎铭文有291字，大克鼎铭文290字。

西周晚期，铭文得到高度发展，如著名的毛公鼎铭文共32行，497字，是现存铭文最长的一件青铜器。这篇铭文是一份完整的“册命”，记述了周宣王命其臣毛公之辞 。文辞典雅，气势宏伟，结体庄重，笔法端严，线条的质感饱满丰腴，是最早的庙堂典章文学，可与《尚书》相媲美，也是一篇金文书法的典范。

春秋战国时期的铭文，内容极为简单，大多是记录婚姻媵器的铭文。战国以后，铭文内容多为记载铸器年月、监造处所和工官名称而已。

瑰丽华美的唐三彩

唐三彩是一种施以多种彩釉的陶器制品。它的釉彩有黄、绿、白、褐、蓝、黑等色，而以黄、绿、白三色为主，并在唐代达到高峰，所以被简称为“唐三彩”。唐三彩是在汉代低温铅釉的基础上发展起来的，是一种低温釉陶器。胎料为白色黏土，用含铁、铜、钴、锰等元素的矿物作釉料的着色剂，色彩丰富。铜显绿色，钴显蓝色，铁显褐色，锰显紫色，而白色则是以铅的化合物与含铁量低的白色黏土所配成，不加着色剂。釉料中配以大量的铅化合物，以降低釉料的熔融温度，并能增加色泽的光亮。釉料在受热过程中向四周扩散流动，各种颜色互相浸润交融，形成非常自然而又斑驳灿烂的彩色釉，千姿百态，瑰丽华美，别具一格。

青花和釉里红

元代制瓷工艺在继承传统的基础上又有所创新，其突出成就就是烧出了“青花”和“釉里红”。

青花是釉下彩的一种，它是用氧化钴做原料，在瓷坯上描绘纹饰，然后施以透明釉，在高温中一次烧成。元至正十一年（1351年）的青花云龙象耳瓶，是元代景德镇成熟青花的典型瓷器。瓷胎洁白，色泽鲜艳。明清两代，景德镇青花瓷成为中国瓷器生产的主流。

元代的青花色泽浓艳，釉面有黑色斑点，纹饰布局非常严谨。它重视主次协调，惯用多层连续的花边，主题有游鱼、水草、云龙、飞凤等。如元代景德镇窑青花牡丹纹缸，肩部为缠枝莲纹，腹部为牡丹纹，近底部为仰莲瓣纹，每一莲瓣部分勾线、填色细致，这样的器形传世极少，全世界仅存30件左右。

釉里红是元代景德镇的创新，工序与青花相似，但难度高得多。它以氧化铜为着色剂，在瓷胎上绘画纹饰后，施以透明釉，在高温还原气氛中一次烧成，使釉下呈现红彩。元代釉里红纹饰比较简单，大多以浓笔涂抹，明初的釉里红最具特色 ，如洪武釉里红串枝花纹缸，形体饱满，制作精良 ，虽红色晕散，但仍是件难得的佳品。

青花和釉里红同时出现的品种更为珍贵。河北保定出土的青花釉里红盖缸，腹部四面以串珠纹作菱形开光立体纹饰，内镂雕四季花卉，山石、花朵着红色，叶染蓝色，红蓝相映成辉，釉白中闪青，工艺精湛，不愧是稀世珍品。